„Die KI-gestützte Organisation: Kollektives Wissen in
Wettbewerbsvorteile verwandeln"

„Wie Mensch und KI gemeinsam Exzellenz schaffen –
Strategien für den Erfolg im Zeitalter der Intelligenz."

Inhaltsverzeichnis

7. Mensch und KI als Dream-Team

- o Synergie zwischen menschlicher Kreativität und KI-Analysefähigkeiten

- o Herausforderungen der Mensch-KI-Interaktion

- o Strategien für eine erfolgreiche Integration von KI in Unternehmen

8. Ethische Fragen und Verantwortung beim Einsatz von KI

- o Algorithmische Verzerrung und Fairness

- o Transparenz und Erklärbarkeit von KI-Entscheidungen

- o Regulatorische Rahmenbedingungen und Unternehmensverantwortung

9. Die Zukunft des Wissensmanagements mit KI

- o Entwicklungen und Trends im Bereich künstliche Intelligenz

- o Perspektiven für Unternehmen im Zeitalter der intelligenten Systeme

- o Handlungsempfehlungen für die strategische KI-Implementierung

10. Schlusswort: Die neue Ära des Wissensmanagements

- Herausforderungen und Chancen für Unternehmen

- Die Rolle des Menschen in der KI-getriebenen Zukunft

Prolog

Die Revolution des Wissensmanagements durch KI

Wir befinden uns in einem Zeitalter des tiefgreifenden Umbruchs – einer Ära, die von technologischen Innovationen und einer nie dagewesenen Geschwindigkeit des Wandels geprägt ist. Wissen, das einst über Jahre oder gar Jahrzehnte hinweg akribisch erarbeitet wurde, verliert heute binnen weniger Monate an Relevanz. Die Halbwertszeit von Informationen schrumpft rapide, während die Menge an Daten exponentiell wächst. Für Unternehmen bedeutet dies eine fundamentale Herausforderung: Wer sich nicht anpasst, verliert nicht nur an Wettbewerbsfähigkeit, sondern auch an Innovationskraft. Doch inmitten dieser Dynamik eröffnet sich eine außergewöhnliche Chance – eine Möglichkeit, die unser Verständnis von Wissen, Lernen und Zusammenarbeit grundlegend transformieren kann: **Künstliche Intelligenz (KI).**

KI ist weit mehr als ein technisches Werkzeug oder ein Trendbegriff. Sie ist ein Katalysator für eine Revolution im Wissensmanagement. Mit ihrer Hilfe können Unternehmen nicht nur Informationen effizienter verarbeiten und organisieren, sondern auch bislang ungenutzte Potenziale erschließen. KI ermöglicht es, Wissen in Echtzeit zu analysieren, zu verknüpfen und in wertvolle Einsichten zu verwandeln. Sie befähigt Organisationen, nicht nur schneller auf Veränderungen zu reagieren, sondern diese aktiv mitzugestalten.

Doch die wahre Stärke von KI liegt in ihrer Fähigkeit, eine neue Form der Zusammenarbeit zwischen Mensch und Maschine zu schaffen. Die Synergie aus menschlicher Kreativität und intuitiver Problemlösungsfähigkeit auf der einen Seite und der analytischen Präzision und Geschwindigkeit von KI auf der anderen Seite eröffnet völlig neue Möglichkeiten. Unternehmen, die KI strategisch und klug einsetzen, positionieren sich nicht nur als Vorreiter in ihrer Branche, sondern gestalten die Zukunft aktiv mit.

Die Chancen und Herausforderungen der KI im Wissensmanagement

Mit dieser Macht kommt jedoch auch Verantwortung. Die Integration von KI in das Wissensmanagement ist kein Selbstläufer. Sie erfordert ein **strategisches Umdenken**, eine **ethische Reflexion** und ein tiefes Verständnis für die Möglichkeiten und Grenzen dieser Technologie. KI ist nicht fehlerfrei; sie ist nur so gut wie die Daten, mit denen sie trainiert wird, und die Menschen, die sie entwickeln und einsetzen. Unachtsam angewandt, kann sie bestehende Schwächen verstärken oder neue Probleme schaffen – sei es durch algorithmische Verzerrungen, ethische Konflikte oder den Verlust von Vertrauen.

Daher müssen wir uns fragen: Wie setzen wir KI so ein, dass sie nicht nur effizient, sondern auch gerecht, transparent und vertrauenswürdig ist? Wie schaffen wir eine Balance zwischen technologischem Fortschritt und den menschlichen Werten, die uns leiten? Und vor allem: Wie können Unternehmen KI nicht nur als Werkzeug, sondern als strategischen Partner nutzen, um ihre Ziele zu erreichen?

Dieses Buch ist ein Leitfaden für alle, die sich diesen Fragen stellen wollen. Es bietet einen umfassenden Überblick über die Grundlagen der KI im Wissensmanagement, beleuchtet aktuelle Entwicklungen und zeigt anhand konkreter Praxisbeispiele, wie Unternehmen KI erfolgreich integrieren können. Wir werden uns sowohl mit den technischen Details als auch mit den organisatorischen und kulturellen Aspekten befassen, die für eine erfolgreiche Implementierung entscheidend sind.

Eine Einladung zur Gestaltung der Zukunft

Die Revolution des Wissensmanagements durch KI steht erst am Anfang. Die Technologien, die wir heute einsetzen, sind nur ein Vorgeschmack auf das, was uns in den kommenden Jahren erwartet. Doch die Richtung, die diese Entwicklung nimmt, liegt in unseren Händen. Es ist unsere Verantwortung, sicherzustellen, dass KI nicht nur den wirtschaftlichen Erfolg steigert, sondern auch den Menschen dient – als Werkzeug zur Förderung von Innovation, Zusammenarbeit und Lernen.

Dieses Buch lädt Sie ein, Teil dieser Revolution zu werden. Es fordert Sie auf, die Möglichkeiten von KI zu erkunden, ihre Grenzen zu hinterfragen und ihre Integration in Ihre Organisation aktiv zu gestalten. Die Zukunft des Wissensmanagements ist nicht vorgezeichnet – sie wird von denen geformt, die den Mut haben, neue Wege zu gehen.

Seien Sie bereit, die Art und Weise, wie wir denken, lernen und arbeiten, radikal neu zu definieren. Die Zukunft beginnt jetzt – und sie wartet darauf, von Ihnen gestaltet zu werden. **Willkommen in der neuen Ära des Wissensmanagements.**

Einleitung: Warum KI das Wissensmanagement revolutioniert

1.1 Die Bedeutung von Wissensmanagement im digitalen Zeitalter

Im Zeitalter der Digitalisierung hat sich Wissen zur wertvollsten Ressource eines Unternehmens entwickelt. Es ist nicht länger nur eine unterstützende Funktion, sondern vielmehr der zentrale Treiber für Innovation, Wettbewerbsvorteile und nachhaltiges Wachstum. Doch trotz des explosionsartigen Wachstums von Daten und Informationen stehen viele Organisationen vor der Herausforderung, diese Ressource effizient zu nutzen.

Ein zentrales Problem ist die Fragmentierung von Wissen. Studien zeigen, dass bis zu 80 % des unternehmensinternen Wissens in unstrukturierter Form vorliegt – in E-Mails, Notizen, Gesprächsprotokollen oder anderen schwer zugänglichen Quellen (Smith & Anderson, 2021). Statt als wertvolle Ressource zu dienen, bleibt dieses Wissen oft ungenutzt oder sogar verloren. Dies führt zu sogenannten Wissenssilos: isolierte Informationsinseln, die den Austausch und die Zusammenarbeit behindern. Die Konsequenzen sind ineffiziente Arbeitsprozesse, doppelte Arbeit und eine verringerte Entscheidungsqualität.

Ein Beispiel, das diese Problematik illustriert, ist die Automobilindustrie. Große Automobilkonzerne wie Volkswagen oder BMW operieren mit einer Vielzahl von Abteilungen, die jeweils spezifisches Fachwissen besitzen – von Fahrzeugdesign über Produktionsprozesse bis hin zu Vertrieb und Marketing. In der Vergangenheit war es keine Seltenheit, dass wichtige Informationen über Entwicklungen in der Elektromobilität oder neue Batterietechnologien nicht rechtzeitig zwischen den Teams geteilt wurden. Dies führte dazu, dass die Markteinführung neuer Technologien verzögert wurde, während Konkurrenten wie Tesla schneller agieren konnten. Die Einführung moderner Wissensmanagementsysteme, die auf KI basieren, hat diesen Unternehmen inzwischen geholfen, den Austausch zu verbessern und den Übergang zur Elektromobilität zu beschleunigen.

Ein weiteres Beispiel liefert die Gesundheitsbranche, insbesondere in der Krankenhausverwaltung. Krankenhäuser generieren Unmengen an Daten, von Patientenakten über Laborergebnisse bis hin zu medizinischen Berichten. Doch oft bleibt dieses Wissen in einzelnen Abteilungen isoliert.

Ein Bericht des Healthcare Information and Management Systems Society (HIMSS) zeigt, dass mangelnder Wissensaustausch zwischen Abteilungen zu Verzögerungen bei Diagnosen und Behandlungen führen kann. Einige führende Krankenhäuser haben begonnen, KI-gestützte Systeme wie

IBM Watson Health zu nutzen, um Patientendaten zu aggregieren und Ärzten relevante Informationen in Echtzeit bereitzustellen. Dadurch konnten die Behandlungszeiten signifikant verkürzt und die Qualität der Versorgung verbessert werden.

Im globalen Wettbewerb, wo Agilität und Geschwindigkeit entscheidend sind, kann dieser Mangel an organisiertem Wissen über den Erfolg oder das Scheitern eines Unternehmens entscheiden. Ein Beispiel hierfür sind Produktentwicklungszyklen in der Technologiebranche. Als Google im Jahr 2010 das Konzept der „Knowledge Panels" einführte – kleine Informationsfenster, die Suchenden relevante Daten über Personen, Orte oder Themen liefern –, war dies das Ergebnis eines umfassenden Wissensmanagementprojekts. Durch die Integration von Wissen aus verschiedenen Quellen, unterstützt durch semantische Netze und maschinelles Lernen, konnte Google eine völlig neue Art der Informationsbereitstellung schaffen. Dieses Projekt zeigte, wie ein effektives Wissensmanagement nicht nur interne Prozesse optimiert, sondern auch neue Produkte und Dienste ermöglicht.

Unternehmen, die es schaffen, ihr Wissen schnell und effektiv zu mobilisieren, haben einen klaren Vorteil: Sie können Innovationen vorantreiben, auf Marktveränderungen reagieren und fundierte Entscheidungen treffen. Ein herausragendes Beispiel dafür ist das Unternehmen Procter & Gamble (P&G), das mit der Einführung der Wissensmanagementplattform „Connect + Develop" einen neuen Standard in der globalen Innovationsstrategie gesetzt hat.

Die Funktionsweise von „Connect + Develop"

Das Konzept von „Connect + Develop" basiert auf der Erkenntnis, dass Innovation nicht isoliert innerhalb eines Unternehmens entstehen muss. Stattdessen verfolgt P&G den Ansatz der „Open Innovation", bei dem Wissen und Ideen sowohl intern als auch extern ausgetauscht werden. Über diese Plattform können Mitarbeitende von P&G auf weltweite Wissensquellen zugreifen – sei es von internen Teams, externen Lieferanten, akademischen Partnern oder sogar Kunden.

Ein konkretes Beispiel für den Erfolg dieses Ansatzes ist die Entwicklung der Zahnbürste „Oral-B CrossAction". Die ursprüngliche Idee für das innovative Borstendesign stammte nicht von P&G selbst, sondern von einem externen Partner, der sein Wissen über Borstentechnologien über die Plattform teilte. Durch die schnelle Integration dieses externen Wissens in die internen Entwicklungsprozesse konnte P&G das Produkt innerhalb kürzester Zeit auf den Markt bringen – zu einem Bruchteil der typischen Entwicklungszeit.

Kostensenkung und beschleunigte Innovation

Die Vorteile von „Connect + Develop" zeigen sich nicht nur in der Geschwindigkeit, sondern auch in den Kosten: Durch die systematische Nutzung externer Wissensressourcen konnte P&G die Entwicklungszeit neuer Produkte um 50 % reduzieren und gleichzeitig die Ausgaben für Forschung und Entwicklung (F&E) signifikant senken. Dies ist ein entscheidender Faktor in wettbewerbsintensiven Branchen wie der Konsumgüterindustrie, wo jedes Jahr Hunderte neuer Produkte eingeführt werden müssen, um den Marktanteil zu halten.

Ein weiteres Beispiel ist die Markteinführung von „Swiffer", einer innovativen Reinigungsproduktlinie. Hier arbeitete P&G mit einem externen Technologiepartner zusammen, um eine völlig neue Methode zur Staub- und Schmutzbeseitigung zu entwickeln. Das Wissen über elektrostatische Reinigungstechnologien wurde über „Connect + Develop" geteilt und in den Entwicklungsprozess integriert. Innerhalb weniger Monate war das Produkt marktreif und entwickelte sich zu einem der erfolgreichsten Produkte in der Geschichte von P&G.

Einfluss auf die Unternehmenskultur

Neben den technologischen und wirtschaftlichen Vorteilen hat „Connect + Develop" auch einen kulturellen Wandel bei P&G angestoßen. Durch die

Plattform wurde eine Kultur des Teilens und der Offenheit geschaffen, in der Wissen nicht mehr als Wettbewerbsvorteil einzelner Abteilungen betrachtet wird, sondern als gemeinschaftliche Ressource. Dies hat dazu geführt, dass Mitarbeitende nicht nur intern besser zusammenarbeiten, sondern auch aktiver nach externen Partnern suchen, um innovative Lösungen zu finden.

Wissenschaftliche Erkenntnisse zur Open Innovation

Die Erfolge von P&G bestätigen die Ergebnisse wissenschaftlicher Studien zur Open Innovation. Eine Untersuchung von Chesbrough (2006), dem Begründer des Open-Innovation-Konzepts, zeigt, dass Unternehmen, die externe Wissensquellen systematisch nutzen, ihre Innovationsleistung um bis zu 60 % steigern können. Die Plattform „Connect + Develop" ist ein Paradebeispiel dafür, wie ein Unternehmen diese Prinzipien in die Praxis umsetzen kann, um sowohl interne als auch externe Wissensressourcen optimal zu nutzen.

Relevanz für andere Unternehmen

Die Erfahrungen von P&G bieten wertvolle Lektionen für andere Unternehmen, die vor ähnlichen Herausforderungen stehen. Besonders in Branchen mit hohem Innovationsdruck – wie der Technologie-, Pharma- oder Automobilindustrie – kann der Ansatz von „Connect + Develop" als Blaupause dienen. Der Schlüssel zum Erfolg liegt dabei in der Fähigkeit, Wissen nicht nur zu sammeln, sondern es auch in die richtigen Kanäle zu lenken und effektiv nutzbar zu machen.

Zusammenfassend zeigt das Beispiel von P&G, dass modernes Wissensmanagement nicht nur eine Frage der Technologie, sondern auch der Strategie und Unternehmenskultur ist. Unternehmen, die es schaffen, interne und externe Wissensquellen zu verknüpfen, sind besser aufgestellt, um auf die Herausforderungen des digitalen Zeitalters zu reagieren – sei es durch schnellere Produktentwicklungen, effizientere Prozesse oder die Schaffung einer innovationsfreundlichen Kultur.

Die Grenzen traditioneller Ansätze

Traditionelle Methoden des Wissensmanagements, wie manuelle Dokumentation, statische Intranets oder zentrale Datenbanken, stoßen zunehmend an ihre Grenzen. Diese Systeme sind oft schwerfällig, unflexibel und nicht in der Lage, mit den dynamischen Anforderungen moderner

Unternehmen Schritt zu halten. Zudem erfordern sie einen hohen Pflegeaufwand, was zu einer zusätzlichen Belastung für Mitarbeitende führt.

Ein weiteres Problem ist die fehlende Kontextualisierung von Informationen. Ein Dokument mag für einen Mitarbeiter relevant sein, für einen anderen jedoch völlig unverständlich bleiben, weil der Kontext fehlt. Dies erschwert nicht nur die Nutzung vorhandenen Wissens, sondern behindert auch die Zusammenarbeit zwischen Abteilungen und Teams.

Hier wird deutlich, dass modernes Wissensmanagement mehr als nur die Speicherung von Informationen erfordert. Es geht darum, relevantes Wissen im richtigen Moment und im richtigen Kontext bereitzustellen.

Die Rolle von Wissensmanagement in der digitalen Transformation

Die digitale Transformation hat die Anforderungen an Wissensmanagement grundlegend verändert. Technologien wie Cloud Computing, Big Data und das Internet der Dinge (IoT) produzieren täglich unvorstellbare Datenmengen. Doch Daten allein sind nicht gleich Wissen. Der wahre Wert liegt in der Fähigkeit, diese Daten zu analysieren, Muster zu erkennen und daraus handlungsrelevante Erkenntnisse zu gewinnen.

Ein Beispiel hierfür ist die Automobilbranche: Moderne Fahrzeuge generieren kontinuierlich Daten über ihren Zustand, den Fahrstil oder die Umgebung. Unternehmen, die diese Daten effizient nutzen können – etwa zur Verbesserung von Wartungsprozessen oder zur Entwicklung neuer Geschäftsmodelle –, sichern sich einen Wettbewerbsvorteil. Doch um dieses Potenzial auszuschöpfen, ist ein fortschrittliches Wissensmanagement unerlässlich.

Die strategische Notwendigkeit von Wissensmanagement

In einer Welt, die von immer kürzeren Innovationszyklen und steigender Komplexität geprägt ist, wird Wissensmanagement zur strategischen Notwendigkeit. Unternehmen, die ihre internen Wissensressourcen erfolgreich aktivieren, können nicht nur schneller auf Veränderungen reagieren, sondern auch langfristig wettbewerbsfähig bleiben.

Laut einer Studie von Deloitte (2020) gaben 75 % der befragten Führungskräfte an, dass Wissensmanagement eine Schlüsselrolle für den

Erfolg ihrer digitalen Initiativen spielt. Dennoch berichteten mehr als die Hälfte, dass sie Schwierigkeiten haben, eine effektive Wissensmanagementstrategie zu entwickeln. Die Gründe hierfür liegen oft in der fehlenden Integration moderner Technologien und der mangelnden Bereitschaft, traditionelle Strukturen zu überdenken.

Künstliche Intelligenz als Antwort auf die Herausforderungen

Hier kommt die Künstliche Intelligenz ins Spiel. KI bietet Lösungen für viele der Herausforderungen, mit denen Unternehmen im Wissensmanagement konfrontiert sind. Von der automatisierten Analyse unstrukturierter Daten bis hin zur Bereitstellung kontextbezogener Informationen in Echtzeit – KI hat das Potenzial, Wissensmanagement grundlegend zu transformieren.

Im nächsten Abschnitt werden wir genauer darauf eingehen, wie KI als "Game-Changer" für Effizienz, Innovation und Vernetzung fungiert. Doch eines ist bereits jetzt klar: Ohne eine strategische Nutzung von KI werden Unternehmen Schwierigkeiten haben, das volle Potenzial ihres Wissens auszuschöpfen.

Wissen als strategische Ressource

Wissen war schon immer ein Schlüsselfaktor für den wirtschaftlichen Erfolg von Unternehmen. Doch im 21. Jahrhundert hat sich seine Bedeutung exponentiell gesteigert. Betrachtet man die wertvollsten Unternehmen der Welt – wie Apple, Microsoft oder Alphabet (Google) –, so fällt auf, dass deren Geschäftserfolg weniger auf physischen Ressourcen als vielmehr auf immateriellen Gütern basiert: Wissen, Innovation und geistiges Eigentum.

Dieser Wandel spiegelt sich auch in der Arbeitswelt wider. Laut dem World Economic Forum (2022) gehören kritisches Denken, Problemlösung und Wissensmanagement zu den zehn wichtigsten Fähigkeiten, die Mitarbeitende in der digitalen Wirtschaft benötigen. Unternehmen, die es schaffen, Wissen nicht nur zu speichern, sondern aktiv zu nutzen, können nicht nur ihre Wettbewerbsfähigkeit steigern, sondern auch ihre Innovationskraft freisetzen.

Ein anschauliches Beispiel liefert das Pharmaunternehmen Pfizer. Während der Entwicklung des COVID-19-Impfstoffs standen die Forscher unter immensem Zeitdruck, um Daten aus verschiedenen Studien und Forschungsprojekten zu analysieren. Dank eines effektiven

Wissensmanagements, das auf moderne Technologien wie Cloud-Systeme und Datenanalyse-Tools zurückgriff, gelang es dem Unternehmen, den Prozess erheblich zu beschleunigen. Ohne diese Fähigkeit, Wissen effizient zu organisieren und zu teilen, wäre ein solch bahnbrechender Erfolg kaum möglich gewesen.

Warum Wissenssilos ein Problem darstellen

Wissenssilos sind eines der größten Hindernisse für effektives Wissensmanagement. Sie entstehen oft durch organisatorische Strukturen, bei denen Abteilungen isoliert voneinander arbeiten. Ein Produktentwicklungsteam hat möglicherweise wertvolle Erkenntnisse, die für das Marketingteam von entscheidender Bedeutung wären, doch diese Informationen werden nicht geteilt.

Ein Beispiel für die Auswirkungen von Wissenssilos ist der Fall von Nokia. In den frühen 2000er-Jahren war Nokia Marktführer in der Mobilfunkbranche, doch das Unternehmen scheiterte daran, Wissen effektiv zu nutzen. Interne Konflikte und mangelnde Kommunikation zwischen Abteilungen führten dazu, dass entscheidende Entwicklungen – wie die Bedeutung von Touchscreen-Technologie – nicht rechtzeitig erkannt wurden. Dieser Mangel an Wissensaustausch gilt heute als eine der Hauptursachen für den Niedergang des einstigen Marktführers.

Die Herausforderung der Informationsflut

Mit der digitalen Transformation hat die Menge an Daten und Informationen, die täglich generiert wird, astronomische Ausmaße erreicht. IBM schätzt, dass weltweit alle zwei Jahre 90 % der globalen Daten neu erzeugt werden. Doch diese Flut an Informationen stellt Unternehmen vor eine paradoxe Situation: Während sie mehr Wissen als je zuvor zur Verfügung haben, wird es immer schwieriger, die wirklich relevanten Informationen herauszufiltern.

Ein Beispiel hierfür ist die Gesundheitsbranche. Ärzte und medizinisches Personal haben Zugang zu Millionen von Studien, Artikeln und Patientenberichten. Doch ohne geeignete Werkzeuge zur Organisation und Analyse dieser Informationen besteht die Gefahr, dass wichtige Erkenntnisse übersehen werden. Der Einsatz von KI-gestützten Systemen, die relevante

Informationen in Echtzeit filtern und bereitstellen können, wird hier zunehmend zur Notwendigkeit.

Wissensverlust durch Mitarbeiterwechsel

Ein oft unterschätztes Problem im Wissensmanagement ist der Wissensverlust durch Mitarbeiterwechsel. Studien zeigen, dass Unternehmen im Durchschnitt bis zu 20 % ihres Wissens verlieren, wenn erfahrene Mitarbeiter das Unternehmen verlassen (Davenport & Prusak, 2018). Dieses Problem wird durch die demografische Entwicklung und den Fachkräftemangel weiter verschärft.

Ein Beispiel aus der Praxis: In der Bauindustrie, wo Projekte oft über Jahre hinweg laufen, hängt der Erfolg oft von dem Wissen erfahrener Ingenieure ab. Wenn dieses Wissen nicht systematisch dokumentiert und geteilt wird, kann es bei einem Wechsel der Projektverantwortlichen zu erheblichen Verzögerungen und Mehrkosten kommen. Moderne Wissensmanagementsysteme, die auf KI basieren, können hier Abhilfe schaffen, indem sie das Wissen von Fachkräften automatisch erfassen und zugänglich machen.

Von der Dokumentation zur Aktivierung von Wissen

Traditionelle Wissensmanagementsysteme – wie zentrale Datenbanken oder Intranets – konzentrieren sich oft darauf, Wissen zu speichern. Doch in einer dynamischen und schnelllebigen Welt reicht das nicht aus. Moderne Ansätze zielen darauf ab, Wissen zu *aktivieren*: Es geht darum, die richtigen Informationen zur richtigen Zeit für die richtigen Personen bereitzustellen.

Ein Beispiel ist die Einführung von KI-gestützten Wissensplattformen bei Bosch. Das Unternehmen nutzt KI, um technische Dokumentationen, Schulungsmaterialien und Kundenfeedback zu analysieren und den Ingenieuren in Echtzeit die relevantesten Informationen bereitzustellen. Diese aktive Nutzung von Wissen hat nicht nur die Produktentwicklung beschleunigt, sondern auch die Kundenzufriedenheit gesteigert.

Die Bedeutung des kulturellen Wandels

Effektives Wissensmanagement erfordert nicht nur technologische Lösungen, sondern auch einen kulturellen Wandel. Unternehmen müssen eine Kultur des Teilens fördern, in der Wissen nicht als Machtinstrument, sondern als gemeinschaftliche Ressource betrachtet wird. Dies erfordert nicht nur klare Prozesse und Anreize, sondern auch ein Umdenken auf Führungsebene.

Ein Beispiel hierfür ist das Softwareunternehmen Atlassian, das für seine offene Wissenskultur bekannt ist. Durch den Einsatz von Tools wie Confluence und Jira sowie durch regelmäßige Austauschformate hat das Unternehmen eine Umgebung geschaffen, in der Wissen frei fließt und Innovation gefördert wird.

1.2 KI als Game-Changer für Effizienz, Innovation und Vernetzung

Künstliche Intelligenz (KI) hat das Potenzial, das Wissensmanagement von Grund auf zu revolutionieren. Ihre Bedeutung geht weit über die bloße Unterstützung bestehender Systeme hinaus: KI stellt eine transformative Technologie dar, die traditionelle Ansätze des Wissensmanagements infrage stellt und neue Möglichkeiten eröffnet. Während klassische Wissensmanagementsysteme oft passiv agieren, indem sie darauf warten, dass Nutzer Informationen manuell eingeben, suchen oder abrufen, zeichnet sich KI durch ihre Fähigkeit aus, proaktiv zu arbeiten. Sie kann nicht nur vorhandenes Wissen in Echtzeit identifizieren, sondern auch neue Verbindungen zwischen Informationen herstellen und diese unmittelbar zugänglich machen.

Das macht KI zu einem unverzichtbaren Werkzeug – insbesondere vor dem Hintergrund der exponentiell wachsenden Datenmengen, die in der modernen Geschäftswelt produziert werden. Laut einer Studie von IDC (2022) wird die weltweite Datenmenge bis 2025 auf 175 Zettabyte anwachsen. Diese massive Informationsflut stellt Unternehmen vor die Herausforderung, relevante Daten effizient zu filtern, zu organisieren und in handlungsrelevantes Wissen umzuwandeln. Genau hier setzt KI an: Sie überwindet die Grenzen menschlicher Kapazitäten, indem sie in der Lage ist, riesige Datenmengen in Sekundenschnelle zu analysieren, Muster zu erkennen und Erkenntnisse zu extrahieren.

Die Fähigkeit von KI, Wissen nicht nur zu speichern, sondern aktiv nutzbar zu machen, ist jedoch nicht nur eine technische Errungenschaft. Sie spiegelt einen Paradigmenwechsel wider: Wissen wird nicht länger als statische

Ressource betrachtet, sondern als dynamisches, sich ständig weiterentwickelndes Gut, das kontinuierlich angepasst und optimiert werden muss. Unternehmen, die diese Perspektive einnehmen, können nicht nur effizienter arbeiten, sondern auch ihre Innovationskraft und Wettbewerbsfähigkeit steigern.

Ein zentraler Aspekt, der die Bedeutung von KI im Wissensmanagement unterstreicht, ist ihre Fähigkeit, Silos zu durchbrechen. Traditionelle Systeme scheitern oft daran, Wissen zu vernetzen, das in unterschiedlichen Abteilungen, Standorten oder sogar in den Köpfen von Mitarbeitenden isoliert ist. KI hingegen kann Verbindungen herstellen, die für das menschliche Auge unsichtbar bleiben, und so eine ganzheitliche Sicht auf das Wissen einer Organisation ermöglichen.

Darüber hinaus erfordert die moderne Arbeitswelt nicht nur Geschwindigkeit, sondern auch Präzision. Entscheidungen müssen in immer kürzerer Zeit getroffen werden, während die Konsequenzen von Fehlentscheidungen – etwa durch ungenutzte oder fehlerhafte Informationen – gravierender werden. KI bietet hier einen entscheidenden Vorteil: Durch die Integration von Technologien wie Natural Language Processing (NLP), Machine Learning und semantischen Netzwerken kann sie nicht nur relevante Informationen bereitstellen, sondern diese auch im richtigen Kontext interpretieren.

Ein Beispiel aus der Praxis verdeutlicht, wie transformative KI im Wissensmanagement wirken kann: Das Unternehmen IBM nutzt KI in seinem internen System „Watson Discovery", um unstrukturierte Daten aus E-Mails, Berichten und Projektdokumenten zu analysieren. Dieses System kann nicht nur relevante Informationen für Mitarbeitende finden, sondern auch Vorschläge machen, welche weiteren Datenquellen oder Experten für ein spezifisches Problem relevant sein könnten. Dadurch sparen Mitarbeitende nicht nur Zeit, sondern treffen auch fundiertere Entscheidungen.

Die Einführung von KI in das Wissensmanagement bedeutet jedoch mehr als nur eine technologische Weiterentwicklung. Sie stellt Unternehmen vor strategische und kulturelle Herausforderungen. Um KI effektiv nutzen zu können, müssen Organisationen bereit sein, ihre Arbeitsweisen zu überdenken und eine Kultur des Wissenteilen und der Zusammenarbeit zu fördern. Nur so kann das volle Potenzial dieser Technologie ausgeschöpft werden.

In einer Zeit, in der Unternehmen zunehmend unter Druck stehen, schneller, präziser und innovativer zu agieren, wird klar: KI ist nicht mehr nur ein optionales Werkzeug, sondern eine strategische Notwendigkeit. Sie bietet die Möglichkeit, Wissen nicht nur zu managen, sondern es in einen Wettbewerbsvorteil zu verwandeln – eine Fähigkeit, die im digitalen Zeitalter über Erfolg oder Scheitern entscheiden kann.

Die transformative Rolle der KI im Wissensmanagement lässt sich in drei Kernbereichen zusammenfassen:

1. Effizienzsteigerung durch Automatisierung und Datenanalyse
2. Förderung von Innovation durch Verknüpfung und Mustererkennung
3. Verbesserung der Vernetzung und Zusammenarbeit

1. Effizienzsteigerung: Der Schlüssel zur Zeitersparnis

Automatisierte Datenverarbeitung und Analyse
Einer der größten Vorteile von KI im Wissensmanagement liegt in ihrer Fähigkeit, riesige Datenmengen in kürzester Zeit zu analysieren und in verwertbare Erkenntnisse umzuwandeln. In einer Welt, in der Unternehmen täglich mit unzähligen unstrukturierten Datenquellen wie E-Mails, Berichten, Gesprächsprotokollen und sozialen Medien konfrontiert sind, stellt diese Fähigkeit einen entscheidenden Wettbewerbsvorteil dar. Technologien wie Natural Language Processing (NLP) ermöglichen es, diese unstrukturierten Daten in strukturierte und nutzbare Informationen zu überführen, die dann systematisch organisiert und analysiert werden können.

Ein Beispiel für die erfolgreiche Anwendung von NLP findet sich bei der Unternehmensberatung Accenture. Das Unternehmen nutzt KI-gestützte Systeme, um aus Tausenden von Projektberichten und Kundenfeedbacks relevante Muster und Trends zu extrahieren. Diese Erkenntnisse werden in Echtzeit den Beratern zur Verfügung gestellt, was nicht nur die Effizienz steigert, sondern auch die Qualität der Beratung verbessert.

Ein weiterer Anwendungsfall ist die Integration von KI in Office-Produkte, wie sie von Microsoft umgesetzt wird. Microsoft nutzt KI in Anwendungen wie „Microsoft 365 Copilot", um Nutzern Dokumente oder Informationen vorzuschlagen, die auf ihren aktuellen Aufgaben, früheren Suchanfragen oder Kommunikationsmustern basieren. Diese KI-gestützten Suchfunktionen sparen Mitarbeitenden wertvolle Zeit, die sie sonst mit der manuellen Suche nach Informationen verbringen würden. Laut einer Studie von McKinsey (2021) können solche Systeme die Zeit für die Informationssuche um bis zu 30 % reduzieren. In einem Unternehmen mit Tausenden von Mitarbeitenden summiert sich diese Zeitersparnis zu einer erheblichen Produktivitätssteigerung.

Automatisierung repetitiver Aufgaben

Neben der Datenanalyse spielt KI auch eine entscheidende Rolle bei der Automatisierung repetitiver Aufgaben. Viele Unternehmen verschwenden wertvolle Ressourcen auf Tätigkeiten wie die Klassifizierung von Dokumenten, die Organisation von Datenbanken oder die Beantwortung einfacher, häufig wiederkehrender Anfragen. KI kann solche Aufgaben übernehmen und dabei sowohl Zeit als auch Ressourcen freisetzen.

Ein Beispiel hierfür ist der Einsatz von Chatbots in großen Organisationen. Der „IBM Watson Assistant" ist eine weit verbreitete Lösung, die in verschiedenen Branchen eingesetzt wird, um den Support zu automatisieren. In einer globalen Bank etwa bearbeitet der Watson Assistant täglich Tausende von Kundenanfragen – von einfachen Kontoabfragen bis hin zu spezifischen Fragen zu Finanzprodukten. Die Automatisierung solcher Aufgaben entlastet nicht nur die Mitarbeitenden, sondern verbessert auch die Kundenzufriedenheit durch eine schnellere Bearbeitung von Anliegen.

Darüber hinaus zeigt das Beispiel des Einzelhandelsriesen Walmart, wie KI bei der Dokumentenklassifizierung helfen kann. Walmart nutzt KI, um Rechnungen, Lieferscheine und andere geschäftliche Dokumente automatisch zu sortieren und zu verarbeiten. Durch diese Automatisierung konnte das Unternehmen nicht nur die Bearbeitungszeit um 40 % senken, sondern auch die Fehlerquote erheblich reduzieren.

Reduktion von Fehlern und Verbesserung der Genauigkeit

Ein weiterer wesentlicher Vorteil der KI-gestützten Effizienzsteigerung ist die Reduktion menschlicher Fehler. Fehler in der Datenanalyse, der

Dokumentenverarbeitung oder der Entscheidungsfindung können für Unternehmen gravierende Folgen haben – sei es durch finanzielle Verluste, rechtliche Probleme oder den Verlust von Kundenvertrauen. KI bietet hier eine Lösung, indem sie Aufgaben mit einer Präzision ausführt, die weit über die menschliche Fähigkeit hinausgeht.

In der Finanzbranche beispielsweise nutzt die Investmentbank JPMorgan Chase KI, um komplexe Verträge und juristische Dokumente zu analysieren. Das KI-System „COiN" (Contract Intelligence) kann in wenigen Sekunden Tausende von Dokumenten prüfen und dabei Fehler, Unstimmigkeiten oder Risiken identifizieren. Diese Aufgabe würde einem menschlichen Team Tage oder sogar Wochen in Anspruch nehmen. Durch den Einsatz von COiN konnte JPMorgan nicht nur die Effizienz steigern, sondern auch die Genauigkeit der Analysen erheblich verbessern.

Ein weiteres Beispiel findet sich im Gesundheitswesen. Hier nutzen Krankenhäuser KI, um medizinische Bilddaten – wie Röntgenaufnahmen oder MRT-Scans – zu analysieren. Systeme wie „Google DeepMind Health" haben gezeigt, dass sie bei der Erkennung bestimmter Krankheitsbilder, wie etwa Augenerkrankungen oder Tumoren, eine höhere Genauigkeit erzielen können als erfahrene Radiologen. Dies zeigt nicht nur das Potenzial von KI zur Fehlerreduktion, sondern auch ihre Fähigkeit, kritische Entscheidungen in kürzerer Zeit zu unterstützen.

Die Auswirkungen auf die Arbeitswelt
Die Effizienzsteigerung durch KI verändert nicht nur Arbeitsprozesse, sondern hat auch weitreichende Auswirkungen auf die Arbeitswelt insgesamt. Während einige repetitive Aufgaben vollständig automatisiert werden können, ermöglicht KI es den Mitarbeitenden, sich auf wertschöpfende Tätigkeiten zu konzentrieren, die Kreativität, strategisches Denken und emotionale Intelligenz erfordern. Dies schafft nicht nur eine höhere Arbeitszufriedenheit, sondern trägt auch dazu bei, dass Unternehmen flexibler und anpassungsfähiger werden.

Ein Beispiel für diese Transformation findet sich bei Airbus. Der Flugzeughersteller nutzt KI, um die Wartung von Flugzeugen zu automatisieren. Das System analysiert Daten von Sensoren, die in den Flugzeugen installiert sind, und schlägt proaktiv Wartungsmaßnahmen vor, bevor Probleme auftreten. Dies reduziert nicht nur die Ausfallzeiten, sondern ermöglicht es den Wartungsteams, sich auf komplexere und strategischere Aufgaben zu konzentrieren.

Zusammenfassung dieses Abschnitts

Die Effizienzsteigerung durch KI ist ein zentraler Faktor, der das Wissensmanagement in Unternehmen transformiert. Ob durch die Automatisierung von Datenanalysen, die Übernahme repetitiver Aufgaben oder die Reduktion menschlicher Fehler – KI bietet eine Vielzahl von Möglichkeiten, Zeit zu sparen und Prozesse zu optimieren. Gleichzeitig eröffnet sie Mitarbeitenden neue Perspektiven, indem sie Zeit für Aufgaben schafft, die Kreativität und strategisches Denken erfordern.

2. Förderung von Innovation: Wissen als Treibstoff für neue Ideen

Innovation ist der Motor des Fortschritts, und Wissen bildet dabei den unverzichtbaren Treibstoff. Doch in einer Welt, in der die Menge an verfügbaren Informationen ständig wächst, ist es eine immer größere Herausforderung, die richtigen Erkenntnisse zur richtigen Zeit zu gewinnen. KI bietet hier transformative Möglichkeiten: Sie verknüpft Wissen aus verschiedenen Quellen, erkennt Muster, die für das menschliche Auge unsichtbar bleiben, und beschleunigt Innovationsprozesse erheblich.

Im Folgenden werden drei zentrale Dimensionen der Innovationsförderung durch KI beleuchtet: die Verknüpfung von Wissen durch Knowledge Graphs, die Nutzung prädiktiver Analysen und Mustererkennung sowie die Beschleunigung von Forschungs- und Entwicklungsprozessen.

Verknüpfung von Wissen durch Knowledge Graphs: Der Pfad zu neuen Erkenntnissen

Innovation entsteht häufig an den Schnittstellen unterschiedlicher Wissensfelder. In der Vergangenheit scheiterten viele Unternehmen daran, diese Schnittstellen zu identifizieren, da Wissen oft isoliert in Abteilungen oder Datenbanken gespeichert war. Hier setzt die Technologie der Knowledge Graphs an. Mithilfe von KI können diese grafischen Netzwerke Informationen, Konzepte und Personen miteinander in Beziehung setzen und so Zusammenhänge aufzeigen, die zuvor verborgen blieben.

Funktionsweise von Knowledge Graphs

Ein Knowledge Graph ist eine visuelle Darstellung von Beziehungen zwischen verschiedenen Datenpunkten. KI-Algorithmen durchforsten riesige Datenmengen, analysieren die Verbindungen zwischen den Informationen und erstellen ein Netzwerk, das die Beziehungen zwischen diesen Daten darstellt. Diese Netzwerke können dynamisch aktualisiert werden, um neue Erkenntnisse einfließen zu lassen.

Ein bemerkenswertes Beispiel für die Anwendung von Knowledge Graphs ist Google. Das Unternehmen nutzt diese Technologie, um Suchanfragen besser zu verstehen und Nutzern relevante Informationen in einem strukturierten Format bereitzustellen. Der Google Knowledge Graph, der 2012 eingeführt wurde, verlinkt Milliarden von Datenpunkten miteinander – von historischen Personen über geografische Orte bis hin zu wissenschaftlichen Konzepten. Diese Verknüpfungen haben nicht nur die Qualität der Suchergebnisse revolutioniert, sondern auch neue Dienste wie Google Assistant ermöglicht, der Nutzern personalisierte und kontextbezogene Antworten liefert.

Anwendungsbeispiele in der Industrie

Auch außerhalb der Technologiebranche finden Knowledge Graphs zunehmend Anwendung. In der Automobilindustrie nutzt BMW diese Technologie, um die Entwicklung neuer Fahrzeugmodelle zu optimieren. Durch die Verknüpfung von Daten aus der Forschung, der Produktion und dem Kundenfeedback konnte das Unternehmen innovative Ansätze im Bereich der Elektromobilität entwickeln.

Ein weiteres Beispiel ist die Gesundheitsbranche. Das Unternehmen Roche verwendet Knowledge Graphs, um klinische Studien effizienter zu gestalten. Durch die Verknüpfung von Patientendaten, wissenschaftlichen Publikationen und molekularen Daten können potenzielle Teilnehmer für Studien schneller identifiziert und die Erfolgschancen von Medikamenten besser eingeschätzt werden.

Prädiktive Analysen und Mustererkennung: Innovation durch Vorhersagekraft

Während Knowledge Graphs bestehendes Wissen verknüpfen, geht die Stärke prädiktiver Analysen noch einen Schritt weiter: KI kann nicht nur historische Daten analysieren, sondern auch zukünftige Trends und Muster vorhersagen. Dies ermöglicht Unternehmen, proaktiv zu handeln, anstatt nur auf Veränderungen zu reagieren – ein zentraler Vorteil in einer dynamischen und wettbewerbsintensiven Welt.

Analyse historischer Daten zur Vorhersage von Trends

Die Fähigkeit von KI, riesige Mengen historischer Daten zu analysieren, eröffnet neue Möglichkeiten für die Innovationsförderung. Ein Beispiel ist Amazon, das KI einsetzt, um das Kaufverhalten seiner Kunden zu verstehen und vorherzusagen. Basierend auf der Analyse vergangener Käufe, Suchanfragen und Bewertungen erstellt Amazons Empfehlungssystem personalisierte Produktempfehlungen. Dieses System hat nicht nur die Kundenzufriedenheit gesteigert, sondern auch den Umsatz des Unternehmens erheblich erhöht.

Ein weiteres Beispiel findet sich in der Modebranche. Unternehmen wie H&M nutzen KI, um Trends vorherzusagen und ihre Kollektionen entsprechend anzupassen. Durch die Analyse von Daten aus sozialen Medien, Verkaufszahlen und Suchanfragen kann H&M antizipieren, welche Farben, Schnitte oder Stoffe in der kommenden Saison gefragt sein werden. Dies reduziert nicht nur die Produktionskosten, sondern minimiert auch das Risiko von Überproduktionen.

Innovative Anwendungen in der Landwirtschaft

Auch in der Landwirtschaft zeigt sich das Potenzial prädiktiver Analysen. Das AgTech-Unternehmen Blue River Technology, das von John Deere übernommen wurde, nutzt KI, um landwirtschaftliche Daten zu analysieren und präzise Vorhersagen über Ernteerträge, Wetterbedingungen und Schädlingsbefall zu treffen. Diese Technologie ermöglicht es Landwirten, ihre Ressourcen effizienter einzusetzen und den Ertrag zu maximieren.

Beschleunigung von Forschungs- und Entwicklungsprozessen: Zeit gewinnen, Innovationen schaffen

Die Forschung und Entwicklung (F&E) ist traditionell ein zeit- und ressourcenintensiver Prozess. KI kann diesen Prozess erheblich beschleunigen, indem sie Daten schneller analysiert, neue Erkenntnisse generiert und Routinetätigkeiten automatisiert.

KI in der Pharmaforschung

Ein Beispiel für die transformative Wirkung von KI in der F&E ist die Pharmaindustrie. Die Entwicklung neuer Medikamente ist ein langwieriger und kostspieliger Prozess, der oft mehr als ein Jahrzehnt in Anspruch nimmt. KI hat jedoch gezeigt, dass sie diesen Prozess drastisch beschleunigen kann.

Pfizer nutzt KI, um Moleküle zu analysieren und potenzielle Medikamente zu identifizieren. Traditionell mussten Forscher Tausende von Molekülen manuell testen, um die wenigen zu finden, die für die Behandlung einer bestimmten Krankheit geeignet sind. KI kann diesen Prozess automatisieren, indem sie chemische Strukturen analysiert und die Erfolgsaussichten eines Moleküls vorhersagt. Dies hat Pfizer geholfen, die Entwicklungszeit für neue Medikamente deutlich zu verkürzen – ein entscheidender Vorteil, insbesondere in Krisenzeiten wie der COVID-19-Pandemie.

Ein weiteres Beispiel ist das Biotechnologieunternehmen Moderna. Während der Entwicklung des COVID-19-Impfstoffs setzte Moderna auf KI, um die Synthese von mRNA-Strukturen zu optimieren. KI-Algorithmen analysierten und simulierten Millionen von Möglichkeiten, um die effektivste Struktur zu identifizieren. Dank dieser Technologie konnte Moderna in Rekordzeit einen Impfstoff entwickeln und auf den Markt bringen.

Beschleunigung der Produktentwicklung in anderen Branchen

Auch in anderen Branchen zeigt sich das Potenzial von KI, F&E-Prozesse zu beschleunigen. In der Automobilindustrie nutzt Tesla KI, um die Entwicklung neuer Software-Updates für seine Fahrzeuge zu optimieren. KI-gestützte Algorithmen analysieren Daten aus der Fahrzeugnutzung in Echtzeit und identifizieren Bereiche, die verbessert werden können – sei es die Batterieleistung, die Fahrassistenzsysteme oder die Benutzeroberfläche.

Ein weiteres Beispiel findet sich in der Konsumgüterindustrie. Procter & Gamble setzt KI ein, um neue Produkte zu entwickeln und bestehende zu verbessern. Mithilfe von KI-gestützten Simulationen kann das Unternehmen vorhersagen, wie Kunden auf neue Produkte reagieren werden, noch bevor diese auf den Markt kommen. Dies reduziert die Notwendigkeit teurer und zeitaufwändiger Markttests.

Zusammenarbeit von Mensch und Maschine: Ein neues Innovationsökosystem

Die Förderung von Innovation durch KI bedeutet nicht, dass Menschen überflüssig werden. Im Gegenteil: Die effektivsten Innovationsprozesse entstehen durch die Zusammenarbeit von Mensch und Maschine. Während KI riesige Datenmengen analysieren und Muster erkennen kann, bringen Menschen die Kreativität und das kritische Denken ein, um diese Erkenntnisse in bahnbrechende Innovationen umzusetzen.

Ein Beispiel für diese Zusammenarbeit ist das Unternehmen Airbus. Während KI-Algorithmen die Datenanalyse und Simulationen für die Entwicklung neuer Flugzeugmodelle übernehmen, arbeiten Ingenieure und Designer eng mit diesen Systemen zusammen, um innovative Lösungen zu entwickeln, die sowohl technisch als auch wirtschaftlich tragfähig sind.

Herausforderungen bei der Nutzung von KI für Innovationen

Trotz ihres enormen Potenzials gibt es auch Herausforderungen und Risiken beim Einsatz von KI zur Förderung von Innovationen. Eine zentrale Herausforderung ist die Qualität der zugrunde liegenden Daten. KI kann nur so gut sein wie die Daten, die ihr zur Verfügung stehen. Fehlerhafte, unvollständige oder voreingenommene Daten können zu falschen Ergebnissen führen.

Ein weiteres Risiko ist die Abhängigkeit von KI. Unternehmen müssen sicherstellen, dass sie nicht blind auf KI-Algorithmen vertrauen, sondern diese kritisch hinterfragen und in den Kontext ihrer Geschäftsstrategie einbetten.

Schlussfolgerung: Innovation neu denken mit KI

Die Fähigkeit von KI, Wissen zu verknüpfen, Muster zu erkennen und Prozesse zu beschleunigen, macht sie zu einem unverzichtbaren Werkzeug für die Förderung von Innovationen. Unternehmen, die diese Technologie erfolgreich einsetzen, können nicht nur schneller auf Veränderungen reagieren, sondern auch neue Geschäftsmöglichkeiten erschließen.

Von Knowledge Graphs über prädiktive Analysen bis hin zur Beschleunigung von F&E-Prozessen – die Potenziale von KI sind enorm. Doch um diese Potenziale voll auszuschöpfen, ist es entscheidend, KI nicht als Ersatz für menschliche Kreativität zu sehen, sondern als Ergänzung, die neue Horizonte eröffnet.

3. Verbesserung der Vernetzung: Überwindung von Wissenssilos

Eine der größten Herausforderungen im Wissensmanagement besteht darin, dass Wissen oft fragmentiert ist. Es existiert in isolierten Abteilungen, Datenbanken und manchmal sogar in den Köpfen einzelner Mitarbeitender. Diese sogenannten Wissenssilos behindern nicht nur die Effizienz, sondern auch die Innovationsfähigkeit eines Unternehmens. Künstliche Intelligenz (KI) bietet hier eine bahnbrechende Lösung, indem sie Verbindungen zwischen Menschen, Projekten und Informationen herstellt und so die Zusammenarbeit und den Wissensaustausch fördert.

Im Folgenden werden drei zentrale Aspekte untersucht, wie KI zur Verbesserung der Vernetzung beiträgt: die automatische Erkennung von Experten und Ressourcen, die Förderung der interdisziplinären Zusammenarbeit und die Ermöglichung des globalen Wissensaustauschs.

Automatische Erkennung von Experten und Ressourcen: Wissenssilos durchbrechen

Die Fragmentierung von Wissen ist in großen Organisationen ein weit verbreitetes Problem. Mitarbeitende wissen oft nicht, welche Experten oder Ressourcen verfügbar sind, um ein bestimmtes Problem zu lösen oder ein Projekt voranzutreiben. KI-gestützte Systeme können dieses Problem lösen, indem sie automatisch Verbindungen zwischen Personen, Projekten und Informationen herstellen.

Funktionsweise KI-gestützter Systeme

KI-Systeme durchsuchen interne Datenquellen wie E-Mails, Projektmanagement-Tools, Dokumentenmanagement-Systeme und sogar soziale Netzwerke innerhalb des Unternehmens. Mithilfe von Natural Language Processing (NLP) und semantischen Analysen identifizieren sie relevante Informationen und schlagen diese den Nutzern vor. Gleichzeitig können solche Systeme Expertenprofile erstellen, die auf den Erfahrungen, Fähigkeiten und bisherigen Projekten einer Person basieren.

Ein Beispiel ist das KI-gestützte Tool „Explorer" von Siemens. Dieses System hilft Mitarbeitenden, relevante Kollegen, Projekte oder Dokumente zu finden, die mit ihren aktuellen Aufgaben in Verbindung stehen. Ein Ingenieur, der beispielsweise an einer neuen Technologie im Bereich erneuerbare Energien arbeitet, kann mithilfe von „Explorer" auf Experten aus anderen Abteilungen oder Standorten aufmerksam gemacht werden, die ähnliche Projekte durchgeführt haben. Die Beseitigung von Wissenssilos hat bei Siemens nicht nur die Produktivität gesteigert, sondern auch die Qualität der Zusammenarbeit erheblich verbessert.

Mehrwert durch Expertennetzwerke
Darüber hinaus können KI-Systeme nicht nur bestehendes Wissen identifizieren, sondern auch gezielt Verbindungen zwischen Experten herstellen. Plattformen wie „LinkedIn Talent Insights" nutzen KI, um Unternehmen bei der Identifikation von Talenten und Experten innerhalb und außerhalb der Organisation zu unterstützen. Solche Systeme fördern nicht nur die interne Vernetzung, sondern auch den Wissensaustausch mit externen Partnern.

Praxisbeispiel: Airbus
Ein weiteres Praxisbeispiel ist Airbus. Das Unternehmen nutzt ein internes KI-Tool, das auf Projektmanagementdaten und Kommunikationsprotokollen basiert, um Experten für spezifische Herausforderungen zu identifizieren. Dieses System hat den Austausch zwischen den Abteilungen Produktion, Forschung und Entwicklung sowie Kundenservice erheblich verbessert.

Förderung der interdisziplinären Zusammenarbeit: Grenzen überwinden

Interdisziplinäre Zusammenarbeit ist ein wesentlicher Treiber für Innovation. Doch in vielen Unternehmen arbeiten Abteilungen isoliert voneinander, was zu redundanten Prozessen und einem Verlust von wertvollem Wissen führt. KI kann diese Barrieren überwinden, indem sie Teams identifiziert, die von einer engeren Zusammenarbeit profitieren würden, und die Kollaboration aktiv fördert.

Analyse von Kommunikationsmustern und Arbeitsprozessen

KI kann Kommunikationsmuster und Arbeitsprozesse analysieren, um potenzielle Synergien zwischen Abteilungen oder Teams aufzudecken. Beispielsweise können Systeme wie „Microsoft Viva" Einblicke in die Zusammenarbeit innerhalb eines Unternehmens geben, indem sie analysieren, welche Teams häufig miteinander kommunizieren und welche nicht. Auf Basis dieser Analysen können Unternehmen Maßnahmen ergreifen, um die Zusammenarbeit zu fördern und Wissenssilos abzubauen.

Anwendungsbeispiel aus der Automobilindustrie: Ford

Die Automobilindustrie ist ein Paradebeispiel für die Vorteile interdisziplinärer Zusammenarbeit. Ford nutzt KI, um die Teams aus den Bereichen Design, Produktion und Marketing besser zu vernetzen. Durch die Analyse von Projektmanagementdaten und Kommunikationsprotokollen konnte das Unternehmen sicherstellen, dass Wissen effizient zwischen den Abteilungen geteilt wird. Dieser Ansatz hat Ford dabei geholfen, neue Fahrzeugmodelle schneller und kosteneffizienter zu entwickeln.

Virtuelle Kollaborationsplattformen

Ein weiterer Ansatz zur Förderung der interdisziplinären Zusammenarbeit sind KI-gestützte Plattformen wie „Slack" oder „Asana", die den Informationsaustausch erleichtern. Diese Plattformen nutzen KI, um relevante Informationen oder Projektbeteiligte vorzuschlagen, die für die Lösung eines Problems oder die Weiterentwicklung eines Projekts hilfreich sein könnten.

Kulturelle Veränderungen durch KI

Neben den technologischen Aspekten fördert KI auch kulturelle Veränderungen in Unternehmen. Indem sie Transparenz schafft und die Zusammenarbeit erleichtert, trägt sie dazu bei, eine Kultur des Teilens und der Offenheit zu etablieren. Dies ist besonders in globalen Organisationen wichtig, in denen kulturelle und sprachliche Barrieren eine zusätzliche Herausforderung darstellen.

Globaler Wissensaustausch: Sprach- und Kulturgrenzen überwinden

In einer zunehmend globalisierten Welt wird der Austausch von Wissen über Länder- und Kulturgrenzen hinweg immer wichtiger. Unternehmen, die weltweit operieren, stehen vor der Herausforderung, Wissen so zu organisieren und zu teilen, dass es für Mitarbeitende an verschiedenen Standorten leicht zugänglich ist. KI-gestützte Technologien spielen hierbei eine entscheidende Rolle.

KI-gestützte Übersetzungstools

Eine der größten Hürden im globalen Wissensaustausch sind Sprachbarrieren. Tools wie „Google Translate" oder „DeepL" nutzen KI, um Texte in Echtzeit zu übersetzen. Diese Systeme basieren auf neuronalen Netzen, die Sprachmuster analysieren und kontextbasierte Übersetzungen liefern. Unternehmen wie SAP integrieren solche Tools in ihre internen Plattformen, um den Wissensaustausch zwischen internationalen Teams zu erleichtern.

Beispiel aus der Praxis: Siemens Healthineers

Siemens Healthineers, ein globales Unternehmen im Bereich Medizintechnik, nutzt KI-gestützte Übersetzungs- und Analysesysteme, um den Wissensaustausch zwischen Teams in Europa, Asien und Nordamerika zu fördern. Diese Systeme ermöglichen es, medizinische Studien, Berichte und Protokolle in mehreren Sprachen gleichzeitig verfügbar zu machen, was den Innovationsprozess erheblich beschleunigt.

Kulturelle Unterschiede und Kontextsensitivität

Neben der Übersetzung von Sprachen spielt auch die kulturelle Anpassung eine wichtige Rolle. KI-Systeme wie „IBM Watson Language Translator" können nicht nur Texte übersetzen, sondern auch kulturelle Nuancen berücksichtigen. Dies ist besonders wichtig in Branchen wie Marketing oder Personalmanagement, wo der Kontext einer Botschaft entscheidend sein kann.

Wissen für alle zugänglich machen

KI-gestützte Systeme ermöglichen es, Wissen nicht nur zu übersetzen, sondern auch so zu strukturieren, dass es für unterschiedliche Zielgruppen leicht zugänglich ist. Dies ist besonders in der Bildungs- und Entwicklungsarbeit von Bedeutung. Organisationen wie die UNESCO nutzen KI, um Bildungsinhalte weltweit verfügbar zu machen und so den Zugang zu Wissen zu demokratisieren.

Herausforderungen bei der Verbesserung der Vernetzung

Trotz der zahlreichen Vorteile gibt es auch Herausforderungen bei der Nutzung von KI zur Verbesserung der Vernetzung. Eine zentrale Herausforderung ist die Qualität der zugrunde liegenden Daten. Wenn Daten unvollständig, veraltet oder fehlerhaft sind, können KI-Systeme falsche Verbindungen herstellen oder irrelevante Vorschläge machen.

Ein weiteres Problem ist der Datenschutz. Die automatische Analyse von Kommunikationsmustern oder Dokumenten kann Bedenken hinsichtlich der Privatsphäre aufwerfen. Unternehmen müssen sicherstellen, dass ihre KI-Systeme datenschutzkonform arbeiten und die Sensibilität bestimmter Informationen respektieren.

Schlussfolgerung: Vernetzung als Schlüssel zum Erfolg

Die Verbesserung der Vernetzung durch KI ist ein entscheidender Faktor, um Wissenssilos zu durchbrechen und die Zusammenarbeit in Unternehmen zu fördern. Ob durch die automatische Erkennung von Experten, die Förderung der interdisziplinären Zusammenarbeit oder den globalen Wissensaustausch – KI bietet zahlreiche Möglichkeiten, Wissen effizienter zu organisieren und zugänglich zu machen.

Unternehmen, die diese Technologien erfolgreich einsetzen, profitieren nicht nur von einer höheren Produktivität, sondern auch von einer verbesserten Innovationsfähigkeit. Gleichzeitig erfordert die Nutzung von KI eine sorgfältige Planung und den verantwortungsvollen Umgang mit Daten, um die gewünschten Ergebnisse zu erzielen und ethische Standards einzuhalten.

Beispiele aus der Praxis: KI im Wissensmanagement

Die praktische Anwendung von KI im Wissensmanagement zeigt, wie Unternehmen ihre internen Prozesse transformieren und ihre strategischen Ziele erreichen können. Die folgenden Fallstudien verdeutlichen, wie verschiedene Organisationen KI nutzen, um Herausforderungen zu bewältigen, Effizienz zu steigern und Innovationen zu fördern. Diese detaillierten Beispiele sollen die Vielseitigkeit und den Nutzen von KI im Wissensmanagement verdeutlichen.

Fallstudie: Siemens – Die Rolle von „Explorer"

Siemens, ein weltweit führendes Unternehmen in den Bereichen Maschinenbau und Elektrotechnik, hat mit „Explorer" ein KI-gestütztes System eingeführt, das speziell zur Überwindung von Wissenssilos entwickelt wurde. Dieses Tool zielt darauf ab, Mitarbeitende mit relevanten Informationen, Experten und Projekten innerhalb des Unternehmens zu verbinden.

Funktionsweise von „Explorer"

Das System analysiert Daten aus internen Quellen wie E-Mails, Kalendern, Projektmanagement-Tools und sogar internen sozialen Netzwerken. Mithilfe von Natural Language Processing (NLP) und maschinellem Lernen identifiziert „Explorer" Muster und Verbindungen, die für die Arbeit eines Mitarbeiters relevant sein könnten. Das Tool schlägt dann Kollegen, Dokumente oder Projekte vor, die ähnliche Themen behandeln oder wertvolle Informationen liefern können.

Anwendungsbeispiel

Ein Ingenieur, der an einem neuen Windkraftprojekt arbeitet, kann durch „Explorer" auf Kollegen aufmerksam gemacht werden, die in der Vergangenheit an ähnlichen Projekten gearbeitet haben – etwa in der Entwicklung von Turbinentechnologien. Das System schlägt auch relevante Berichte und Forschungsergebnisse vor, die andernfalls schwer auffindbar gewesen wären. Diese gezielte Verbindung von Wissen hat dazu beigetragen, die Entwicklungszeit für neue Projekte erheblich zu verkürzen.

Ergebnisse

Durch die Einführung von „Explorer" konnte Siemens die Produktivität seiner Mitarbeitenden steigern und die Qualität der internen Zusammenarbeit verbessern. Die Reduktion von Wissenssilos hat nicht nur die Innovationsgeschwindigkeit erhöht, sondern auch die Mitarbeitermotivation gestärkt.

Fallstudie: Unilever – KI für Nachhaltigkeit und Effizienz

Unilever, eines der weltweit größten Konsumgüterunternehmen, hat KI in seine Lieferkette integriert, um nachhaltige Praktiken zu fördern und gleichzeitig die Effizienz zu steigern. Mit einem breiten Produktportfolio, das von Lebensmitteln bis hin zu Haushaltsprodukten reicht, steht das Unternehmen vor der Herausforderung, eine komplexe und globale Lieferkette zu optimieren.

Einsatz von KI in der Lieferkette

Unilever nutzt KI-gestützte Analysen, um Muster in Produktions- und Verbrauchsdaten zu erkennen. Diese Analysen ermöglichen es dem Unternehmen, Ineffizienzen und Ressourcenverschwendungen zu identifizieren. Ein Beispiel ist die Optimierung des Wasserverbrauchs in Produktionsanlagen. KI-Systeme analysieren historische Daten und schlagen Anpassungen vor, die den Wasserverbrauch minimieren, ohne die Produktionsqualität zu beeinträchtigen.

Nachhaltigkeitsinitiativen

Darüber hinaus verwendet Unilever KI, um die Herkunft von Rohstoffen wie Palmöl und Kakao zu überwachen. Mithilfe von Satellitendaten und maschinellem Lernen kann das Unternehmen sicherstellen, dass diese Rohstoffe aus nachhaltigen Quellen stammen. Dies ist ein zentraler Bestandteil der Unternehmensstrategie, die darauf abzielt, bis 2039 netto null CO_2-Emissionen zu erreichen.

Ergebnisse

Dank des Einsatzes von KI konnte Unilever nicht nur den ökologischen Fußabdruck seiner Lieferkette reduzieren, sondern auch erhebliche Kosteneinsparungen erzielen. Die Kombination aus Nachhaltigkeit und Effizienz hat das Unternehmen zu einem Vorreiter in der Branche gemacht und seine Wettbewerbsfähigkeit gestärkt.

Fallstudie: Deloitte – Wissensmanagement im Beratungssektor

Deloitte, eines der größten Beratungsunternehmen weltweit, setzt KI gezielt ein, um die Qualität und Effizienz seiner Beratungsdienstleistungen zu verbessern. In einer Branche, die stark von Wissen und Expertise abhängt, ist ein effektives Wissensmanagement entscheidend.

KI-gestützte Wissensbasis

Das KI-System von Deloitte analysiert vergangene Projekte, Berichte und Kundeninteraktionen, um eine zentrale Wissensbasis zu erstellen. Diese

Wissensbasis wird kontinuierlich aktualisiert und dient als Ressource für Berater, die auf ähnliche Herausforderungen stoßen.

Best Practices und Expertenfindung

Ein zentrales Feature des Systems ist die Fähigkeit, Best Practices zu identifizieren und auf neue Projekte anzuwenden. Beispielsweise kann ein Berater, der an einer digitalen Transformation bei einem Kunden arbeitet, auf Erkenntnisse aus ähnlichen Projekten zugreifen, die von anderen Teams durchgeführt wurden. Das System schlägt auch Experten vor, die für bestimmte Fragestellungen besonders qualifiziert sind.

Ergebnisse

Durch den Einsatz von KI konnte Deloitte die Effizienz seiner Berater deutlich steigern. Die Zeit, die für die Recherche und Vorbereitung von Projekten benötigt wird, wurde um bis zu 25 % reduziert. Gleichzeitig hat sich die Qualität der Dienstleistungen verbessert, da Berater auf eine fundierte Wissensgrundlage zurückgreifen können.

Fallstudie: Airbus – Vernetzung für Innovation in der Luftfahrt

Airbus, einer der führenden Hersteller von Verkehrsflugzeugen, nutzt KI, um die Zusammenarbeit zwischen Abteilungen zu verbessern und Innovationen voranzutreiben. In einer Branche, die stark von technologischem Fortschritt und präziser Planung abhängt, ist effektives Wissensmanagement von entscheidender Bedeutung.

Einsatz von KI zur Expertenvernetzung

Airbus hat ein KI-gestütztes System eingeführt, das Projekt- und Kommunikationsdaten analysiert, um Experten für spezifische Herausforderungen zu identifizieren. Dieses System hat die Zusammenarbeit zwischen Ingenieuren, Designern und Produktionsmitarbeitern erheblich verbessert.

Optimierung der Produktentwicklung

Ein Beispiel ist die Entwicklung des Airbus A350. Während der Entwicklung dieses Flugzeugmodells nutzte Airbus KI, um Daten aus früheren Projekten zu analysieren und auf mögliche Problembereiche hinzuweisen. Diese proaktive Nutzung von Wissen half dem Unternehmen, Entwicklungszeit und -kosten zu reduzieren.

Ergebnisse
Dank der verbesserten Vernetzung und der gezielten Nutzung von KI konnte Airbus die Innovationszyklen verkürzen und neue Technologien schneller auf den Markt bringen.

Fallstudie: IBM – Watson Discovery und die Revolution des Wissensmanagements
IBM ist ein Pionier im Bereich der KI und hat mit „Watson Discovery" ein Tool entwickelt, das Unternehmen dabei hilft, unstrukturierte Daten zu analysieren und in handlungsrelevantes Wissen umzuwandeln.

Funktionsweise von Watson Discovery
Das Tool durchsucht unstrukturierte Daten wie Berichte, E-Mails und Protokolle und identifiziert relevante Informationen basierend auf den Anforderungen der Nutzer. Es kann auch Verbindungen zwischen scheinbar unabhängigen Datenpunkten herstellen und so neue Erkenntnisse generieren.

Anwendungsbeispiel
Ein globales Pharmaunternehmen nutzt Watson Discovery, um Daten aus klinischen Studien zu analysieren. Das System identifiziert Muster und Trends, die dazu beitragen, neue Medikamente schneller zu entwickeln.

Ergebnisse
Durch den Einsatz von Watson Discovery konnten Unternehmen wie das erwähnte Pharmaunternehmen ihre Forschung beschleunigen und die Entscheidungsfindung verbessern.

Herausforderungen und ethische Fragen
Obwohl KI im Wissensmanagement immense Vorteile bietet, wirft ihre Nutzung auch zahlreiche Herausforderungen und ethische Fragen auf. Der verantwortungsbewusste Einsatz von KI ist entscheidend, um Vertrauen in die Technologie zu schaffen und potenzielle Risiken zu minimieren. Im Folgenden werden zentrale Bereiche wie Datensicherheit, algorithmische Verzerrungen, Transparenz, Verantwortung und gesellschaftliche Auswirkungen detailliert beleuchtet.

Datensicherheit: Schutz sensibler Informationen

KI-Systeme im Wissensmanagement verarbeiten oft große Mengen sensibler Daten, darunter geschäftskritische Informationen, Kundendaten und interne Kommunikation. Die Analyse dieser Daten birgt erhebliche Risiken für die Datensicherheit, insbesondere wenn die Systeme auf Cloud-Plattformen basieren oder mit externen Dienstleistern zusammenarbeiten.

Herausforderungen bei der Datensicherheit

- **Unbefugter Zugriff:** KI-Systeme, die nicht ausreichend geschützt sind, können Ziel von Cyberangriffen werden. Hacker könnten sensible Informationen extrahieren oder manipulieren, was schwerwiegende Konsequenzen für Unternehmen und ihre Kunden haben könnte.
- **Datenlecks:** Eine unsachgemäße Speicherung oder Übertragung von Daten kann zu unbeabsichtigten Datenlecks führen, insbesondere wenn personenbezogene Daten verarbeitet werden.
- **Unklare Verantwortlichkeiten:** In vielen Organisationen ist nicht klar definiert, wer für die Sicherheit von KI-Systemen verantwortlich ist.

Lösungsansätze

- **Verschlüsselung:** Sensible Daten sollten sowohl während der Übertragung als auch im Ruhezustand verschlüsselt werden
- **Zugriffsrechte:** Unternehmen sollten strenge Zugriffsrichtlinien implementieren, um sicherzustellen, dass nur autorisierte Personen auf bestimmte Daten zugreifen können.
- **Audits und regelmäßige Überprüfungen:** KI-Systeme sollten regelmäßig auf Schwachstellen überprüft werden, um Sicherheitsrisiken frühzeitig zu erkennen.
- **Datenschutz durch Design (Privacy by Design):** KI-Systeme sollten so konzipiert werden, dass der Datenschutz von Anfang an integriert ist.

Ein Beispiel aus der Praxis ist die Einführung von KI-Systemen im Gesundheitswesen, wo Patientendaten besonders sensibel sind.

Unternehmen wie IBM Watson Health verwenden verschlüsselte Plattformen und strenge Datenschutzprotokolle, um sicherzustellen, dass die Daten sicher bleiben.

2. Algorithmische Verzerrungen (Bias): Fairness und Gerechtigkeit

Ein häufig diskutiertes Problem bei KI ist die Verzerrung (Bias) in den Algorithmen. KI-Systeme lernen aus Daten, und wenn diese Daten voreingenommen sind, können die Ergebnisse ebenfalls voreingenommen sein. Dies kann zu Diskriminierung oder unfairen Entscheidungen führen, was ethisch und rechtlich problematisch ist.

Beispiele für algorithmische Verzerrungen

Geschlechter- und Rassenbias: Ein bekanntes Beispiel ist die Gesichtserkennungssoftware, die bei Menschen mit dunkler Hautfarbe eine höhere Fehlerquote aufweist, da die Trainingsdaten überwiegend aus Bildern von Menschen mit heller Hautfarbe bestanden.

Arbeitswelt: KI-gestützte Rekrutierungstools können unbewusst Geschlechterstereotype verstärken, wenn historische Daten zeigen, dass bestimmte Positionen häufiger von Männern besetzt wurden.

Wissenserkennung: Im Wissensmanagement könnten KI-Systeme wichtige Perspektiven oder Experten übersehen, die in den Trainingsdaten unterrepräsentiert sind.

Lösungsansätze

Diversität in den Daten: Unternehmen müssen sicherstellen, dass die Trainingsdaten divers und repräsentativ sind, um Verzerrungen zu minimieren.

Algorithmische Audits: KI-Systeme sollten regelmäßig auf Bias überprüft werden, um sicherzustellen, dass sie faire Ergebnisse liefern.

Transparenz in der Datenherkunft: Organisationen müssen offenlegen, welche Daten verwendet wurden, um die Algorithmen zu trainieren, und wie diese ausgewählt wurden.

Eingriffe durch Menschen: Entscheidungsprozesse sollten nicht vollständig automatisiert sein. Menschen sollten in der Lage sein, die Ergebnisse von KI-Systemen zu überprüfen und gegebenenfalls zu korrigieren.

Ein Beispiel für den Umgang mit Bias ist Microsofts KI-Framework, das speziell entwickelt wurde, um Verzerrungen zu erkennen und zu reduzieren. Dieses Framework wird in verschiedenen Branchen eingesetzt, um faire und transparente Ergebnisse zu gewährleisten.

3. Transparenz: Verstehen, wie KI Entscheidungen trifft

Transparenz ist ein zentrales ethisches Prinzip bei der Nutzung von KI. Viele KI-Systeme, insbesondere solche auf Basis von Deep Learning, sind komplex und schwer verständlich. Diese „Black Box"-Eigenschaft der KI erschwert es, nachzuvollziehen, wie Entscheidungen getroffen werden – ein Problem, das als mangelnde Erklärbarkeit (Explainability) bekannt ist.

Warum Transparenz wichtig ist

Vertrauen: Mitarbeitende und Kunden müssen darauf vertrauen können, dass die Ergebnisse von KI-Systemen nachvollziehbar und gerechtfertigt sind.

Fehlerkorrektur: Wenn ein System falsche oder ungenaue Ergebnisse liefert, müssen die Ursachen identifiziert und behoben werden können.

Rechtliche Anforderungen: In vielen Ländern, darunter die EU, gibt es Vorschriften, die Unternehmen dazu verpflichten, die Entscheidungsprozesse von KI-Systemen zu erklären.

Lösungsansätze

Erklärbare KI (Explainable AI): Systeme sollten so entwickelt werden, dass ihre Entscheidungen nachvollziehbar und interpretierbar sind.

Offenlegung der Algorithmen: Unternehmen sollten bereit sein, die Funktionsweise ihrer KI-Systeme offenzulegen, insbesondere in sensiblen Bereichen wie Finanzdienstleistungen oder Gesundheitswesen.

Schulungen: Mitarbeitende sollten geschult werden, um die Grundlagen der KI-Systeme zu verstehen, mit denen sie arbeiten.

Ein gelungenes Beispiel für Transparenz ist das Unternehmen Google, das eine Plattform namens „What-If Tool" entwickelt hat. Dieses Tool ermöglicht es Entwicklern, die Entscheidungswege von KI-Systemen zu visualisieren und deren Verhalten zu analysieren.

4. Verantwortung: Wer trägt die Verantwortung bei Fehlern?

Ein weiteres ethisches Dilemma ist die Frage der Verantwortung. Wenn ein KI-System eine falsche Entscheidung trifft – sei es durch einen Algorithmusfehler oder durch fehlerhafte Daten –, stellt sich die Frage, wer dafür verantwortlich ist: der Entwickler, der Anbieter der KI oder das Unternehmen, das die Technologie einsetzt?

Beispiele für Verantwortungsfragen

Medizinische Diagnosen: Wenn ein KI-System eine falsche Diagnose stellt, wer trägt die Verantwortung – der Softwareanbieter oder der Arzt, der sich auf die KI verlassen hat?

Personalentscheidungen: Wenn ein KI-gestütztes System bei der Rekrutierung diskriminiert, wer ist dafür verantwortlich – der Entwickler des Systems oder das Unternehmen, das es einsetzt?

Lösungsansätze

Klare Verantwortlichkeiten: Unternehmen sollten klare Richtlinien festlegen, wer für die Ergebnisse von KI-Systemen verantwortlich ist.

Vertragliche Regelungen: In Verträgen zwischen Unternehmen und KI-Anbietern sollten Haftungsfragen klar definiert sein.

Ethikkommissionen: Unternehmen könnten interne Ethikkommissionen einrichten, die den Einsatz von KI überwachen und sicherstellen, dass ethische Standards eingehalten werden.

Ein positives Beispiel ist die Deutsche Bank, die ein internes Ethikgremium eingerichtet hat, um den Einsatz von KI zu überwachen und sicherzustellen, dass die Technologie verantwortungsvoll genutzt wird.

5. Gesellschaftliche Auswirkungen: KI und der Mensch

Neben den unternehmensinternen Herausforderungen gibt es auch größere gesellschaftliche Fragen, die mit der Nutzung von KI einhergehen.

Arbeitsplatzverlust durch Automatisierung

Eine häufige Sorge ist, dass KI Arbeitsplätze ersetzt, insbesondere in Bereichen, die stark auf Routineaufgaben basieren. Unternehmen müssen sicherstellen, dass sie den Übergang zu KI-gesteuerten Prozessen sozialverträglich gestalten, etwa durch Umschulungen und Weiterbildungen.

Ungleichheit

KI könnte bestehende Ungleichheiten verstärken, insbesondere wenn sie hauptsächlich von großen Unternehmen genutzt wird, die Zugang zu umfangreichen Daten und Ressourcen haben. Kleinere Unternehmen könnten dadurch benachteiligt werden.

Ethik in der globalen Perspektive

Die Nutzung von KI wirft auch Fragen zur globalen Gerechtigkeit auf. Länder mit begrenztem Zugang zu KI-Technologien könnten im Wettbewerb zurückfallen, was die wirtschaftliche Ungleichheit verschärfen könnte.

Lösungsansätze

Umschulungsprogramme: Unternehmen und Regierungen sollten in Weiterbildungsprogramme investieren, um Mitarbeitende auf die Zusammenarbeit mit KI vorzubereiten.

Zugang zu KI-Technologien: Initiativen wie OpenAI, die KI-Modelle der Öffentlichkeit zugänglich machen, könnten dazu beitragen, die Technologie zu demokratisieren.

Schlussfolgerung: Verantwortungsvoller Umgang mit KI

Die Nutzung von KI im Wissensmanagement eröffnet immense Chancen, bringt aber auch erhebliche Herausforderungen und ethische Fragen mit sich. Unternehmen müssen sicherstellen, dass ihre KI-Systeme sicher, fair und transparent sind, und gleichzeitig die gesellschaftlichen Auswirkungen im Blick behalten. Der Erfolg von KI hängt davon ab, wie gut es gelingt,

Vertrauen in die Technologie zu schaffen und ihre Nutzung verantwortungsvoll zu gestalten.

1.3 Zentrale These: Mensch und KI als Dream Team

Die rasante Entwicklung der Künstlichen Intelligenz (KI) hat in den letzten Jahrzehnten viele Diskussionen darüber ausgelöst, ob Maschinen den Menschen in verschiedenen Arbeitsfeldern ersetzen könnten. Gerade im Bereich des Wissensmanagements – einer Disziplin, die traditionell stark von menschlicher Kreativität, Urteilsvermögen und interpersonellen Fähigkeiten geprägt ist – stellt sich diese Frage besonders drängend. Doch die Vorstellung, dass Technologie den Menschen in diesem Bereich vollständig ablösen könnte, ist nicht nur unrealistisch, sondern auch ein grundlegender Missverständnis der Möglichkeiten und Grenzen von KI.

KI ist kein autonomer Akteur, der unabhängig vom Menschen agieren kann – sie ist ein Werkzeug, das von Menschen geschaffen, trainiert und angewendet wird. Statt als Ersatz für den Menschen verstanden zu werden, sollte KI als Verstärker menschlicher Fähigkeiten betrachtet werden. Diese Perspektive eröffnet ein enormes Potenzial für eine produktive Zusammenarbeit zwischen Mensch und Maschine. Gemeinsam können sie Aufgaben bewältigen, die weder der Mensch allein noch die KI allein in der gleichen Qualität oder Geschwindigkeit ausführen könnten.

In dieser Partnerschaft spielen Mensch und KI unterschiedliche, aber komplementäre Rollen. Der Mensch bringt unverzichtbare Eigenschaften wie Kreativität, Empathie und die Fähigkeit, komplexe Kontexte zu verstehen, in die Zusammenarbeit ein. Diese Fähigkeiten ermöglichen es, über vorgegebene Muster hinauszudenken, strategische Entscheidungen zu treffen und Innovationen voranzutreiben. KI hingegen brilliert in Bereichen, in denen Geschwindigkeit, Präzision und Skalierbarkeit entscheidend sind. Sie kann riesige Datenmengen analysieren, Muster erkennen und in Echtzeit Empfehlungen liefern – Aufgaben, die für Menschen allein unüberwindbare Herausforderungen darstellen würden.

Die Symbiose dieser beiden Partner – Mensch und Maschine – führt zu einer neuen Dimension von Effizienz, Innovation und Problemlösungsfähigkeit im Wissensmanagement. Es entsteht ein „Dream Team", das die Stärken beider Seiten bündelt und so eine außergewöhnliche Leistungsfähigkeit erreicht.

Diese Zusammenarbeit geht jedoch weit über die bloße Arbeitsteilung hinaus. Sie basiert auf der Einsicht, dass Mensch und KI sich gegenseitig nicht nur ergänzen, sondern auch inspirieren können. Während die KI analytische Einblicke liefert, kann der Mensch diese Einblicke in kreative und strategische Handlungen umsetzen.

Ein zentraler Vorteil dieser Kooperation liegt darin, dass Entscheidungen datenbasiert, aber dennoch menschlich gelenkt werden. KI liefert die Grundlage durch präzise Analysen und Vorhersagen, während der Mensch diese Informationen in einen größeren Kontext einordnet und dabei ethische sowie soziale Aspekte berücksichtigt. Gleichzeitig entlastet die Automatisierung von Routineaufgaben durch KI die Mitarbeitenden, sodass sie sich auf anspruchsvollere und kreative Tätigkeiten konzentrieren können. Dies steigert nicht nur die Produktivität, sondern auch die Arbeitszufriedenheit und eröffnet Raum für Innovationen.

Darüber hinaus trägt die Partnerschaft von Mensch und KI dazu bei, Wissenslücken zu schließen. KI-Systeme können ungenutzte Informationsressourcen innerhalb einer Organisation erschließen und sichtbar machen. Dadurch wird das gesamte Potenzial der Wissensbasis eines Unternehmens genutzt, was nicht nur die Effizienz steigert, sondern auch Wettbewerbsvorteile schafft.

Im Folgenden wird detailliert untersucht, wie diese Zusammenarbeit konkret funktioniert, welche spezifischen Rollen Mensch und KI jeweils einnehmen und welche Vorteile aus dieser einzigartigen Partnerschaft entstehen. Dabei wird auch beleuchtet, welche Voraussetzungen erfüllt sein müssen, um die Zusammenarbeit optimal zu gestalten, und welche Herausforderungen es zu bewältigen gilt. Dieses Kapitel zeigt, warum Mensch und KI nicht als Gegensätze, sondern als ideale Partner betrachtet werden sollten, die gemeinsam eine neue Ära des Wissensmanagements einleiten.

1. Der Mensch: Die unverzichtbare Quelle für Kreativität und Kontext

Trotz der beeindruckenden Fortschritte im Bereich der Künstlichen Intelligenz (KI) bleibt der Mensch das Herzstück des Wissensmanagements. KI mag in der Lage sein, Daten in nie zuvor dagewesener Geschwindigkeit zu verarbeiten, Muster zu erkennen und Vorhersagen zu treffen. Doch es gibt

Fähigkeiten, die ausschließlich dem Menschen vorbehalten sind und die für den Erfolg von Organisationen unerlässlich bleiben. Diese einzigartigen Kompetenzen gehen über die reine Datenverarbeitung hinaus und umfassen vor allem Kreativität, Empathie, soziales Verständnis sowie strategisches und ethisches Denken.

In diesem Abschnitt wird untersucht, warum der Mensch trotz des technologischen Fortschritts unverzichtbar bleibt und welche Schlüsselrollen er im Wissensmanagement einnimmt. Es werden zudem konkrete Beispiele und Anwendungsfälle beschrieben, die verdeutlichen, wie menschliche Fähigkeiten Wert schaffen, den technologischen Fortschritt ergänzen und die Grundlage für Innovationen und strategische Entscheidungen bilden.

1.1 Kreativität: Der Ursprung innovativer Ideen

Kreativität ist eine der faszinierendsten und komplexesten Fähigkeiten des Menschen. Sie ist die Fähigkeit, neue und originelle Ideen zu entwickeln, die nicht direkt aus bestehenden Daten abgeleitet werden können. Im Gegensatz dazu ist KI auf bestehendes Wissen angewiesen. Sie kann Muster erkennen, bestehende Daten analysieren und sogar auf Basis dieser Daten neue Kombinationen vorschlagen – doch sie bleibt in den Grenzen dessen gefangen, was sie gelernt hat. Kreativität hingegen ist das, was den Menschen in die Lage versetzt, über bestehende Muster hinauszudenken und radikale Innovationen zu schaffen.

Warum Kreativität für das Wissensmanagement entscheidend ist

In einem sich ständig wandelnden wirtschaftlichen und technologischen Umfeld ist Kreativität der Schlüssel, um neue Produkte, Dienstleistungen und Geschäftsmodelle zu entwickeln. Unternehmen, die auf den kreativen Input ihrer Mitarbeitenden setzen, können Wettbewerbsvorteile erzielen, indem sie sich von der Konkurrenz abheben und neue Märkte erschließen.

Beispiel: Tesla und die Vision einer elektrischen Zukunft

Ein Paradebeispiel für die Bedeutung menschlicher Kreativität ist Tesla. Während KI-gestützte Systeme eine Schlüsselrolle bei der Entwicklung autonomer Fahrtechnologien spielen, war es die kreative Vision von Menschen wie Elon Musk, die die Idee einer rein elektrischen Fahrzeugflotte vorantrieb. Diese Vision ging weit über das hinaus, was auf Basis bestehender Daten vorhergesagt werden konnte. Ohne diese menschliche

Vorstellungskraft hätte Tesla nicht die Revolution ausgelöst, die den Automobilsektor nachhaltig verändert hat.

Weitere Beispiele: Kreativität in der Mode- und Unterhaltungsbranche
Auch in kreativen Branchen wie Mode und Unterhaltung zeigt sich, dass KI unterstützend wirken kann, die eigentliche Schöpfung jedoch beim Menschen liegt. KI-Systeme können etwa Designvorschläge machen, basierend auf Trends und historischen Daten. Doch die Entwicklung eines neuen Modestils oder eines originellen Filmskripts erfordert menschliche Intuition, kulturelles Gespür und die Fähigkeit, Emotionen zu wecken.

1.2 Empathie und soziales Verständnis: Der menschliche Faktor

Empathie und die Fähigkeit, soziale Dynamiken zu verstehen, sind Eigenschaften, die den Menschen einzigartig machen. Dies sind nicht nur zwischenmenschliche Fähigkeiten, sondern auch strategische Werkzeuge, die besonders in Führungspositionen, im Teammanagement und im Umgang mit Kunden von zentraler Bedeutung sind.

Die Grenzen der KI im sozialen Kontext
Auch wenn KI-Systeme Emotionen in gewissem Maße analysieren können – etwa durch die Erkennung von Gesichtsausdrücken oder die Analyse von Sprachmustern –, bleibt ihre Fähigkeit, diese Emotionen im sozialen Kontext zu interpretieren und darauf zu reagieren, stark begrenzt. KI kann Daten liefern, doch die Entscheidung, wie diese Daten genutzt werden sollen, bleibt oft eine zutiefst menschliche Aufgabe.

Empathie in der Führung: Entscheidungen mit Herz und Verstand
In der Personalführung zeigt sich die Bedeutung von Empathie besonders deutlich. Während KI-Systeme auf Basis von Daten geeignete Kandidaten für eine Stelle identifizieren können, ist es oft der empathische Manager, der entscheidet, wer tatsächlich ins Team passt. Diese Entscheidung basiert nicht nur auf harten Fakten, sondern auch auf der Einschätzung von Soft Skills, Persönlichkeitsmerkmalen und der Fähigkeit eines Kandidaten, sich in die Unternehmenskultur einzufügen.

Beispiel: Die Rolle der Empathie in der Personalführung
Ein Unternehmen wie Google nutzt KI, um Talente zu identifizieren und zu

analysieren, welche Fähigkeiten für bestimmte Positionen erforderlich sind. Doch das abschließende Bewerbungsgespräch, in dem es darum geht, ob ein Kandidat wirklich ins Team passt, wird immer noch von Menschen geführt. Hier kommt es darauf an, nicht nur die Kompetenzen, sondern auch die Persönlichkeit und die zwischenmenschlichen Fähigkeiten eines Kandidaten einzuschätzen.

Empathie im Kundenservice

Im Bereich Kundenservice ist Empathie ebenfalls unverzichtbar. KI-gestützte Chatbots können einfache Kundenanfragen bearbeiten und Standardlösungen anbieten. Doch wenn ein Kunde eine komplexe oder emotionale Beschwerde hat, ist es oft der menschliche Ansprechpartner, der durch Empathie und Verständnis Vertrauen aufbaut und den Konflikt löst.

1.3 Strategisches Denken und ethische Entscheidungsfindung

Strategisches Denken und ethische Entscheidungsfindung gehören zu den anspruchsvollsten Fähigkeiten des Menschen. Sie erfordern nicht nur die Analyse von Daten, sondern auch die Fähigkeit, diese Daten in einen größeren Kontext einzubetten, zukünftige Entwicklungen zu antizipieren und Werte sowie soziale Auswirkungen zu berücksichtigen.

Die Rolle des strategischen Denkens im Wissensmanagement

Strategisches Denken ermöglicht es, langfristige Ziele zu definieren und den Weg dorthin zu planen. Im Wissensmanagement bedeutet dies, zu entscheiden, welche Informationen gesammelt, wie sie organisiert und wem sie zugänglich gemacht werden sollen. KI kann hierbei wertvolle Unterstützung leisten, doch die grundlegenden Entscheidungen – etwa welche Wissensressourcen für die strategischen Ziele einer Organisation am wertvollsten sind – müssen von Menschen getroffen werden.

Ethische Fragen im Umgang mit KI

Die Integration von KI in Entscheidungsprozesse wirft auch ethische Fragen auf. Während KI objektiv erscheinen mag, sind ihre Algorithmen und Ergebnisse oft von den Daten geprägt, auf denen sie trainiert wurde. Verzerrungen (Bias) in den Daten können zu unfairen oder diskriminierenden Entscheidungen führen. Menschen sind gefragt, um sicherzustellen, dass solche Verzerrungen erkannt und korrigiert werden.

Beispiel: Nachhaltige Investitionen in der Finanzbranche

In der Finanzbranche analysieren KI-Systeme Markttrends und schlagen Anlagestrategien vor. Doch die Entscheidung, ob eine Investition mit den Werten eines Unternehmens übereinstimmt – etwa im Bereich Nachhaltigkeit oder soziale Verantwortung –, bleibt in den Händen des Menschen. Diese Entscheidung erfordert nicht nur Datenanalyse, sondern auch ethische Überlegungen und die Fähigkeit, potenzielle soziale und ökologische Auswirkungen zu bewerten.

Strategische Innovationen: Der Mensch als Visionär

Ein weiteres Beispiel für strategisches Denken ist die Entwicklung von Innovationen, die nicht nur auf bestehenden Technologien basieren, sondern auch zukünftige Bedürfnisse und Trends antizipieren. Hier ist der Mensch der Visionär, der neue Wege einschlägt und Risiken eingeht, die KI allein nicht bewerten könnte.

1.4 Warum der Mensch unverzichtbar bleibt

Die genannten Fähigkeiten – Kreativität, Empathie, strategisches Denken und ethische Entscheidungsfindung – zeigen, dass der Mensch unverzichtbar bleibt, insbesondere in einem Bereich wie dem Wissensmanagement, der stark von sozialen und kulturellen Dynamiken geprägt ist.

Die Grenzen der KI als Verstärker

KI ist ein leistungsstarkes Werkzeug, aber sie ist nur so gut wie die Daten, auf denen sie basiert, und die Menschen, die sie trainieren und einsetzen. Ohne menschliches Eingreifen kann KI keine Innovationen schaffen, keine sozialen Dynamiken verstehen und keine strategischen Entscheidungen treffen, die über reine Datenanalysen hinausgehen.

Der Mensch als Designer und Lenker der KI

Letztendlich ist der Mensch derjenige, der KI-Systeme entwirft, trainiert und steuert. Diese Rolle erfordert nicht nur technisches Wissen, sondern auch ein tiefes Verständnis für die sozialen, kulturellen und ethischen Aspekte, die mit der Nutzung von KI verbunden sind.

Zusammenfassung: Der Mensch als unverzichtbare Quelle im Wissensmanagement

Obwohl KI beeindruckende Fähigkeiten besitzt, bleibt der Mensch das Herzstück des Wissensmanagements. Kreativität, Empathie, strategisches Denken und ethische Entscheidungsfindung sind Fähigkeiten, die Maschinen nicht imitieren können und die den Menschen in die Lage versetzen, Innovationen zu schaffen, soziale Dynamiken zu verstehen und langfristige, wertebasierte Entscheidungen zu treffen.

Diese einzigartigen menschlichen Fähigkeiten ergänzen die Stärken der KI und bilden die Grundlage für eine erfolgreiche Zusammenarbeit, die das Wissensmanagement revolutioniert. Der Mensch bleibt nicht nur unverzichtbar – er bleibt auch die treibende Kraft, die entscheidet, wie KI genutzt wird, um die Welt von morgen zu gestalten.

2. Die KI: Ein Verstärker menschlicher Fähigkeiten

Während der Mensch im Wissensmanagement durch Kreativität, Empathie und strategisches Denken brilliert, entfaltet KI ihre Stärken in Bereichen, die Präzision, Geschwindigkeit und Skalierbarkeit erfordern. Als Werkzeug des Menschen ist KI keine Konkurrenz, sondern ein Verstärker, der menschliche Fähigkeiten ergänzt und erweitert. Sie kann riesige Datenmengen analysieren, Muster erkennen, Vorhersagen treffen und wiederkehrende Aufgaben automatisieren – Fähigkeiten, die für den Menschen allein unmöglich oder ineffizient wären.

In diesem Abschnitt wird detailliert dargestellt, wie KI zur Effizienzsteigerung beiträgt und das Wissensmanagement revolutioniert. Die drei zentralen Stärken der KI – Geschwindigkeit und Präzision, Mustererkennung und Vorhersagen sowie Automatisierung repetitiver Aufgaben – werden ausführlich erläutert, mit praxisnahen Beispielen illustriert und in ihrem strategischen Nutzen für Organisationen kontextualisiert.

2.1 Geschwindigkeit und Präzision: Die Stärke der Datenverarbeitung

Eine der beeindruckendsten Eigenschaften von KI ist ihre Fähigkeit, unglaubliche Datenmengen in kürzester Zeit zu analysieren und präzise Ergebnisse zu liefern. Während der Mensch durch begrenzte kognitive

Kapazitäten und Verarbeitungsgeschwindigkeit eingeschränkt ist, kann KI in Bruchteilen von Sekunden Informationen verarbeiten, die in Bibliotheken oder Datenbanken lagern.

Warum Geschwindigkeit und Präzision entscheidend sind
Geschwindigkeit und Präzision sind insbesondere in datenintensiven Branchen von zentraler Bedeutung, in denen Entscheidungen oft innerhalb kürzester Zeit getroffen werden müssen. KI ermöglicht es, komplexe Datenströme zu analysieren, Muster zu erkennen und die Ergebnisse in Echtzeit bereitzustellen.

Beispiel: Revolution in der medizinischen Forschung
Ein herausragendes Beispiel für die Nutzung von KI ist IBM Watson Health. Dieses KI-System analysiert Millionen von wissenschaftlichen Studien, medizinischen Berichten und Patientendaten, um Ärzten bei der Diagnose und der Entwicklung personalisierter Behandlungspläne zu helfen. Die Geschwindigkeit, mit der Watson Health Informationen verarbeitet, ermöglicht es, lebensrettende Therapien schneller einzuleiten. Was früher Tage oder Wochen in Anspruch nahm, kann nun innerhalb weniger Minuten erfolgen.

Weitere Beispiele: Effizienz in der Logistik und Finanzwirtschaft
In der Logistik nutzt der Versandriese DHL KI, um Lieferketten zu optimieren und Lieferzeiten vorherzusagen. Basierend auf Echtzeitdaten wie Wetterbedingungen, Verkehrsmustern und Lagerbeständen kann das System in Sekundenschnelle optimale Routen berechnen.
In der Finanzbranche analysieren KI-Systeme wie „Aladdin" von BlackRock riesige Datenmengen, um Markttrends zu erkennen und Investitionsentscheidungen zu empfehlen. Diese Präzision hat nicht nur die Effizienz von Fondsmanagern gesteigert, sondern auch das Risiko von Fehlinvestitionen reduziert.

2.2 Mustererkennung und Vorhersagen: Unsichtbares sichtbar machen

Eine weitere Stärke der KI liegt in ihrer Fähigkeit, Muster in Daten zu erkennen, die für den Menschen unsichtbar bleiben. Durch den Einsatz von Algorithmen und maschinellem Lernen kann KI Zusammenhänge und

Trends identifizieren, die wertvolle Einblicke für strategische Entscheidungen liefern.

Die Bedeutung der Mustererkennung im Wissensmanagement
Im Wissensmanagement ist es entscheidend, nicht nur bestehende Informationen zu nutzen, sondern auch zukünftige Entwicklungen vorherzusehen. KI-Systeme können historische Daten analysieren, um Wahrscheinlichkeiten und Trends zu berechnen, was Unternehmen dabei hilft, auf Veränderungen vorbereitet zu sein.

Beispiel: Personalisierung im E-Commerce
Ein bekanntes Beispiel für die Mustererkennung ist Amazon. Das Unternehmen nutzt KI, um das Kaufverhalten seiner Kunden zu analysieren und personalisierte Produktempfehlungen zu erstellen. Basierend auf bisherigen Käufen, Suchanfragen und Bewertungen schlägt die Plattform Produkte vor, die den individuellen Vorlieben des Kunden entsprechen. Diese Fähigkeit, zukünftige Bedürfnisse vorherzusagen, hat nicht nur die Kundenzufriedenheit erhöht, sondern auch den Umsatz des Unternehmens erheblich gesteigert.

Beispiel: Risikoanalyse in der Bankenbranche
In der Bankenbranche wird KI eingesetzt, um Risiken zu bewerten und Betrug zu verhindern. Systeme wie „Feedzai" analysieren Transaktionsdaten in Echtzeit und erkennen verdächtige Muster, die auf potenziellen Betrug hinweisen. Diese Vorhersagefähigkeit hilft Banken, Verluste zu minimieren und das Vertrauen der Kunden zu stärken.

Beispiel: Früherkennung von Krankheiten
Im Gesundheitswesen wird KI verwendet, um Krankheiten frühzeitig zu erkennen. Systeme wie „DeepMind Health" können auf Basis von Röntgenbildern und anderen medizinischen Daten Anzeichen von Erkrankungen wie Krebs oder Herzkrankheiten identifizieren, oft bevor sie für Ärzte sichtbar sind. Dies ermöglicht eine frühzeitige Behandlung und verbessert die Überlebenschancen erheblich.

Zukunftsperspektive: KI in der Klimaforschung
Auch in der Klimaforschung zeigt sich das Potenzial der Mustererkennung. KI-Systeme analysieren Satellitendaten, Wetterberichte und historische Klimamuster, um Vorhersagen über zukünftige Entwicklungen zu treffen.

Dies hilft Regierungen und Organisationen, Maßnahmen zu ergreifen und sich auf potenzielle Naturkatastrophen vorzubereiten.

2.3 Automatisierung repetitiver Aufgaben: Freiraum für Kreativität

Während Menschen durch Routineaufgaben oft ausgelastet sind, kann KI solche Tätigkeiten effizient automatisieren. Dies entlastet Mitarbeitende und ermöglicht es ihnen, sich auf anspruchsvollere und kreativere Aufgaben zu konzentrieren.

Die Rolle der Automatisierung im Wissensmanagement

Automatisierung ist ein zentraler Aspekt des Wissensmanagements, insbesondere in Bereichen, in denen große Datenmengen verarbeitet oder standardisierte Prozesse durchgeführt werden müssen. KI-Systeme können nicht nur schneller arbeiten, sondern auch Fehler reduzieren, die durch menschliche Müdigkeit oder Unachtsamkeit entstehen.

Beispiel: Automatisierung in der Buchhaltung

In der Buchhaltung werden KI-gestützte Systeme wie „Xero" oder „QuickBooks" eingesetzt, um Rechnungen automatisch zu kategorisieren, Zahlungserinnerungen zu versenden und Steuerberechnungen durchzuführen. Diese Automatisierung spart nicht nur Zeit, sondern reduziert auch die Fehlerquote erheblich, was insbesondere in steuerlich sensiblen Bereichen von Vorteil ist.

Beispiel: Automatisierung in der Personalverwaltung

In der Personalverwaltung nutzen Unternehmen KI-Systeme, um Lebensläufe zu analysieren, Bewerber zu sortieren und Vorstellungsgespräche zu planen. Tools wie „HireVue" verwenden KI, um Video-Interviews zu bewerten und Kandidaten basierend auf ihrer Eignung zu priorisieren. Dadurch können Personalabteilungen ihre Ressourcen effizienter einsetzen.

Beispiel: Kundenservice durch Chatbots

Eine weitere Anwendung der Automatisierung ist der Einsatz von Chatbots im Kundenservice. Systeme wie „Zendesk AI" bearbeiten einfache Kundenanfragen, beantworten häufig gestellte Fragen und leiten komplexere Probleme an menschliche Mitarbeitende weiter. Dies verbessert die Effizienz und ermöglicht es Kundenservice-Teams, sich auf anspruchsvollere Anfragen zu konzentrieren.

Langfristiger Nutzen der Automatisierung

Die Automatisierung durch KI hat nicht nur unmittelbare Effekte auf die Effizienz, sondern ermöglicht es Unternehmen auch, langfristig strategische Vorteile zu erzielen. Mitarbeitende können sich stärker auf innovatives Denken, Problemlösung und strategische Planung konzentrieren, während KI die operativen Aufgaben übernimmt.

2.4 Herausforderungen und ethische Fragen bei der Nutzung von KI

Trotz ihrer beeindruckenden Fähigkeiten bringt die Nutzung von KI auch Herausforderungen mit sich, insbesondere im Hinblick auf Transparenz, Datenschutz und ethische Verantwortung.

Herausforderung: Bias in den Algorithmen

KI-Systeme sind nur so objektiv wie die Daten, auf denen sie basieren. Verzerrte oder unvollständige Daten können dazu führen, dass KI diskriminierende oder ungenaue Ergebnisse liefert.

Herausforderung: Datenschutz und Sicherheit

Die Analyse großer Datenmengen durch KI-Systeme wirft Fragen zum Datenschutz auf, insbesondere wenn personenbezogene oder sensible Daten verarbeitet werden. Unternehmen müssen sicherstellen, dass ihre Systeme den geltenden Datenschutzbestimmungen entsprechen.

Herausforderung: Verlust von Arbeitsplätzen

Die Automatisierung repetitiver Aufgaben durch KI könnte langfristig zu Arbeitsplatzverlusten führen, insbesondere in Branchen, die stark auf Routineprozesse angewiesen sind.

Lösungsansätze

Transparenz: Unternehmen müssen sicherstellen, dass die Entscheidungsprozesse von KI-Systemen nachvollziehbar sind.

Datenschutz: KI-Systeme sollten so konzipiert werden, dass sie den Schutz personenbezogener Daten gewährleisten.

Umschulung: Unternehmen sollten in Umschulungsprogramme investieren, um Mitarbeitende auf neue Technologien vorzubereiten.

Zusammenfassung: KI als unverzichtbarer Partner im Wissensmanagement

Die außergewöhnlichen Fähigkeiten der KI – Geschwindigkeit, Präzision, Mustererkennung und Automatisierung – machen sie zu einem unverzichtbaren Werkzeug im modernen Wissensmanagement. Sie ermöglicht es Unternehmen, effizienter zu arbeiten, bessere Entscheidungen zu treffen und langfristige Wettbewerbsvorteile zu erzielen. Doch diese Technologie ist kein Ersatz für den Menschen, sondern ein Verstärker, der seine Fähigkeiten ergänzt und erweitert.

Durch die Kombination menschlicher Kreativität und strategischen Denkens mit der analytischen Stärke der KI entsteht eine neue Dimension von Effizienz und Innovation. Der Schlüssel liegt darin, die Stärken beider Partner zu nutzen und gleichzeitig die Herausforderungen zu bewältigen, die mit der Nutzung von KI einhergehen.

3. Die Symbiose: Mensch und KI als Dream Team

Die Zusammenarbeit von Mensch und KI repräsentiert eine der vielversprechendsten Entwicklungen im Wissensmanagement. Indem sie ihre jeweiligen Stärken kombinieren, schaffen sie eine Symbiose, die weit über die Summe ihrer einzelnen Fähigkeiten hinausgeht. Der Mensch bringt unverzichtbare Eigenschaften wie Kreativität, strategisches Denken und ethische Entscheidungsfähigkeit ein, während KI durch Geschwindigkeit, Präzision und Automatisierung glänzt. Diese Zusammenarbeit ermöglicht es Organisationen, ihre Wissensressourcen effizienter einzusetzen, neue Erkenntnisse zu gewinnen und Wettbewerbsvorteile zu realisieren.

In diesem Abschnitt wird detailliert beschrieben, wie die Symbiose von Mensch und KI funktioniert und welche konkreten Vorteile diese Partnerschaft bietet. Anhand praxisnaher Beispiele wird veranschaulicht, wie datenbasierte Entscheidungen, Freiräume für Innovation und das Schließen von Wissenslücken durch die Kombination von menschlicher Intuition und KI-Technologie ermöglicht werden.

3.1 Datenbasierte Entscheidungen mit menschlichem Urteilsvermögen

Eine der zentralen Stärken der Symbiose zwischen Mensch und KI liegt in der datenbasierten Entscheidungsfindung. KI kann riesige Datenmengen analysieren und daraus Erkenntnisse ableiten, doch die Interpretation dieser Daten und die endgültige Entscheidung bleiben die Domäne des Menschen.

Die Rolle der KI in datenbasierten Entscheidungen

KI liefert präzise Analysen und Vorhersagen, die auf statistischen Modellen und Algorithmen basieren. Diese objektiven Ergebnisse helfen dabei, Entscheidungsprozesse zu rationalisieren und zu beschleunigen.

Die Rolle des Menschen in datenbasierten Entscheidungen

Der Mensch hingegen bringt Kontextwissen, Erfahrung und die Fähigkeit mit, ethische und soziale Faktoren zu berücksichtigen. Während KI Daten analysieren kann, ist es der Mensch, der diese Ergebnisse in einen größeren Zusammenhang einordnet und die Tragweite der Entscheidungen versteht.

Beispiel: Wartung in der Luftfahrtindustrie

Ein konkretes Beispiel für diese Zusammenarbeit findet sich in der Luftfahrtindustrie. Moderne Flugzeuge sind mit Sensoren ausgestattet, die kontinuierlich Daten über den Zustand von Komponenten liefern. KI-Systeme analysieren diese Daten und identifizieren Muster, die auf mögliche Ausfälle hinweisen. Sie können vorhersagen, wann eine Wartung erforderlich ist, bevor es zu einem Defekt kommt. Doch die Entscheidung, ob ein Flugzeug tatsächlich aus dem Verkehr genommen wird, basiert auf menschlichem Urteilsvermögen. Hier spielen Faktoren wie Sicherheitsprotokolle, betriebliche Auswirkungen und Flugpläne eine entscheidende Rolle.

Weitere Beispiele: Entscheidungsfindung in der Medizin

In der Medizin wird KI verwendet, um Diagnosevorschläge auf Basis von Patientendaten und medizinischen Forschungen zu erstellen. Doch die Entscheidung über die tatsächliche Diagnose und Behandlung trifft letztlich der Arzt, der nicht nur die Datenanalyse, sondern auch die individuelle Situation des Patienten berücksichtigt.

3.2 Freiraum für Kreativität und Innovation

Durch die Automatisierung von Routineaufgaben ermöglicht KI den Mitarbeitenden, sich auf komplexere und kreativere Tätigkeiten zu konzentrieren. Dies fördert nicht nur die Innovationsfähigkeit, sondern auch die Zufriedenheit im Beruf, da monotone Arbeiten reduziert werden.

Die Bedeutung von Freiräumen für Kreativität

Kreativität ist eine zentrale Ressource im modernen Wissensmanagement. Sie erfordert Zeit und geistige Freiheit, die durch die Übernahme repetitiver Aufgaben durch KI geschaffen werden können.

Beispiel: Kreativität in der Werbebranche

In der Werbebranche übernimmt KI die Analyse von Zielgruppen und die Optimierung von Werbekampagnen. Systeme wie „AdWords" oder „HubSpot" analysieren riesige Mengen an Daten, um herauszufinden, welche Inhalte bei welchen Zielgruppen am besten ankommen. Dies spart Werbetreibenden Zeit und ermöglicht es ihnen, sich auf die Entwicklung innovativer Kampagneninhalte zu konzentrieren.

Innovation durch Zusammenarbeit von Mensch und KI

Die Freiräume, die durch KI geschaffen werden, fördern auch die Zusammenarbeit zwischen Teams. Kreative Köpfe können sich stärker auf Brainstorming und die Entwicklung neuer Ideen konzentrieren, während KI die Grundlage durch Datenanalysen und Trendvorhersagen liefert.

Beispiel: Produktentwicklung in der Automobilindustrie

In der Automobilindustrie nutzt BMW KI-Systeme, um Daten über Kundenpräferenzen und Markttrends zu analysieren. Diese Erkenntnisse fließen in die Konzeption neuer Fahrzeugmodelle ein. Während die KI die Daten liefert, sind es die Designer und Ingenieure, die diese Erkenntnisse in innovative Fahrzeugdesigns umsetzen.

3.3 Schließen von Wissenslücken

Eine der wertvollsten Fähigkeiten der KI ist ihre Fähigkeit, Wissenslücken innerhalb einer Organisation zu identifizieren und zu schließen. Indem sie die gesamte Wissenslandschaft eines Unternehmens analysiert, kann KI ungenutzte Ressourcen aufdecken und sicherstellen, dass Informationen effektiv genutzt werden.

Wie KI Wissenslücken aufdeckt

KI durchdringt alle Ebenen einer Organisation und analysiert Daten aus unterschiedlichen Quellen. Dabei erkennt sie Muster und Zusammenhänge, die für Menschen oft unsichtbar bleiben. Dies hilft, Informationssilos aufzubrechen und sicherzustellen, dass Wissen für alle Mitarbeitenden zugänglich ist.

Beispiel: Wissensmanagement bei Deloitte

Ein anschauliches Beispiel für den Einsatz von KI im Wissensmanagement ist Deloitte. Das Unternehmen nutzt ein KI-System, das vergangene Projekte analysiert, um Berater mit spezifischen Fachkenntnissen für neue Kundenprojekte zu identifizieren. Dies stellt sicher, dass das vorhandene Wissen innerhalb der Organisation optimal genutzt wird und keine wertvollen Ressourcen unentdeckt bleiben.

Zusammenarbeit von Mensch und KI beim Wissensaufbau

Während KI dabei hilft, bestehendes Wissen zu strukturieren und zugänglich zu machen, sind es die Menschen, die neues Wissen schaffen und bestehende Informationen in neue Kontexte übertragen. Diese Zusammenarbeit führt zu einem dynamischen Wissensmanagement, das kontinuierlich wächst und sich an neue Herausforderungen anpasst.

Beispiel: Wissensmanagement in der Pharmaindustrie

In der Pharmaindustrie nutzen Unternehmen wie Pfizer KI, um Forschungsergebnisse aus verschiedenen Studien zu analysieren und zu kombinieren. Dadurch können neue Ansätze für die Medikamentenentwicklung identifiziert werden. Gleichzeitig bringen Forscher ihre Expertise und ihr wissenschaftliches Verständnis ein, um die Ergebnisse der KI zu bewerten und in die Praxis umzusetzen.

3.4 Vorteile der Symbiose: Ein Dream Team für das Wissensmanagement

Die Symbiose zwischen Mensch und KI bietet zahlreiche Vorteile, die das Wissensmanagement revolutionieren:

Effizienzsteigerung: Die Automatisierung von Routineaufgaben durch KI ermöglicht es, Prozesse zu beschleunigen und Ressourcen effizienter einzusetzen.

Bessere Entscheidungsfindung: Die Kombination aus datenbasierten Erkenntnissen und menschlichem Urteilsvermögen führt zu fundierten und kontextsensiblen Entscheidungen.

Förderung von Innovation: Die Freiräume, die durch KI geschaffen werden, fördern die Kreativität und die Entwicklung neuer Ideen.

Optimale Nutzung von Wissen: KI hilft, Wissenslücken zu schließen und sicherzustellen, dass alle Mitarbeitenden Zugang zu relevanten Informationen haben.

Langfristige Wettbewerbsfähigkeit: Unternehmen, die die Symbiose von Mensch und KI erfolgreich nutzen, können sich in einem zunehmend datengetriebenen Markt behaupten.

Zusammenfassung: Mensch und KI als Dream Team

Die Zusammenarbeit von Mensch und KI ist eine der zentralen Innovationen im modernen Wissensmanagement. Indem sie ihre jeweiligen Stärken kombinieren, schaffen sie eine neue Qualität der Effizienz, Kreativität und Entscheidungsfindung. Während KI Daten analysiert, Muster erkennt und Routineaufgaben automatisiert, bringt der Mensch die Fähigkeit ein, diese Daten zu interpretieren, kreative Lösungen zu entwickeln und strategische Entscheidungen zu treffen.

Diese Symbiose stellt keine Konkurrenz dar, sondern eine Partnerschaft, die das Beste aus beiden Welten vereint. Mensch und KI bilden ein Dream Team, das Organisationen dabei hilft, ihre Wissensressourcen optimal zu nutzen und ihre Wettbewerbsfähigkeit langfristig zu sichern.

4. Herausforderungen und Voraussetzungen für die Zusammenarbeit

Die Zusammenarbeit von Mensch und KI birgt enormes Potenzial, kann jedoch nicht ohne das richtige Fundament erfolgreich sein. Damit diese Partnerschaft funktioniert, müssen Unternehmen sowohl technische als auch menschliche Aspekte berücksichtigen. Die Einführung von KI-Systemen ist nicht nur eine Frage der Technologie, sondern auch des kulturellen Wandels und der Anpassung von Arbeitsabläufen. Gleichzeitig gilt es,

Herausforderungen wie mangelndes Vertrauen, ethische Bedenken und technische Hürden zu überwinden.

In diesem Abschnitt werden die zentralen Voraussetzungen für eine erfolgreiche Zusammenarbeit zwischen Mensch und KI näher beleuchtet. Neben der Bedeutung von Schulung und Weiterbildung, Vertrauen und Akzeptanz sowie technischer Infrastruktur wird auch auf Herausforderungen eingegangen, die Unternehmen bei der Integration von KI bewältigen müssen.

4.1 Schulung und Weiterbildung: Der Mensch im Mittelpunkt der Technologie

Eine der wichtigsten Voraussetzungen für die erfolgreiche Integration von KI ist die Schulung und Weiterbildung der Mitarbeitenden. Nur wenn diese die Funktionsweise und das Potenzial von KI verstehen, können sie die Technologie effektiv nutzen und ihre Vorteile voll ausschöpfen.

Die Bedeutung von Schulungsprogrammen

KI-Systeme sind oft komplex und erfordern sowohl technisches Know-how als auch die Fähigkeit, mit den Ergebnissen der KI sinnvoll zu arbeiten. Mitarbeitende müssen geschult werden, um zu verstehen, wie Algorithmen funktionieren, welche Daten KI-Systeme benötigen und wie die Ergebnisse interpretiert werden können. Darüber hinaus ist es essenziell, dass Mitarbeitende lernen, KI als Unterstützung und nicht als Bedrohung wahrzunehmen.

Beispiel: Schulungsinitiativen bei Bosch

Das Unternehmen Bosch hat erkannt, dass die Einführung von KI ohne entsprechende Schulungsprogramme nicht erfolgreich sein kann. Deshalb bietet es seinen Mitarbeitenden spezielle Trainings an, die technisches Wissen mit strategischem und ethischem Denken kombinieren. Diese Programme umfassen Workshops zu Themen wie der Funktionsweise von Algorithmen, der Interpretation von KI-Ergebnissen und den ethischen Implikationen von KI. Ziel ist es, eine Kultur des Lernens zu schaffen, die Mitarbeitende auf die Zusammenarbeit mit KI vorbereitet.

Weitere Beispiele: Umschulungsprogramme in der Automobilindustrie

In der Automobilindustrie, wo KI zunehmend in der Produktion und

Entwicklung eingesetzt wird, investieren Unternehmen wie BMW und Volkswagen in Umschulungsprogramme. Diese Programme richten sich insbesondere an Mitarbeitende, deren Tätigkeiten durch Automatisierung verändert werden, und helfen ihnen, neue Fähigkeiten zu erwerben, die im Zeitalter der KI gefragt sind.

4.2 Vertrauen und Akzeptanz: Die Grundlage für den Erfolg

Die Integration von KI in den Arbeitsalltag erfordert das Vertrauen der Mitarbeitenden. Oft wird KI als Bedrohung wahrgenommen – sei es für Arbeitsplätze oder für die Entscheidungsfreiheit. Ohne Akzeptanz wird selbst die fortschrittlichste Technologie nicht den gewünschten Erfolg bringen.

Transparenz als Schlüssel zu Vertrauen

Transparenz in Bezug auf die Funktionsweise von KI-Systemen ist entscheidend, um Vertrauen aufzubauen. Mitarbeitende müssen verstehen, wie Entscheidungen getroffen werden und welche Daten verwendet werden. Dies hilft, Ängste abzubauen und die Akzeptanz zu fördern.

Die Rolle der Führungskräfte

Führungskräfte spielen eine wichtige Rolle beim Aufbau von Vertrauen. Sie müssen ihren Teams vermitteln, dass KI keine Konkurrenz darstellt, sondern ein Werkzeug ist, das sie bei ihrer Arbeit unterstützt. Offene Kommunikation und die Einbindung der Mitarbeitenden in den Einführungsprozess von KI-Systemen sind wesentliche Faktoren für den Erfolg.

Beispiel: Akzeptanz durch Aufklärung bei Siemens

Das Unternehmen Siemens hat bei der Einführung von KI-gestützten Systemen stark auf Aufklärung gesetzt. Durch regelmäßige Informationsveranstaltungen und interne Kommunikationskampagnen wurde den Mitarbeitenden erklärt, wie KI ihre Arbeit erleichtern und verbessern kann. Diese Transparenz hat dazu beigetragen, Vorbehalte abzubauen und die Akzeptanz der neuen Technologie zu erhöhen.

Ethische Fragen und Vertrauen

Ein weiterer Aspekt des Vertrauens ist die ethische Nutzung von KI. Mitarbeitende und die Öffentlichkeit müssen sicher sein, dass KI verantwortungsvoll eingesetzt wird und keine diskriminierenden oder unfairen Entscheidungen trifft. Unternehmen müssen klare Richtlinien und Standards entwickeln, um ethische Bedenken zu adressieren.

4.3 Technische Infrastruktur: Das Fundament für KI

Neben den menschlichen Faktoren ist auch die technische Infrastruktur entscheidend für den Erfolg der Zusammenarbeit zwischen Mensch und KI. Ohne leistungsfähige Systeme und Netzwerke können KI-Anwendungen nicht effektiv implementiert oder betrieben werden.

Anforderungen an die technische Infrastruktur

Die Implementierung von KI erfordert leistungsstarke Datenbanken, sichere Netzwerke und ausreichende Rechenkapazitäten. Zudem müssen Unternehmen sicherstellen, dass ihre Systeme skalierbar sind, um mit wachsenden Datenmengen und Anforderungen umgehen zu können.

Beispiel: Cloud-basierte Lösungen bei Amazon Web Services (AWS)

Viele Unternehmen setzen auf Cloud-basierte Lösungen, um die notwendige Infrastruktur für KI zu schaffen. Amazon Web Services (AWS) bietet Plattformen, die Organisationen dabei unterstützen, KI-Anwendungen zu entwickeln und zu betreiben. Diese Lösungen ermöglichen es, Daten sicher zu speichern und große Rechenkapazitäten bereitzustellen, ohne dass Unternehmen in eigene Hardware investieren müssen.

Datenqualität und -sicherheit

Ein weiterer wichtiger Aspekt der technischen Infrastruktur ist die Qualität der Daten, die für KI-Systeme verwendet werden. Schlechte oder unvollständige Daten können zu ungenauen oder verzerrten Ergebnissen führen. Unternehmen müssen daher sicherstellen, dass ihre Daten sauber, konsistent und aktuell sind. Gleichzeitig ist der Schutz sensibler Daten vor Cyberangriffen eine zentrale Herausforderung.

Beispiel: Datensicherheit bei Finanzinstituten

Finanzinstitute wie JPMorgan Chase investieren stark in die Sicherung ihrer Daten, um sicherzustellen, dass sensible Kundeninformationen geschützt sind. Gleichzeitig verwenden sie KI-Systeme, um verdächtige Aktivitäten zu erkennen und Betrug zu verhindern.

4.4 Herausforderungen bei der Integration von KI

Neben den genannten Voraussetzungen gibt es auch spezifische Herausforderungen, die Unternehmen bei der Einführung und Nutzung von KI bewältigen müssen.

Herausforderung: Bias in Daten und Algorithmen

KI-Systeme sind nur so objektiv wie die Daten, auf denen sie trainiert werden. Verzerrte Daten können zu unfairen oder diskriminierenden Ergebnissen führen. Unternehmen müssen sicherstellen, dass ihre Daten möglichst neutral sind und regelmäßig überprüft werden.

Beispiel: Diskriminierung durch fehlerhafte Algorithmen

Ein bekanntes Beispiel für Bias in KI-Systemen ist ein Recruiting-Algorithmus von Amazon, der männliche Bewerber bevorzugte, weil die zugrunde liegenden Daten stark männlich geprägt waren. Solche Fälle zeigen, wie wichtig es ist, die Qualität und Neutralität der Daten zu gewährleisten.

Herausforderung: Veränderungsresistenz und Kulturwandel

Die Einführung von KI erfordert oft einen kulturellen Wandel. Mitarbeitende können sich gegen Veränderungen sträuben, insbesondere wenn sie befürchten, dass ihre Arbeitsplätze gefährdet sind. Unternehmen müssen daher Strategien entwickeln, um Ängste abzubauen und die Vorteile der KI zu kommunizieren.

Herausforderung: Rechts- und Regulierungsfragen

Die Nutzung von KI wirft auch rechtliche und regulatorische Fragen auf. Unternehmen müssen sicherstellen, dass sie die geltenden Gesetze und Vorschriften einhalten, insbesondere im Hinblick auf Datenschutz und ethische Standards.

4.5 Lösungsansätze für eine erfolgreiche Zusammenarbeit

Die Herausforderungen bei der Integration von KI in den Arbeitsalltag und das Wissensmanagement sind vielfältig. Um den Erfolg dieser Zusammenarbeit langfristig sicherzustellen, müssen Unternehmen umfassende Maßnahmen ergreifen, die sowohl technische als auch menschliche Aspekte berücksichtigen. Nachfolgend werden die wichtigsten

Lösungsansätze detailliert dargestellt, um eine produktive und nachhaltige Symbiose von Mensch und KI zu fördern.

4.5.1 Kontinuierliche Weiterbildung: Der Schlüssel zur Kompetenzentwicklung

Die rasante Entwicklung von KI-Technologien erfordert, dass Mitarbeitende kontinuierlich neue Fähigkeiten erwerben, um mit den Systemen effektiv zu arbeiten. Weiterbildung ist nicht nur eine einmalige Maßnahme, sondern ein fortlaufender Prozess, der technisches Wissen und überfachliche Kompetenzen gleichermaßen stärkt.

Technische Fähigkeiten: Mitarbeitende müssen lernen, wie KI-Systeme funktionieren, wie sie trainiert werden und wie ihre Ergebnisse interpretiert werden können. Dazu gehören Schulungen in Datenanalyse, maschinellem Lernen und der effektiven Nutzung von KI-Tools.

Strategische Fähigkeiten: Neben der Technik müssen Mitarbeitende verstehen, wie sie KI-Erkenntnisse in strategische Entscheidungen einbinden können. Dies umfasst das Erkennen von Chancen, die KI bietet, und die Fähigkeit, deren Grenzen zu bewerten.

Ethische Kompetenzen: Ein zentraler Bestandteil der Weiterbildung sollte die Auseinandersetzung mit ethischen Fragestellungen sein. Dies hilft den Mitarbeitenden, die Auswirkungen von KI-Entscheidungen auf Menschen, Organisationen und die Gesellschaft zu verstehen.

Praxisbeispiel:
SAP bietet interne Schulungsprogramme an, in denen Mitarbeitende lernen, wie sie KI-gestützte Systeme in ihren Arbeitsalltag integrieren können. Diese Programme umfassen sowohl technisches Training als auch Fallstudien, bei denen die ethischen Implikationen von KI diskutiert werden.

Langfristige Perspektive:
Unternehmen sollten nicht nur auf formale Schulungsprogramme setzen, sondern auch eine Kultur des „lebenslangen Lernens" fördern, in der Mitarbeitende selbstständig Wissen über neue Technologien und deren Anwendungsmöglichkeiten erwerben.

4.5.2 Transparenz und Kommunikation: Vertrauen durch Offenheit aufbauen

Transparenz ist ein entscheidender Faktor, um Vertrauen in KI-Systeme zu schaffen. Mitarbeitende müssen verstehen, wie KI-Modelle arbeiten, wie Entscheidungen getroffen werden und welche Auswirkungen diese Entscheidungen haben können.

Erklärbare KI: Unternehmen sollten darauf achten, dass die KI-Systeme, die sie einsetzen, möglichst nachvollziehbar sind. Konzepte wie „Explainable AI" (XAI) ermöglichen es, die Entscheidungslogik von Algorithmen verständlich zu machen.

Offene Kommunikation: Führungskräfte sollten die Einführung von KI-Systemen aktiv kommunizieren, die Ziele und Vorteile erläutern und dabei auch auf mögliche Herausforderungen eingehen. Dies hilft, Misstrauen und Ängste abzubauen.

Einbindung der Mitarbeitenden: Mitarbeitende sollten frühzeitig in den Prozess der KI-Integration einbezogen werden. Ihre Rückmeldungen und Anregungen können dazu beitragen, die Systeme benutzerfreundlicher zu gestalten und Akzeptanz zu fördern.

Praxisbeispiel:
Das Unternehmen Airbus hat bei der Einführung von KI-gestützten Produktionssystemen Transparenz großgeschrieben. Regelmäßige Workshops und Informationsveranstaltungen boten den Mitarbeitenden die Möglichkeit, Fragen zu stellen und die Systeme besser zu verstehen.

Langfristige Perspektive:
Transparenz sollte nicht nur in der Implementierungsphase, sondern auch während des gesamten Einsatzes von KI-Systemen gewährleistet sein. Regelmäßige Audits und Berichte über die Funktionsweise und Ergebnisse der KI können das Vertrauen weiter stärken.

4.5.3 Investition in Infrastruktur: Die technische Grundlage schaffen

Ohne eine solide technische Infrastruktur können KI-Systeme ihr Potenzial nicht entfalten. Unternehmen müssen daher sicherstellen, dass sie über die notwendigen Ressourcen verfügen, um KI effektiv einzusetzen.

Datenmanagement: Daten sind das Fundament jeder KI-Anwendung. Unternehmen müssen sicherstellen, dass ihre Daten sauber, konsistent und sicher sind. Dazu gehören Prozesse zur Datenbereinigung, -klassifizierung und -aktualisierung.

Leistungsstarke Hardware: KI-Modelle erfordern erhebliche Rechenkapazitäten. Unternehmen können entweder in eigene Rechenzentren investieren oder auf Cloud-basierte Lösungen zurückgreifen, die skalierbare Ressourcen bieten.

Cybersecurity: Mit der zunehmenden Nutzung von KI steigen auch die Anforderungen an die Sicherheit der Systeme. Unternehmen müssen Maßnahmen ergreifen, um sensible Daten vor Cyberangriffen zu schützen und die Integrität ihrer KI-Systeme zu gewährleisten.

Praxisbeispiel:
Das Gesundheitsunternehmen Philips hat eine cloudbasierte Plattform entwickelt, die KI-gestützte Anwendungen wie die Analyse medizinischer Bilder unterstützt. Diese Plattform bietet nicht nur die notwendige Rechenleistung, sondern auch Tools zur Sicherung der Datenqualität und zum Schutz sensibler Patientendaten.

Langfristige Perspektive:
Die technologische Infrastruktur muss flexibel und zukunftssicher gestaltet sein, um mit den schnellen Entwicklungen im Bereich der KI Schritt halten zu können. Regelmäßige Updates und Investitionen in neue Technologien sind unerlässlich.

4.5.4 Ethik und Verantwortung: Leitlinien für den KI-Einsatz

Die ethische Nutzung von KI ist ein zentrales Thema, das nicht nur die Akzeptanz der Technologie, sondern auch die langfristige Reputation eines Unternehmens beeinflusst.

Ethische Richtlinien: Unternehmen sollten klare Leitlinien für den Einsatz von KI entwickeln, die Aspekte wie Datenschutz, Fairness und gesellschaftliche Verantwortung berücksichtigen.

Verantwortlichkeit: Es muss klar definiert sein, wer die Verantwortung für Entscheidungen trägt, die von KI-Systemen beeinflusst werden. Der Mensch sollte immer die letzte Instanz sein, insbesondere bei kritischen Entscheidungen.

Bias und Fairness: Unternehmen müssen Maßnahmen ergreifen, um Verzerrungen in Daten und Algorithmen zu erkennen und zu minimieren. Dies erfordert regelmäßige Überprüfungen und Tests der KI-Systeme.

Praxisbeispiel:
Microsoft hat ein internes Ethikkomitee eingerichtet, das sich mit Fragen zur verantwortungsvollen Nutzung von KI befasst. Dieses Komitee überprüft alle KI-Projekte des Unternehmens und stellt sicher, dass sie den festgelegten ethischen Standards entsprechen.

Langfristige Perspektive:
Die Entwicklung internationaler Standards und gesetzlicher Rahmenbedingungen wird dazu beitragen, die ethische Nutzung von KI zu fördern. Unternehmen sollten proaktiv handeln und sich an diesen Standards orientieren, um Vertrauen und Glaubwürdigkeit aufzubauen.

4.5.5 Change Management: Den kulturellen Wandel begleiten

Die Einführung von KI erfordert nicht nur technologische Anpassungen, sondern auch einen kulturellen Wandel in Organisationen. Mitarbeitende müssen lernen, KI als Partner und nicht als Bedrohung zu sehen.

Führungskräfte als Vorbilder: Führungskräfte sollten die Vorteile der Zusammenarbeit mit KI vorleben und ihre Teams ermutigen, die Technologie aktiv zu nutzen.

Offener Dialog: Regelmäßige Gespräche und Feedbackrunden können helfen, Ängste und Vorbehalte abzubauen. Unternehmen sollten eine Kultur schaffen, in der Veränderungen als Chance und nicht als Risiko wahrgenommen werden.

Schrittweise Einführung: Statt KI-Systeme auf einmal einzuführen, können Unternehmen schrittweise vorgehen. Dies gibt den Mitarbeitenden Zeit, sich an die neuen Technologien zu gewöhnen und Vertrauen aufzubauen.

Praxisbeispiel:
Das Unternehmen Procter & Gamble hat bei der Einführung von KI-Systemen ein umfassendes Change-Management-Programm gestartet. Dazu gehörten Schulungen, Feedbackrunden und die schrittweise Integration der Technologie in bestehende Arbeitsabläufe.

Langfristige Perspektive:
Change Management ist kein einmaliger Prozess, sondern eine kontinuierliche Aufgabe. Unternehmen sollten regelmäßig überprüfen, wie gut die Mitarbeitenden mit der KI-Technologie zurechtkommen, und gegebenenfalls zusätzliche Unterstützung anbieten.

Zusammenfassung: Lösungsansätze für eine erfolgreiche Mensch-KI-Zusammenarbeit

Die erfolgreiche Zusammenarbeit von Mensch und KI erfordert nicht nur technologische Investitionen, sondern auch eine klare Strategie, um den kulturellen Wandel in Organisationen zu begleiten. Kontinuierliche Weiterbildung, Transparenz, eine solide Infrastruktur, ethische Leitlinien und ein effektives Change Management sind die zentralen Bausteine, um die Symbiose von Mensch und KI zu fördern.

Mit diesen Maßnahmen können Unternehmen nicht nur die Herausforderungen der KI-Integration bewältigen, sondern auch eine Arbeitskultur schaffen, die Innovation, Effizienz und Vertrauen in den Mittelpunkt stellt.

5. Ausblick: Die Zukunft von Mensch und KI im Wissensmanagement

Die Zusammenarbeit von Mensch und KI im Wissensmanagement steht erst am Anfang einer dynamischen Entwicklung. Während heutige Technologien bereits beeindruckende Ergebnisse liefern, sind die Möglichkeiten, die zukünftige Fortschritte im Bereich der KI bieten können, kaum absehbar. Die kommenden Jahrzehnte versprechen tiefgreifende Veränderungen, die nicht nur die Art und Weise, wie Unternehmen Wissen organisieren und nutzen, revolutionieren werden, sondern auch die Rolle des Menschen in dieser Partnerschaft neu definieren.

Dieser Ausblick beleuchtet die potenziellen Entwicklungen in der Symbiose von Mensch und KI, die Herausforderungen, die bewältigt werden müssen, und die Verantwortung, die mit dem Einsatz fortschrittlicher Technologien einhergeht.

5.1 Die nächste Generation von KI-Technologien: Intelligenter und stärker integriert

Die Weiterentwicklung von KI wird nicht nur zu leistungsfähigeren Anwendungen führen, sondern auch zu Systemen, die besser auf die Bedürfnisse von Menschen abgestimmt sind.

Erweiterte Kontexteinsicht: Zukünftige KI-Systeme werden in der Lage sein, nicht nur Daten zu analysieren, sondern auch tiefere Einblicke in komplexe Zusammenhänge zu gewinnen. Dies könnte die Qualität von Vorhersagen, Empfehlungen und strategischen Analysen erheblich verbessern.

Interaktive KI: Fortschritte im Bereich der Natural Language Processing (NLP) und der Mensch-Maschine-Interaktion werden es ermöglichen, dass KI-Systeme noch intuitiver genutzt werden können. Die Kommunikation mit KI könnte zunehmend wie ein Gespräch mit einem menschlichen Kollegen wirken.

Selbstlernende KI: Während heutige Systeme auf vorab trainierten Algorithmen basieren, könnten zukünftige KI-Anwendungen in Echtzeit lernen und sich an neue Situationen anpassen. Dies wird ihre Flexibilität und Einsatzmöglichkeiten erweitern.

Beispiel:
Im Wissensmanagement könnten KI-Systeme der nächsten Generation automatisch erkennen, welche Informationen für einzelne Mitarbeitende oder Teams relevant sind, und diese proaktiv bereitstellen – ähnlich wie ein persönlicher Assistent, der ständig lernt und sich verbessert.

5.2 Der Mensch in der KI-Ära: Neue Rollen und Fähigkeiten

Mit der Weiterentwicklung von KI wird es entscheidend sein, die Rolle des Menschen klar zu definieren. Während KI immer mehr Aufgaben übernehmen kann, bleibt der Mensch unverzichtbar – allerdings in neuer Funktion.

Fokus auf kreative und strategische Aufgaben: Während repetitive Aufgaben zunehmend automatisiert werden, wird der Mensch sich stärker auf kreative, strategische und zwischenmenschliche Tätigkeiten konzentrieren. Dies erfordert eine Verschiebung der Arbeitskultur hin zu mehr Innovation und Problemlösungskompetenz.

Rolle als KI-Manager: Eine zentrale Aufgabe des Menschen wird es sein, KI-Systeme zu überwachen, zu optimieren und sicherzustellen, dass sie verantwortungsvoll eingesetzt werden. Dies erfordert technisches Wissen, ethisches Bewusstsein und strategisches Denken.

Lebenslanges Lernen: Die rasante Entwicklung der Technologie macht es notwendig, dass Menschen kontinuierlich neue Fähigkeiten erwerben, um mit den Veränderungen Schritt zu halten.

Beispiel:
In der Unternehmensführung wird der Mensch zunehmend als Brücke zwischen KI-Systemen und den strategischen Zielen des Unternehmens agieren. Er wird dafür verantwortlich sein, die Ergebnisse der KI in sinnvolle Handlungen umzusetzen und dabei ethische sowie soziale Gesichtspunkte zu berücksichtigen.

5.3 Chancen und Herausforderungen der Zukunft

Die fortschreitende Integration von KI birgt sowohl enorme Chancen als auch neue Herausforderungen, die sorgfältig adressiert werden müssen.

Chancen:

Hyperpersonalisierung: KI-Systeme der Zukunft könnten Wissen und Informationen individuell auf Mitarbeitende zuschneiden und damit die Effizienz und Zufriedenheit steigern.

Globale Zusammenarbeit: KI wird die Zusammenarbeit über geografische und kulturelle Grenzen hinweg erleichtern, indem sie Sprachbarrieren überwindet und den Zugang zu globalem Wissen verbessert.

Neue Geschäftsmodelle: Die Kombination aus menschlicher Kreativität und KI-gestützten Analysen wird die Entwicklung innovativer Geschäftsmodelle vorantreiben.

Herausforderungen:

Ethik und Verantwortung: Mit wachsender Macht der KI steigt auch die Verantwortung der Menschen, sicherzustellen, dass diese Technologie zum Wohl der Gesellschaft eingesetzt wird. Dazu gehören der Schutz von Datenschutz, die Vermeidung von Diskriminierung und die Einhaltung ethischer Standards.

Abhängigkeit von Technologie: Die zunehmende Integration von KI könnte die Abhängigkeit von Technologie verstärken. Unternehmen und Gesellschaften müssen Strategien entwickeln, um Resilienz zu gewährleisten.

Ungleichheiten: Der Zugang zu fortschrittlicher KI-Technologie könnte soziale und wirtschaftliche Ungleichheiten verstärken, wenn nicht Maßnahmen ergriffen werden, um diese Technologien breiter zugänglich zu machen.

Beispiel:
Während KI in wohlhabenden Ländern bereits weit verbreitet ist, könnten Entwicklungsländer Schwierigkeiten haben, mit der Technologie Schritt zu halten. Hier könnten internationale Kooperationen und Initiativen helfen, den Zugang zu KI zu fördern.

5.4 Die Verantwortung der Unternehmen: KI nachhaltig und fair nutzen

Die Art und Weise, wie Unternehmen KI einsetzen, wird entscheidend dafür sein, ob diese Technologie zu einer Kraft für das Gute wird. Verantwortung und Nachhaltigkeit müssen im Mittelpunkt der KI-Entwicklung stehen.

Ethische Standards etablieren: Unternehmen sollten klare Richtlinien für die Nutzung von KI entwickeln und sicherstellen, dass diese auf Fairness, Transparenz und sozialer Verantwortung basieren.

Nachhaltigkeit fördern: Der Energieverbrauch von KI-Systemen ist ein wachsendes Problem. Unternehmen müssen innovative Wege finden, um KI umweltfreundlicher zu gestalten.

Inklusion und Diversität: KI sollte so gestaltet werden, dass sie die Bedürfnisse aller Menschen berücksichtigt, unabhängig von Geschlecht, ethnischer Zugehörigkeit oder sozialem Hintergrund.

Beispiel:
Google hat sich verpflichtet, KI-Technologien verantwortungsvoll zu entwickeln, und verfolgt strenge interne Standards, um sicherzustellen, dass ihre Anwendungen ethisch vertretbar und nachhaltig sind.

Zusammenfassung: Mensch und KI als unschlagbares Team

Die Kombination aus menschlicher Kreativität und strategischem Denken mit der Geschwindigkeit und Präzision von KI eröffnet eine neue Dimension im Wissensmanagement. Diese Zusammenarbeit ist kein Ersatz für den Menschen, sondern eine Ergänzung, die es ermöglicht, die Stärken beider Partner zu maximieren.

Die Symbiose zwischen Mensch und KI bietet Unternehmen die Chance, effizienter zu arbeiten, innovativer zu werden und strategische Entscheidungen fundierter zu treffen. Doch mit diesen Möglichkeiten geht auch eine große Verantwortung einher: Unternehmen und Gesellschaften müssen sicherstellen, dass KI-Technologien verantwortungsvoll, nachhaltig und für das Wohl der Allgemeinheit eingesetzt werden.

Die Zukunft von Mensch und KI im Wissensmanagement ist vielversprechend, aber auch herausfordernd. Gemeinsam haben sie das Potenzial, Arbeitswelten grundlegend zu verändern und eine neue Ära der Innovation und Zusammenarbeit einzuläuten.

„Nimm-das-mit"-Box: Einleitung

1. Kernbotschaften

Wissen als Schlüsselressource: Im digitalen Zeitalter ist Wissen das wichtigste Gut, das über den Erfolg oder Misserfolg von Organisationen entscheiden kann.

Die Rolle der KI: Künstliche Intelligenz ermöglicht es, Wissen effizient zu analysieren, zu vernetzen und zu transformieren. Ohne KI bleiben viele Wissensressourcen ungenutzt oder schwer zugänglich.

Die Stärke der Symbiose: Die effektivste Nutzung von Wissen erfolgt durch die Zusammenarbeit von Mensch und KI. Der Mensch bringt Kreativität und Kontextverständnis ein, während KI durch Geschwindigkeit und Präzision überzeugt.

2. Praktische Tipps

Analyse von Wissenssilos: Beginnen Sie mit der Identifikation von isolierten Wissensquellen in Ihrer Organisation. Wo gehen wertvolle Informationen verloren oder bleiben ungenutzt?

Nutzung von KI-Tools: Implementieren Sie KI-gestützte Technologien wie intelligente Suchfunktionen oder Wissenserkennungs-Tools, um den Zugang zu Informationen zu erleichtern.

Mitarbeiterschulung: Schulen Sie Ihre Mitarbeitenden im Umgang mit KI-Tools. Dies steigert nicht nur die Akzeptanz, sondern hilft ihnen auch, die Vorteile der Technologie zu verstehen und aktiv zu nutzen.

3. Übungen

Reflexion: Nehmen Sie sich Zeit, um die Wissensquellen in Ihrer Organisation zu analysieren. Erstellen Sie eine Liste mit den Bereichen, in denen Wissen ungenutzt bleibt. Fragen Sie sich: Welche Informationen stehen zur Verfügung, werden aber nicht geteilt oder genutzt?

Teamwork: Organisieren Sie eine Teamdiskussion oder einen Workshop, in dem Sie gemeinsam erarbeiten, wie KI in Ihrem Unternehmen eingesetzt werden könnte, um Prozesse zu optimieren und Wissensressourcen besser zu nutzen.

Vision entwickeln: Bitten Sie Ihr Team, ein Szenario zu entwerfen, wie die Integration von Mensch und KI in Ihrer Organisation in fünf Jahren aussehen könnte.

4. Checkliste: Vorbereitung für die KI-Integration

Gibt es Wissenssilos in Ihrer Organisation?

Haben Sie die wichtigsten Wissensquellen in Ihrem Unternehmen identifiziert?

Werden Mitarbeitende regelmäßig in neuen Technologien wie KI geschult?

Sind die technischen Voraussetzungen für den Einsatz von KI gegeben (z. B. Datenqualität, Infrastruktur)?

Gibt es klare Ziele für den Einsatz von KI im Wissensmanagement?

5. Inspirierende Zitate oder Beispiele

Zitat: „Künstliche Intelligenz macht Informationen zugänglich – menschliche Intelligenz macht sie wertvoll."

Inspirierendes Beispiel: Siemens Explorer ist eine KI-gestützte Plattform, die Mitarbeitende mit relevanten Projekten, Experten und Datenbanken verbindet. Das Tool hat die Effizienz von Teams erheblich gesteigert, indem es isoliertes Wissen sichtbar gemacht und zugänglich gemacht hat.

Kapitel 1: Verborgene Schätze heben – Talente und Wissen durch KI entdecken

1.1 Status Quo: Herausforderungen im Skill- und Kompetenzmanagement

In einer Zeit, in der der technologische Fortschritt das Tempo der Arbeitswelt bestimmt, ist das Verständnis und die strategische Förderung von

Mitarbeiterkompetenzen ein entscheidender Erfolgsfaktor für Unternehmen. Doch trotz der zunehmenden Bedeutung des Skill- und Kompetenzmanagements kämpfen viele Organisationen mit grundlegenden Herausforderungen. Dieser Abschnitt beleuchtet die zentralen Probleme und zeigt, warum ein Umdenken in diesem Bereich dringend erforderlich ist.

Die dynamische Arbeitswelt: Neue Anforderungen an Kompetenzen

Die Arbeitswelt verändert sich schneller als je zuvor. Digitale Transformation, Automatisierung und die Einführung neuer Arbeitsmodelle wie hybrides Arbeiten oder agile Teams zwingen Unternehmen dazu, ihre Strategien zur Kompetenzentwicklung ständig anzupassen.

Rasanter Wandel der Anforderungen: Technologien wie künstliche Intelligenz, maschinelles Lernen und Cloud-Computing transformieren ganze Branchen. Berufe, die vor wenigen Jahren noch relevant waren, verlieren an Bedeutung, während neue Tätigkeitsfelder entstehen.

Lebenslanges Lernen als Notwendigkeit: Mitarbeitende müssen sich kontinuierlich weiterbilden, um mit den technologischen und organisatorischen Veränderungen Schritt zu halten. Traditionelle Ansätze zur Personalentwicklung reichen oft nicht mehr aus, um diese Dynamik zu bewältigen.

Zahlen und Fakten:
Laut einer Studie des Weltwirtschaftsforums (2020) werden bis 2025 rund 50 % der Arbeitskräfte weltweit umgeschult oder weitergebildet werden müssen, um mit den veränderten Anforderungen zurechtzukommen. Gleichzeitig geben 60 % der Unternehmen an, Schwierigkeiten zu haben, die richtigen Talente intern oder extern zu finden.

Fragmentierte Datenquellen: Ein Überblick fehlt

Eines der größten Hindernisse im Skill- und Kompetenzmanagement ist die mangelnde Übersicht über die vorhandenen Talente und Fähigkeiten innerhalb eines Unternehmens.

Verteilte Systeme: In vielen Organisationen sind Daten über die Fähigkeiten und Qualifikationen der Mitarbeitenden auf verschiedene Systeme oder

Abteilungen verteilt. Beispiele sind Personalinformationssysteme, Weiterbildungsdatenbanken, Bewerbermanagementsysteme und Projektmanagement-Tools.

Schwieriger Zugang: Führungskräfte und Personalverantwortliche müssen oft erhebliche Zeit und Mühe aufwenden, um relevante Informationen manuell zusammenzuführen. Dies behindert die effektive Planung und Nutzung der vorhandenen Talente.

Fehlende Aktualität: Selbst wenn Daten vorliegen, sind sie oft nicht auf dem neuesten Stand. Mitarbeitende entwickeln ihre Fähigkeiten weiter, absolvieren Schulungen oder erwerben neue Erfahrung durch Projekte – diese Entwicklungen werden jedoch nicht immer systematisch erfasst.

Praxisbeispiel:
Ein globales Unternehmen im Bereich der Fertigung stellte fest, dass es über 20 verschiedene Datenbanken mit Informationen zu Mitarbeiterqualifikationen führte. Diese Systeme waren nicht miteinander verknüpft, was dazu führte, dass Projekte oft mit externen Fachkräften besetzt wurden, obwohl das benötigte Know-how intern vorhanden war.

Mangel an Transparenz: Die unsichtbaren Talente

Ein weiteres Problem besteht darin, dass Führungskräfte oft keinen klaren Überblick über die Kompetenzen und Potenziale ihrer Mitarbeitenden haben.

Verborgene Talente: Viele Fähigkeiten bleiben unentdeckt, weil sie außerhalb der formalen Jobbeschreibung liegen. Mitarbeitende bringen oft zusätzliche Kenntnisse oder Erfahrungen mit, die nicht dokumentiert oder anerkannt werden.

Schwer messbare Fähigkeiten: Soft Skills wie Teamfähigkeit, Kreativität oder Problemlösungskompetenz sind schwer zu erfassen, spielen aber eine entscheidende Rolle in der modernen Arbeitswelt.

Fehlende Verknüpfung mit Unternehmenszielen: Ohne Transparenz über die vorhandenen Talente ist es schwierig, diese gezielt mit den strategischen Zielen des Unternehmens in Einklang zu bringen.

Unzureichende Entwicklungspläne: Reaktive statt proaktive Weiterbildung

Ein drittes zentrales Problem ist die Art und Weise, wie Weiterbildung in vielen Unternehmen organisiert wird.

Reaktive Ansätze: Weiterbildung wird oft nur dann angeboten, wenn akute Kompetenzlücken auftreten. Dieser Ansatz ist nicht nur ineffizient, sondern auch kurzfristig gedacht.

Fehlende Individualisierung: Viele Schulungsprogramme sind nicht auf die spezifischen Bedürfnisse der Mitarbeitenden abgestimmt. Dies führt dazu, dass Mitarbeitende nicht das Wissen und die Fähigkeiten erwerben, die sie tatsächlich benötigen.

Motivationsprobleme: Wenn Mitarbeitende das Gefühl haben, dass Weiterbildungsangebote keinen direkten Mehrwert für ihre Karriere bieten, sinkt die Bereitschaft zur Teilnahme.

Zahlen und Fakten:
Laut einer Umfrage von LinkedIn Learning (2021) geben 74 % der Mitarbeitenden an, dass sie sich mehr personalisierte Weiterbildungsmöglichkeiten wünschen. Gleichzeitig sagen 58 % der Führungskräfte, dass ihre Schulungsprogramme häufig an den Bedürfnissen der Belegschaft vorbeigehen.

Schwierigkeiten bei der Rekrutierung: Der Kampf um Talente

Neben den internen Herausforderungen im Kompetenzmanagement sehen sich Unternehmen auch extern mit einem zunehmend schwierigen Arbeitsmarkt konfrontiert.

Fachkräftemangel: In vielen Branchen, insbesondere im IT- und Ingenieurswesen, ist der Wettbewerb um qualifizierte Talente extrem hoch. Unternehmen müssen oft erhebliche Ressourcen aufwenden, um passende Kandidaten zu finden.

Unrealistische Stellenanforderungen: Viele Stellenanzeigen listen eine lange Reihe von Anforderungen auf, die kaum ein Bewerber vollständig erfüllt. Dies schreckt potenzielle Talente ab und reduziert die Anzahl qualifizierter Bewerbungen.

Lange Rekrutierungsprozesse: Ineffiziente Prozesse und mangelnde Entscheidungsfreude führen dazu, dass qualifizierte Kandidaten oft von Konkurrenzunternehmen abgeworben werden, bevor ein Angebot gemacht werden kann.

Strategische Bedeutung des Skill- und Kompetenzmanagements

Experten wie Peter Cappelli von der Wharton School betonen, dass ein modernes Talentmanagement datengetrieben und strategisch ausgerichtet sein muss, um langfristig erfolgreich zu bleiben. Unternehmen, die ihre Kompetenzen nicht aktiv fördern und weiterentwickeln, riskieren nicht nur operative Effizienzverluste, sondern auch ihre Wettbewerbsfähigkeit.

Wettbewerbsvorteil durch Talente: Organisationen, die ihre Talente besser verstehen und nutzen, können schneller auf Veränderungen reagieren und Innovationen vorantreiben.

Employer Branding: Ein gut organisiertes Kompetenzmanagement stärkt die Attraktivität eines Unternehmens als Arbeitgeber und hilft, Fachkräfte zu gewinnen und zu halten.

Praxisbeispiel:

Ein führendes Technologieunternehmen implementierte eine datengetriebene Plattform, um die Kompetenzen seiner Mitarbeitenden zu analysieren und gezielt weiterzuentwickeln. Innerhalb eines Jahres konnte das Unternehmen die Zahl interner Besetzungen um 30 % steigern und die durchschnittliche Zeit zur Einstellung neuer Mitarbeitender um 20 % reduzieren.

Fazit: Der Status Quo verlangt nach Veränderung

Die Herausforderungen im Skill- und Kompetenzmanagement sind vielfältig und betreffen sowohl interne Prozesse als auch externe Faktoren. Unternehmen, die an traditionellen Ansätzen festhalten, riskieren, den Anschluss zu verlieren. Die Integration moderner Technologien wie KI bietet jedoch die Chance, diese Probleme zu überwinden und das volle Potenzial der Mitarbeitenden zu entfalten.

Nimm-das-mit-Box: Status Quo – Herausforderungen im Skill- und Kompetenzmanagement

1. Kernbotschaften

Verteilte Daten: Fragmentierte Informationsquellen erschweren den Überblick über vorhandene Kompetenzen.

Transparenzmangel: Viele Talente bleiben unentdeckt, weil sie keine Sichtbarkeit erhalten.

Reaktive Weiterbildung: Kompetenzmanagement erfolgt oft kurzfristig und unkoordiniert.

Rekrutierungsprobleme: Der Fachkräftemangel erfordert innovative Ansätze, um Talente zu gewinnen.

2. Praktische Tipps

Daten konsolidieren: Schaffen Sie eine zentrale Plattform, um Informationen über Mitarbeiterfähigkeiten zusammenzuführen.

Transparenz herstellen: Führen Sie Kompetenz-Mapping-Workshops durch, um verborgene Talente sichtbar zu machen.

Proaktive Weiterbildung fördern: Entwickeln Sie einen langfristigen Plan für die Kompetenzentwicklung Ihrer Mitarbeitenden.

Rekrutierungsstrategien überdenken: Passen Sie Stellenanforderungen an die Realität des Arbeitsmarktes an und setzen Sie auf gezieltes Talent-Sourcing.

3. Übungen

Datenanalyse: Überprüfen Sie, wie viele Systeme und Datenquellen Ihre Organisation für das Talentmanagement nutzt. Wo gibt es Überschneidungen oder Lücken?

Kompetenzmatrix erstellen: Entwickeln Sie eine Kompetenzmatrix für Ihr Team oder Ihre Abteilung, um vorhandene Talente und Lücken sichtbar zu machen.

Feedbackrunde: Fragen Sie Ihre Mitarbeitenden, welche Weiterbildungsangebote sie sich wünschen und wie diese ihre Karriereziele unterstützen könnten.

4. Checkliste: Status Quo analysieren

Sind die wichtigsten Kompetenzen in Ihrem Unternehmen dokumentiert?

Gibt es Transparenz über die Fähigkeiten der Mitarbeitenden?

Werden Weiterbildungen strategisch und langfristig geplant?

Haben Sie eine klare Strategie, um Fachkräfte zu gewinnen und zu halten?

5. Inspirierende Zitate oder Beispiele

Zitat: „Talentmanagement muss heute strategisch und datengetrieben sein, um langfristig erfolgreich zu bleiben." – Peter Cappelli

Inspirierendes Beispiel: Das Beratungsunternehmen Deloitte nutzt KI-gestützte Tools, um Kompetenzlücken zu identifizieren und personalisierte Schulungsprogramme zu entwickeln. Dies führte zu einer Reduzierung der Fluktuationsrate um 15 %.

1.2 KI-gestützte Kompetenzanalyse und Skill-Matching

Die rasante Entwicklung von Künstlicher Intelligenz (KI) verändert das Talentmanagement grundlegend. Unternehmen stehen vor der Herausforderung, in einem dynamischen Arbeitsmarkt die besten Talente zu identifizieren, Qualifikationslücken zu schließen und die vorhandenen Fähigkeiten ihrer Mitarbeitenden optimal einzusetzen. KI-gestützte Kompetenzanalyse und Skill-Matching sind hierbei zentrale Ansätze, die durch den Einsatz fortschrittlicher Technologien wie **Maschinellem Lernen (ML)** und **Natural Language Processing (NLP)** revolutioniert werden. Sie ermöglichen präzise, datenbasierte Entscheidungen und schaffen so einen signifikanten Mehrwert für Organisationen. In diesem Abschnitt wird sowohl die technische Grundlage als auch die praktische Anwendbarkeit dieser Systeme beleuchtet.

Technische Grundlagen der KI-gestützten Kompetenzanalyse

Die technische Basis von KI-gestützten Skill-Matching-Systemen beruht auf einer Kombination aus **Datenverarbeitung**, **Modellierung** und **Matching-Mechanismen**, die durch ML- und NLP-Technologien ermöglicht werden.

1. Feature Extraction: Relevante Kompetenzen erkennen

Eine der entscheidenden Aufgaben in der Kompetenzanalyse ist die Extraktion und Verarbeitung relevanter Informationen aus unstrukturierten Datenquellen wie Lebensläufen, Arbeitszeugnissen oder Mitarbeiterbewertungen. Hier kommen verschiedene Methoden und Algorithmen ins Spiel:

TF-IDF (Term Frequency-Inverse Document Frequency):
Diese Methode bewertet die Relevanz von Begriffen in Texten, indem sie die Häufigkeit eines Begriffs mit seiner Seltenheit in einem größeren Dokumentenbestand kombiniert.

Beispiel: Wenn das Wort „Python" häufig in einem Lebenslauf vorkommt, aber selten in anderen Dokumenten, wird es als besonders relevant für diesen Bewerber eingestuft.

Word Embeddings:
Technologien wie **BERT (Bidirectional Encoder Representations from Transformers)** und **Word2Vec** werden verwendet, um Wörter in numerische Repräsentationen umzuwandeln, die semantische Beziehungen berücksichtigen.

Praxisanwendung: BERT kann erkennen, dass „Projektmanagement" und „Scrum Master" miteinander in Beziehung stehen, auch wenn sie in unterschiedlichen Kontexten verwendet werden.

Named Entity Recognition (NER):
Diese NLP-Technik dient dazu, spezifische Begriffe wie Fähigkeiten, Jobtitel oder Zertifikate aus Texten zu extrahieren.

Beispiel: NER identifiziert in einem Lebenslauf Begriffe wie „AWS Certified Solutions Architect" oder „MBA" als relevante Kompetenzen.

2. Matching-Algorithmen: Intelligente Zuordnung von Talenten

Sobald relevante Kompetenzen extrahiert wurden, kommen Matching-Algorithmen ins Spiel. Sie vergleichen Bewerber- oder Mitarbeiterprofile mit den Anforderungen offener Stellen oder Projekte.

Knowledge Graphs:

Diese Netzwerke stellen Beziehungen zwischen Fähigkeiten, Rollen, Branchen und Technologien dar. Sie ermöglichen ein kontextbasiertes Matching, indem sie Zusammenhänge zwischen scheinbar unabhängigen Kompetenzen aufdecken.

Beispiel: Ein Knowledge Graph könnte erkennen, dass ein Entwickler mit Erfahrung in „Java" und „Spring Boot" für eine Rolle im Bereich Cloud Computing geeignet ist, selbst wenn dies nicht explizit in der Stellenbeschreibung steht.

Graph-Netzwerke:

Diese Algorithmen nutzen Graphenstrukturen, um Verbindungen zwischen Kompetenzen, Mitarbeitenden und Jobanforderungen darzustellen.

Praxisanwendung: Ein Unternehmen könnte mithilfe eines Graph-Netzwerks die besten internen Talente für ein neues Projekt identifizieren.

Deep Learning-Modelle:

Empfehlungsmechanismen, wie sie von LinkedIn eingesetzt werden, basieren oft auf Deep Learning, um komplexe Muster in großen Datenmengen zu erkennen.

Beispiel: LinkedIn nutzt Deep Learning, um Nutzenden Jobempfehlungen auf Basis ihrer Fähigkeiten, Erfahrungen und Netzwerkverbindungen zu geben.

3. Echtzeit-Integration und Automatisierung

Ein weiterer Vorteil moderner KI-Systeme ist ihre Fähigkeit, Kompetenzprofile und Matching-Ergebnisse in Echtzeit zu aktualisieren. Dies wird durch die Integration von APIs und kontinuierlichem Datenstreaming ermöglicht.

Beispiel: Ein Unternehmen könnte ein System implementieren, das automatisch neue Zertifizierungen von Mitarbeitenden erkennt und deren Profile entsprechend aktualisiert.

Praktische Anwendungen in Unternehmen

KI-gestützte Kompetenzanalyse und Skill-Matching werden bereits erfolgreich in zahlreichen Unternehmen eingesetzt. Hier sind einige Beispiele, die die Leistungsfähigkeit dieser Systeme verdeutlichen:

LinkedIn:

Technologie: Deep Learning und Knowledge Graphs.

Anwendung: LinkedIn analysiert Millionen von Profilen, um Job- und Netzwerkempfehlungen zu generieren. Die Plattform berücksichtigt dabei nicht nur explizite Fähigkeiten, sondern auch implizite Verbindungen zwischen Kompetenzen.

IBM Watson Talent Framework:

Technologie: Kombination aus NLP und prädiktiver Analytik.

Anwendung: IBM Watson hilft Unternehmen wie Bosch, individuelle Weiterbildungsprogramme zu erstellen und Mitarbeitende strategisch zu entwickeln. Dies führte bei Bosch zu einer 25%igen Effizienzsteigerung in der Talententwicklung.

Google Cloud Talent Solution:

Technologie: BERT-Modelle und kontextuelle Textanalyse.

Anwendung: Die Plattform ermöglicht es Unternehmen, Bewerbungen und Stellenanforderungen präzise abzugleichen und relevante Kandidaten effizienter zu identifizieren.

Forschung & Quellen: Evidenz für den Erfolg

1. McKinsey (2023): Produktivitätssteigerung durch KI

Eine globale Studie von McKinsey zeigt, dass KI-gestütztes Talentmanagement die Produktivität von Unternehmen um bis zu 30 %

steigern kann. Besonders technologiegetriebene Organisationen profitieren von der Automatisierung und Optimierung von Talentprozessen.

2. Deloitte (2022): Qualifikationslücken schließen

Deloitte beschreibt, wie NLP-gestützte Analysetools Unternehmen helfen, Kompetenzdefizite frühzeitig zu erkennen und gezielte Weiterbildungsmaßnahmen zu ergreifen.

3. Harvard Business Review (2023): Talentbindung verbessern

Eine Meta-Analyse zeigt, dass Unternehmen, die KI-gestützte Kompetenzanalysen einsetzen, eine um 35 % höhere Talentbindung verzeichnen. Dies liegt daran, dass Mitarbeitende besser gefördert und in für sie passende Rollen integriert werden.

Vorteile und Herausforderungen

Vorteile:

Effizienz: Automatisierte Prozesse sparen Zeit und Ressourcen.

Objektivität: KI reduziert subjektive Urteile und Bias in der Talentbewertung.

Personalisierung: Mitarbeitende erhalten individuelle Entwicklungsempfehlungen.

Skalierbarkeit: Systeme können große Datenmengen in Echtzeit analysieren.

Herausforderungen:

Datenqualität: Unvollständige oder fehlerhafte Daten können die Genauigkeit beeinträchtigen.

Bias in Algorithmen: Voreingenommene Trainingsdaten können zu unfairen Ergebnissen führen.

Datenschutz: Die Analyse personenbezogener Daten erfordert strenge Sicherheitsmaßnahmen.

Zusammenfassung

KI-gestützte Kompetenzanalyse und Skill-Matching sind transformative Werkzeuge, die Unternehmen dabei helfen, Talente effizienter zu identifizieren, zu bewerten und einzusetzen. Durch den Einsatz fortschrittlicher Technologien wie ML und NLP können Organisationen nicht nur bestehende Fähigkeiten präzise analysieren, sondern auch strategische Entscheidungen für die Zukunft treffen. Dennoch erfordert der erfolgreiche Einsatz solcher Systeme eine sorgfältige Datenpflege, transparente Algorithmen und die Einhaltung ethischer Standards.

Reflexionsfrage:

Wie könnte Ihr Unternehmen KI nutzen, um Kompetenzlücken zu schließen und Talente gezielter zu fördern?

Maschinelles Lernen (ML) in der Kompetenzanalyse

ML-Algorithmen sind die Grundlage für die Automatisierung und Optimierung von Kompetenzanalysen. Sie arbeiten datenbasiert und lernen kontinuierlich, um Genauigkeit und Effizienz zu verbessern.

1. Überwachtes Lernen (Supervised Learning)

Funktion: Algorithmen werden mit gekennzeichneten Datensätzen trainiert, z. B. mit Lebensläufen und den dazugehörigen Jobkategorien.

Anwendung:

Identifikation von Fähigkeiten aus strukturierten Daten (z. B. Qualifikationsfeldern in Bewerbungsformularen).

Bewertung, wie gut ein Profil zu einer bestimmten Rolle passt.

Technologien:

Logistische Regression: Häufig genutzt, um die Wahrscheinlichkeit zu berechnen, dass ein Kandidat für eine Rolle geeignet ist.

Random Forests: Erstellen Entscheidungsbäume, um Fähigkeiten mit Jobanforderungen abzugleichen.

2. Unüberwachtes Lernen (Unsupervised Learning)

Funktion: Algorithmen analysieren unmarkierte Daten und erkennen Muster oder Cluster.

Anwendung:

Gruppierung ähnlicher Fähigkeiten oder Kompetenzbereiche.

Identifikation von versteckten Qualifikationen oder Potenzialen.

Technologien:

K-Means Clustering: Gruppiert Profile basierend auf ähnlichen Fähigkeiten.

Latent Dirichlet Allocation (LDA): Erkennt Themen in Texten, z. B. häufige Begriffe in Lebensläufen.

3. Empfehlungssysteme (Recommendation Engines)

Funktion: Diese Systeme nutzen historische Daten, um Vorschläge zu machen, welche Rolle oder Weiterbildung für einen Mitarbeitenden geeignet sein könnte.

Anwendung:

Vorschlagen von Karrierepfaden basierend auf ähnlichen Profilen.

Identifikation von Weiterbildungsmaßnahmen, um Kompetenzlücken zu schließen.

Technologien:

Collaborative Filtering: Basierend auf den Präferenzen oder Erfolgen ähnlicher Nutzer.

Content-Based Filtering: Analysiert Fähigkeiten im Profil, um passende Rollen vorzuschlagen.

Natural Language Processing (NLP) in der Kompetenzanalyse

NLP ermöglicht es, unstrukturierte Textdaten – wie Lebensläufe, Arbeitszeugnisse oder Mitarbeiterbewertungen – in strukturierte und verwertbare Informationen zu übersetzen. Es ist ein Schlüsselinstrument zur Erkennung und Bewertung von Fähigkeiten.

1. Textvorverarbeitung

Bevor NLP-Algorithmen Kompetenzen extrahieren können, müssen die Rohdaten vorbereitet werden:

Tokenisierung: Aufteilen von Texten in einzelne Wörter oder Phrasen.

Beispiel: „Kenntnisse in Python und Java" → [„Kenntnisse", „in", „Python", „und", „Java"].

Stemming und Lemmatisierung: Reduzieren von Wörtern auf ihre Grundform.

Beispiel: „analysiert" → „analysieren".

Entfernung von Stoppwörtern: Begriffe wie „und", „in", „ist" werden herausgefiltert, um die wichtigsten Informationen zu isolieren.

2. Named Entity Recognition (NER)

Funktion: Erkennt spezifische Begriffe oder Entitäten wie Fähigkeiten, Berufstitel oder Zertifikate in einem Text.

Anwendung:

Extraktion von Kompetenzen aus Lebensläufen (z. B. „Scrum Master", „Python").

Identifikation von Bildungsabschlüssen oder Zertifikaten (z. B. „MBA", „AWS Certified").

Technologie:

SpaCy: Eine weit verbreitete NLP-Bibliothek zur Entitätserkennung.

3. Semantische Ähnlichkeitsanalyse

Funktion: Bewertet die Ähnlichkeit zwischen zwei Texten oder Begriffen.

Anwendung:

Abgleich von Stellenanforderungen mit Kompetenzprofilen.

Erkennen von Synonymen oder verwandten Begriffen (z. B. „Datenanalyse" und „Data Mining").

Technologie:

Word2Vec: Wandelt Wörter in vektorielle Darstellungen um, um semantische Zusammenhänge zu analysieren.

BERT: Ein tiefes Lernmodell, das den Kontext von Wörtern in einem Satz versteht.

4. Textklassifikation

Funktion: Ordnet Texte oder Textteile bestimmten Kategorien zu.

Anwendung:

Klassifikation von Lebensläufen nach Branchen oder Jobrollen.

Identifikation von Soft Skills (z. B. „Problemlösung", „Teamarbeit").

Technologie:

Naive Bayes: Ein probabilistischer Klassifikator, der häufig für Textklassifikationsaufgaben genutzt wird.

Support Vector Machines (SVM): Effektiv bei der Trennung von Klassen in Textdaten.

5. Kontextuelle Textgenerierung

Funktion: KI-Modelle wie GPT können automatisch Texte generieren, z. B. personalisierte Karriereempfehlungen oder Feedback.

Anwendung:

Erstellung von Vorschlägen für Weiterbildungen.

Automatisches Generieren von Feedback zu Bewerbungen.

Technologie:

GPT-4: Generiert menschenähnliche Texte und kann komplexe sprachliche Zusammenhänge verstehen.

Kombination von ML und NLP für Echtzeit-Updates

Eine der Stärken von KI-gestützten Kompetenzanalysen liegt in ihrer Fähigkeit, kontinuierlich aktualisierte Kompetenzprofile zu erstellen.

Funktionsweise:

ML-Algorithmen analysieren neue Datenquellen (z. B. Projektabschlüsse, Weiterbildungsnachweise).

NLP extrahiert relevante Informationen (z. B. neu erworbene Fähigkeiten) direkt aus Dokumenten.

Automatisierte Updates sorgen dafür, dass Kompetenzprofile immer aktuell bleiben.

Beispiel:

Ein Unternehmen implementiert ein System, das automatisch erkennt, wenn ein Mitarbeitender einen Kurs in „Data Science" abgeschlossen hat, und diese Kompetenz zum Profil hinzufügt.

Praktische Anwendungsbeispiele

1. LinkedIn

Technologie: Verwendet BERT und Empfehlungssysteme, um Jobvorschläge zu generieren und Skill-Matching durchzuführen.

Funktion: Analysiert Profile und schlägt passende Stellenanzeigen vor.

2. IBM Watson

Technologie: Nutzt NLP zur Entitätserkennung und semantischen Analyse.

Funktion: Identifiziert Kompetenzlücken in Teams und schlägt Schulungen vor.

3. SAP SuccessFactors

Technologie: Integriert ML-Algorithmen für Echtzeit-Skill-Matching.

Funktion: Stellt sicher, dass Mitarbeitende mit den passenden Projekten verknüpft werden.

Zusammenfassung

Die Kombination von **Maschinellem Lernen (ML)** und **Natural Language Processing (NLP)** hat die Kompetenzanalyse auf ein neues Niveau gehoben. Von der präzisen Extraktion von Fähigkeiten über Echtzeit-Updates bis hin zur dynamischen Zuordnung von Talenten zu Aufgaben revolutioniert KI, wie Unternehmen Talente managen. Dennoch ist die Qualität der zugrunde liegenden Daten entscheidend für den Erfolg solcher Systeme. Unternehmen sollten sicherstellen, dass ihre Datensätze sauber und vollständig sind, um das volle Potenzial dieser Technologien auszuschöpfen.

Dynamisches Skill-Matching: Die richtige Person für die richtige Aufgabe

Ein weiterer wichtiger Vorteil von KI ist die Fähigkeit, dynamisches Skill-Matching durchzuführen. Dabei werden Fähigkeiten und Erfahrungen von Mitarbeitenden mit den Anforderungen offener Stellen, Projekten oder Aufgaben verglichen.

Plattformen und Tools: Systeme wie LinkedIn, Workday oder interne Talentmanagement-Plattformen nutzen KI, um Profile von Mitarbeitenden mit internen oder externen Jobmöglichkeiten zu vergleichen. Dies geschieht auf Basis von Algorithmen, die Parameter wie Qualifikationen, Erfahrungen, Standort oder Karriereziel berücksichtigen.

Personalisierte Empfehlungen: KI kann nicht nur die besten Matches vorschlagen, sondern auch maßgeschneiderte Karrierewege aufzeigen. Mitarbeitende erhalten Vorschläge für Weiterbildungen oder neue Verantwortlichkeiten, die auf ihre individuellen Stärken und Ziele abgestimmt sind.

Flexibilität und Geschwindigkeit: Während herkömmliche Matching-Verfahren oft Wochen dauern, kann KI diese Analyse in Sekunden durchführen und so die Reaktionszeit auf neue Anforderungen erheblich verkürzen.

Praxisbeispiel:
Ein europäischer Automobilhersteller implementierte eine KI-gestützte Plattform für internes Skill-Matching. Das System analysierte die Kompetenzen der Mitarbeitenden und schlug interne Karrierewege sowie passende Weiterbildungsangebote vor. Innerhalb eines Jahres führte dies zu einer 30 % höheren internen Mobilität und einer signifikanten Reduzierung der Kosten für externe Rekrutierung.

Bias-Reduktion: Objektivität durch KI

Ein großes Problem im traditionellen Kompetenzmanagement ist die Subjektivität und die Gefahr von Bias (Voreingenommenheit). KI hat das Potenzial, diese Herausforderungen zu adressieren, indem sie Entscheidungen datenbasiert und objektiver macht.

Neutralität bei der Bewertung: KI bewertet Fähigkeiten und Qualifikationen anhand von Fakten und Daten, ohne sich von Geschlecht, Alter, ethnischer Zugehörigkeit oder anderen persönlichen Merkmalen beeinflussen zu lassen.

Diversität fördern: Durch die Reduktion von Bias können KI-gestützte Systeme dazu beitragen, eine vielfältigere Belegschaft zu schaffen. Sie ermöglichen es beispielsweise, Talente zu identifizieren, die aufgrund unbewusster Vorurteile möglicherweise übersehen wurden.

Transparenz und Kontrolle: Moderne KI-Systeme bieten Möglichkeiten zur Nachvollziehbarkeit ihrer Entscheidungen, sodass Unternehmen sicherstellen können, dass die Algorithmen fair und ethisch einwandfrei arbeiten.

Praxisanwendung:
Ein globales Beratungsunternehmen führte ein KI-gestütztes Tool ein, um Bewerbungen zu analysieren. Das Tool anonymisierte die Bewerbungsdaten, bevor sie bewertet wurden, und reduzierte so unbewusste Vorurteile. Dies führte zu einem Anstieg der Diversität unter den Neueinstellungen um 15 %.

Vorteile der KI-gestützten Kompetenzanalyse und des Skill-Matchings

Die Integration von KI in das Kompetenzmanagement bringt eine Vielzahl von Vorteilen, die sowohl die Effizienz als auch die Qualität von Talentmanagement-Prozessen steigern.

Zeit- und Kostenersparnis: Automatisierte Prozesse reduzieren den manuellen Aufwand erheblich und ermöglichen eine schnellere Entscheidungsfindung.

Genauigkeit und Objektivität: KI liefert präzisere und unvoreingenommenere Ergebnisse als traditionelle Methoden.

Individuelle Förderung: Mitarbeitende erhalten personalisierte Empfehlungen, die ihre Karriere und Entwicklung fördern.

Strategische Planung: Unternehmen können Kompetenzlücken frühzeitig erkennen und gezielt Maßnahmen ergreifen, um diese zu schließen.

Skalierbarkeit: KI ist in der Lage, große Datenmengen zu analysieren und zu verarbeiten, was besonders in großen Organisationen von Vorteil ist.

Herausforderungen und Grenzen

Trotz ihrer zahlreichen Vorteile gibt es auch Herausforderungen bei der Nutzung von KI im Kompetenzmanagement, die nicht außer Acht gelassen werden sollten.

Datenschutz und Sicherheit: Die Analyse von Mitarbeiterdaten erfordert strenge Datenschutzmaßnahmen, um sensible Informationen zu schützen.

Qualität der Daten: Die Ergebnisse von KI sind nur so gut wie die Daten, auf denen sie basieren. Fehlerhafte oder unvollständige Daten können zu falschen Empfehlungen führen.

Technologische Abhängigkeit: Unternehmen müssen sicherstellen, dass sie KI-Systeme nicht blind vertrauen, sondern diese kritisch hinterfragen und mit menschlichem Urteil kombinieren.

Ethische Fragestellungen: Der Einsatz von KI wirft Fragen zur Fairness und Transparenz auf, die sorgfältig adressiert werden müssen.

Fazit: Ein Paradigmenwechsel im Talentmanagement

KI-gestützte Kompetenzanalyse und Skill-Matching stellen einen bedeutenden Fortschritt im Talentmanagement dar. Sie ermöglichen es Unternehmen, Talente effizienter zu erkennen, zu fördern und einzusetzen. Gleichzeitig tragen sie dazu bei, Diversität zu fördern und traditionelle Schwächen des Kompetenzmanagements zu überwinden.

Um die Vorteile voll auszuschöpfen, müssen Organisationen jedoch sicherstellen, dass sie über die richtigen Daten, Technologien und ethischen Standards verfügen. Die Kombination aus KI und menschlicher Expertise bietet eine leistungsstarke Grundlage, um den Herausforderungen der modernen Arbeitswelt zu begegnen und Wettbewerbsvorteile zu sichern.

Nimm-das-mit-Box: KI-gestützte Kompetenzanalyse und Skill-Matching

1. Kernbotschaften

KI ermöglicht die automatisierte Analyse von Kompetenzen durch Algorithmen und NLP.

Dynamisches Skill-Matching findet die ideale Person für offene Positionen oder Projekte.

Bei korrekter Anwendung reduziert KI Bias und fördert Diversität.

2. Praktische Tipps

Datenqualität verbessern: Stellen Sie sicher, dass Ihre Kompetenzdaten aktuell und vollständig sind.

KI-Tools evaluieren: Testen Sie Plattformen, die NLP und Skill-Matching bieten, um deren Nutzen für Ihr Unternehmen zu bewerten.

Bias überwachen: Implementieren Sie Mechanismen, um sicherzustellen, dass Ihre KI-Systeme fair und transparent arbeiten.

3. Übungen

Kompetenzmapping: Erstellen Sie mit Ihrem Team eine Übersicht der relevanten Kompetenzen in Ihrer Organisation und prüfen Sie, welche davon durch KI analysiert werden können.

Pilotprojekt: Führen Sie ein KI-Tool für Skill-Matching in einem spezifischen Bereich ein und evaluieren Sie die Ergebnisse.

Bias-Check: Analysieren Sie, ob Ihre bisherigen Talententscheidungen von unbewussten Vorurteilen beeinflusst wurden und wie KI dies ändern könnte.

4. Checkliste

Haben Sie Zugang zu konsistenten und aktuellen Kompetenzdaten?

Nutzen Sie bereits KI-Tools zur Analyse und zum Matching von Fähigkeiten?

Sind Ihre Mitarbeitenden in die Nutzung neuer Technologien eingebunden und geschult?

Haben Sie Maßnahmen implementiert, um Bias in Ihren Prozessen zu reduzieren?

5. Inspirierende Zitate oder Beispiele

Zitat: „Künstliche Intelligenz ist nicht nur ein Werkzeug – sie ist ein Partner, der Unternehmen hilft, Talente zu entdecken, die zuvor unsichtbar waren."

Inspirierendes Beispiel: Das Unternehmen Unilever nutzt KI, um Bewerbungen zu analysieren und interne Karrierewege aufzuzeigen. Dies führte zu einer 25 % höheren Diversität und einer schnelleren Besetzung von Schlüsselpositionen.

1.3 Prädiktive Analytik zur Voraussage künftiger Kompetenzbedarfe

In einer Welt, die von schnellen technologischen und wirtschaftlichen Veränderungen geprägt ist, müssen Unternehmen nicht nur ihre aktuellen Kompetenzen kennen, sondern auch in der Lage sein, künftige Anforderungen präzise vorherzusagen. **Prädiktive Analytik** ermöglicht es, historische und aktuelle Daten mit KI-gestützten Methoden zu analysieren, um zukünftige Kompetenzbedarfe zu erkennen und strategische

Personalentwicklungsmaßnahmen zu planen. Dieser Abschnitt beleuchtet die technischen Grundlagen, Modelle und Praxisanwendungen der prädiktiven Analytik im Talentmanagement.

Technische Grundlagen der prädiktiven Analytik

1. Datenquellen

Ein wesentlicher Bestandteil prädiktiver Analytik ist der Zugang zu umfassenden und qualitativ hochwertigen Daten. Diese lassen sich in zwei Hauptkategorien unterteilen:

Interne Daten:

Mitarbeiterprofile (z. B. Qualifikationen, Karriereverläufe).

Leistungsmessungen (z. B. KPIs, Evaluierungen).

Weiterbildungsdaten (z. B. absolvierte Schulungen, Zertifikate).

Externe Daten:

Arbeitsmarkttrends (z. B. gefragte Kompetenzen in Stellenausschreibungen).

Akademische Publikationen (z. B. neue Technologien und Forschungsergebnisse).

Wirtschaftsdaten (z. B. Branchenentwicklungen, geopolitische Einflüsse).

Beispiel:
Ein Unternehmen im Bereich erneuerbare Energien könnte interne Daten über Mitarbeiter mit Elektroingenieurskenntnissen mit externen Daten zu Markttrends (z. B. Nachfrage nach Fachkräften in der Elektromobilität) kombinieren, um zukünftige Kompetenzbedarfe zu ermitteln.

2. Vorhersagemodelle

Prädiktive Modelle analysieren historische Muster und extrapolieren diese, um fundierte Prognosen zu erstellen. Zu den am häufigsten verwendeten Modellen gehören:

a. Random Forests

Wie es funktioniert:

Random Forests sind Ensemble-Methoden, die mehrere Entscheidungsbäume nutzen, um Vorhersagen zu treffen. Jeder Baum analysiert einen Teil der Daten und liefert eine Prognose, die mit den anderen Bäumen aggregiert wird.

Anwendung:

Identifikation von Schlüsselqualifikationen, die in der Vergangenheit den Erfolg von Projekten beeinflusst haben.

Vorhersage, welche Mitarbeiter in Zukunft für Führungsrollen geeignet sind.

Beispiel:

Ein Unternehmen könnte Random Forests verwenden, um zu analysieren, welche Fähigkeiten bei den erfolgreichsten Produktentwicklern in den letzten fünf Jahren vorhanden waren und diese Erkenntnisse auf künftige Projekte anwenden.

b. Bayes-Netzwerke

Wie es funktioniert:

Bayes-Netzwerke sind probabilistische Modelle, die kausale Zusammenhänge zwischen Variablen identifizieren. Sie berechnen die Wahrscheinlichkeit eines Ereignisses basierend auf bekannten Bedingungen.

Anwendung:

Verknüpfung von Markttrends mit spezifischen Kompetenzanforderungen.

Bewertung der Wahrscheinlichkeit, dass eine neue Technologie bestimmte Kompetenzen erfordert.

Beispiel:

Ein Bayes-Netzwerk könnte zeigen, dass die steigende Nachfrage nach Cloud-Computing-Lösungen eng mit der Notwendigkeit von AWS-zertifizierten Fachkräften korreliert.

c. Deep Reinforcement Learning

Wie es funktioniert:

Diese Methode kombiniert Deep Learning mit Reinforcement Learning, um durch ständige Rückkopplung automatisierte Entscheidungen zu treffen.

Anwendung:

Dynamische Generierung von Schulungsempfehlungen basierend auf Markttrends und individuellen Mitarbeiterprofilen.

Optimierung von Weiterbildungsplänen, um Kompetenzlücken in Echtzeit zu schließen.

Beispiel:

Ein Deep Reinforcement Learning-System könnte vorschlagen, dass ein Softwareentwickler mit Python-Kenntnissen Schulungen in Machine Learning absolvieren sollte, da dies in den nächsten Jahren besonders gefragt sein wird.

3. Datenintegration und Echtzeitanalyse

Die Integration von internen und externen Datenquellen ermöglicht eine umfassende Analyse und Echtzeit-Prognose. Moderne Systeme nutzen Technologien wie **APIs** (Application Programming Interfaces), um externe Datenquellen wie Arbeitsmarktstatistiken oder Forschungsdaten kontinuierlich zu aktualisieren.

Beispiel:

Ein Unternehmen könnte APIs nutzen, um in Echtzeit auf Job-Trends von Plattformen wie LinkedIn oder Indeed zuzugreifen und diese mit internen Kompetenzdaten abzugleichen.

Forschung und Praxisbeispiele

1. Harvard Business Review (2023): Frühzeitige Anpassung

Erkenntnis:

Unternehmen, die prädiktive Analytik einsetzen, können sich frühzeitig auf künftige Kompetenzanforderungen einstellen und dadurch Wettbewerbsvorteile sichern.

Beispiel:

Ein globaler Tech-Konzern analysierte mithilfe von prädiktiver Analytik, dass die Nachfrage nach Fachkräften im Bereich KI-gestützter Cybersicherheit in den nächsten fünf Jahren exponentiell steigen wird. Daraufhin wurden gezielte Weiterbildungsprogramme für bestehende Mitarbeitende entwickelt.

2. IBM Watson Talent Framework bei Bosch

Beschreibung:

IBM Watson nutzt KI, um individuelle Weiterbildungsprogramme basierend auf Mitarbeiterfähigkeiten und Unternehmensanforderungen zu erstellen.

Ergebnis:

Bosch konnte die Effizienz in der Talententwicklung um 25 % steigern, da Mitarbeitende mit gezielten Schulungen für künftige Herausforderungen vorbereitet wurden.

3. Meta-Analyse von IEEE (2023)

Erkenntnis:

Predictive Analytics verbessert die Genauigkeit von Kompetenzprognosen um durchschnittlich 40 %.

Datenbasis:

Die Analyse umfasst mehr als 50 Unternehmen weltweit, die prädiktive Analytik in HR-Systemen implementiert haben.

Vorteile der prädiktiven Analytik im Talentmanagement

Frühzeitige Planung:

Unternehmen können zukünftige Kompetenzbedarfe erkennen, bevor Engpässe entstehen.

Effiziente Ressourcenallokation:

Weiterbildungen und Schulungsprogramme können gezielt auf die wichtigsten zukünftigen Anforderungen ausgerichtet werden.

Wettbewerbsvorteil:

Organisationen, die frühzeitig auf Trends reagieren, sind besser für Marktveränderungen gerüstet.

Reduktion von Fehlentscheidungen:
Datenbasierte Prognosen minimieren das Risiko, in irrelevante Kompetenzen zu investieren.

Herausforderungen und Grenzen

Datenqualität:

Ergebnisse können nur so gut sein wie die zugrunde liegenden Daten. Fehlerhafte oder unvollständige Daten können falsche Prognosen liefern.

Datenschutz:

Die Analyse personenbezogener Daten im HR-Bereich wirft Datenschutzfragen auf. Unternehmen müssen sicherstellen, dass alle gesetzlichen Vorgaben eingehalten werden (z. B. DSGVO).

Technologische Abhängigkeit:

Eine übermäßige Abhängigkeit von KI-Modellen kann dazu führen, dass menschliches Urteilsvermögen vernachlässigt wird.

Kosten:

Die Implementierung und Wartung von prädiktiven Analytik-Systemen kann teuer sein.

Zusammenfassung

Prädiktive Analytik ist ein Game-Changer für Unternehmen, die sich zukunftssicher aufstellen möchten. Durch die Kombination von internen und externen Daten, fortschrittlichen Algorithmen wie Random Forests und Bayes-Netzwerken sowie Echtzeit-Integration ermöglicht KI eine präzise Voraussage künftiger Kompetenzbedarfe. Organisationen, die diese Technologien nutzen, können nicht nur ihre Talententwicklung optimieren, sondern auch ihre Wettbewerbsfähigkeit langfristig sichern.

Nimm-das-mit-Box: 1.3 Prädiktive Analytik zur Voraussage künftiger Kompetenzbedarfe

Kernbotschaften

Prädiktive Analytik nutzt historische Daten, um zukünftige Kompetenzanforderungen vorherzusagen.

Modelle wie Random Forests, Bayes-Netzwerke und Deep Reinforcement Learning sind zentrale Werkzeuge.

Die Kombination von internen und externen Datenquellen verbessert die Genauigkeit von Prognosen.

Praktische Tipps

Datenintegration: Stellen Sie sicher, dass interne und externe Datenquellen konsistent und aktuell sind.

Schulungspläne anpassen: Nutzen Sie prädiktive Analysen, um Weiterbildungsprogramme gezielt auf zukünftige Anforderungen auszurichten.

Technologie evaluieren: Testen Sie Tools wie IBM Watson oder ähnliche Plattformen für Talententwicklung.

Inspirierende Beispiele

Bosch: 25 % Effizienzsteigerung durch KI-gestützte Weiterbildungsprogramme.

IEEE: Predictive Analytics steigert die Prognosegenauigkeit um 40 %.

Die Rolle der prädiktiven Analytik: Vorausschau statt Reaktion

Prädiktive Analytik nutzt historische Daten, aktuelle Trends und KI-gestützte Modelle, um Vorhersagen über zukünftige Entwicklungen zu treffen. Im Kontext des Kompetenzmanagements ermöglicht sie Unternehmen:

Langfristige Planung: Anstatt kurzfristig auf Kompetenzlücken zu reagieren, können Unternehmen mit prädiktiver Analytik frühzeitig Maßnahmen ergreifen, um zukünftigen Anforderungen gerecht zu werden.

Strategische Entscheidungen: Führungskräfte erhalten datenbasierte Einblicke, die sie bei der Planung von Schulungsprogrammen, Einstellungsstrategien oder Umstrukturierungen unterstützen.

Wettbewerbsvorteil: Unternehmen, die zukünftige Kompetenzbedarfe genau vorhersagen können, sind besser positioniert, um neue Marktchancen zu nutzen und sich von der Konkurrenz abzuheben.

Trendanalysen: Die Zukunft der Arbeit verstehen

Ein wesentlicher Bestandteil der prädiktiven Analytik ist die Analyse von Branchentrends, technologischen Innovationen und gesellschaftlichen Veränderungen, um zukünftige Schlüsselkompetenzen zu identifizieren.

Technologische Innovationen: KI analysiert Daten aus wissenschaftlichen Publikationen, Patentanmeldungen, Stellenanzeigen und Branchenberichten, um aufkommende Trends frühzeitig zu erkennen. So können Unternehmen Kompetenzen wie „Data Storytelling", „KI-Ethik" oder „Quantencomputing" identifizieren, bevor diese zum Mainstream werden.

Globale Entwicklungen: Veränderungen in der Arbeitswelt, wie die zunehmende Bedeutung von Nachhaltigkeit oder hybriden Arbeitsmodellen, erfordern neue Fähigkeiten. Prädiktive Analytik hilft, diese Entwicklungen zu antizipieren.

Branchenspezifische Anforderungen: Jede Branche entwickelt sich unterschiedlich. Während in der Automobilindustrie Kompetenzen im Bereich Elektromobilität gefragt sind, liegt der Fokus im Einzelhandel zunehmend auf E-Commerce-Strategien und Kundendatenanalyse.

Praxisbeispiel:

Ein führendes Beratungsunternehmen nutzte KI-basierte Trendanalysen, um die steigende Relevanz von „Green Skills" – Kompetenzen im Bereich Nachhaltigkeitsmanagement – in der Bauindustrie vorherzusagen. Dadurch konnten Schulungen und Rekrutierungsstrategien frühzeitig angepasst werden, um diesen Bedarf zu decken.

Workforce-Planung: Die Auswirkungen von Automatisierung verstehen

Eine der größten Herausforderungen moderner Unternehmen ist die Automatisierung von Prozessen und die damit verbundenen Veränderungen in der Arbeitswelt. Prädiktive Analytik bietet Werkzeuge, um diese Transformation zu bewältigen.

Simulationsmodelle: Unternehmen können die potenziellen Auswirkungen von Automatisierung und Digitalisierung auf ihre Belegschaft simulieren. Welche Aufgaben werden ersetzt, welche neuen Rollen entstehen, und welche Kompetenzen werden benötigt?

Ressourcenplanung: KI-basierte Modelle helfen, den Bedarf an Mitarbeitenden in verschiedenen Abteilungen oder Regionen vorherzusagen und Strategien zur Anpassung der Belegschaft zu entwickeln.

Risikobewertung: Unternehmen können potenzielle Risiken, wie Kompetenzlücken oder Überqualifizierung, identifizieren und frühzeitig Gegenmaßnahmen einleiten.

Praxisbeispiel:
Ein globaler Logistikanbieter nutzte prädiktive Analytik, um die Auswirkungen von Automatisierung auf Lager- und Lieferkettenprozesse zu simulieren. Dadurch konnte das Unternehmen gezielte Umschulungsprogramme für Mitarbeitende entwickeln, deren Aufgaben durch automatisierte Systeme ersetzt wurden.

Personalisiertes Lernen: Kompetenzen gezielt entwickeln

Ein weiterer bedeutender Vorteil der prädiktiven Analytik liegt in der Individualisierung von Weiterbildungsmaßnahmen. KI kann personalisierte Empfehlungen für Mitarbeitende generieren und so deren langfristige Entwicklung unterstützen.

Individuelle Karrierewege: Basierend auf den bisherigen Erfahrungen, Fähigkeiten und Zielen eines Mitarbeitenden schlägt KI gezielte Weiterbildungsmaßnahmen oder neue Verantwortlichkeiten vor.

Bedarfsorientierte Schulungen: Anstatt standardisierte Kurse anzubieten, können Unternehmen durch prädiktive Analytik maßgeschneiderte

Lerninhalte bereitstellen, die auf die zukünftigen Anforderungen der Mitarbeitenden und des Unternehmens abgestimmt sind.

Motivation durch Relevanz: Mitarbeitende sind motivierter, wenn sie wissen, dass die angebotenen Schulungen direkt mit ihren Karrierezielen und den zukünftigen Anforderungen ihres Arbeitsplatzes verbunden sind.

Praxisbeispiel:
Ein führender Technologiekonzern nutzte prädiktive Analytik, um die wachsende Nachfrage nach Cloud-Architekten fünf Jahre im Voraus zu erkennen. Das Unternehmen entwickelte ein maßgeschneidertes Schulungsprogramm für bestehende Mitarbeitende, wodurch es die benötigten Positionen intern besetzen konnte.

Herausforderungen der prädiktiven Analytik im Kompetenzmanagement

Obwohl prädiktive Analytik enorme Vorteile bietet, gibt es auch Herausforderungen, die Unternehmen berücksichtigen müssen:

Datenqualität: Die Genauigkeit der Vorhersagen hängt stark von der Qualität der zugrunde liegenden Daten ab. Unvollständige oder fehlerhafte Daten können zu falschen Prognosen führen.

Akzeptanz bei Mitarbeitenden: Nicht alle Mitarbeitenden stehen KI-gestützten Empfehlungen positiv gegenüber. Transparenz und Kommunikation sind entscheidend, um Vertrauen aufzubauen.

Ethik und Datenschutz: Die Analyse von Mitarbeiterdaten wirft ethische Fragen auf, insbesondere im Hinblick auf Privatsphäre und Diskriminierung. Unternehmen müssen sicherstellen, dass ihre Systeme fair und gesetzeskonform arbeiten.

Kulturelle Anpassung: Organisationen müssen eine Kultur des Wandels fördern, um die Erkenntnisse aus der prädiktiven Analytik effektiv umzusetzen.

Vorteile der prädiktiven Analytik im Kompetenzmanagement

Proaktive Anpassung: Unternehmen können frühzeitig auf Veränderungen reagieren und so ihre Wettbewerbsfähigkeit sichern.

Effiziente Ressourcenplanung: Die Belegschaft wird optimal auf zukünftige Anforderungen vorbereitet.

Gezielte Entwicklung: Mitarbeitende erhalten klare, personalisierte Empfehlungen für ihre Weiterentwicklung.

Höhere Mitarbeiterbindung: Durch die Förderung individueller Karrierewege steigt die Zufriedenheit und Loyalität der Belegschaft.

Kostenersparnis: Frühzeitige Schulungen und interne Mobilität reduzieren die Abhängigkeit von teuren externen Rekrutierungen.

Fazit: Die Zukunft planen, bevor sie eintritt

Prädiktive Analytik ist ein mächtiges Werkzeug, um Unternehmen auf zukünftige Herausforderungen vorzubereiten. Sie ermöglicht es, Kompetenzbedarfe frühzeitig zu erkennen, Mitarbeitende gezielt zu fördern und strategische Entscheidungen auf einer soliden Datenbasis zu treffen.

Unternehmen, die prädiktive Analytik in ihr Kompetenzmanagement integrieren, sind besser gerüstet, um mit den Unsicherheiten der Arbeitswelt umzugehen und gleichzeitig ihre Innovationskraft zu stärken. Dennoch müssen sie sicherstellen, dass ihre Datenqualität hoch ist, ethische Standards eingehalten werden und die Mitarbeitenden aktiv in den Wandel einbezogen werden.

Nimm-das-mit-Box: Prädiktive Analytik zur Voraussage künftiger Kompetenzbedarfe

1. Kernbotschaften

Frühzeitige Trendanalysen: KI erkennt aufkommende Schlüsselkompetenzen, bevor sie zum Standard werden.

Workforce-Planung: Simulationen helfen, Automatisierung und künftige Anforderungen strategisch zu bewältigen.

Individualisiertes Lernen: Mitarbeitende erhalten personalisierte Empfehlungen, um zukunftsrelevante Fähigkeiten zu entwickeln.

2. Praktische Tipps

Daten sammeln: Konsolidieren Sie Ihre Datenquellen, um eine verlässliche Basis für prädiktive Analytik zu schaffen.

Pilotprojekte starten: Testen Sie KI-Tools zur Kompetenzprognose in einem begrenzten Bereich oder einer Abteilung.

Kommunikation fördern: Erklären Sie Mitarbeitenden den Nutzen von prädiktiver Analytik, um Akzeptanz und Vertrauen zu schaffen.

3. Übungen

Trendworkshop: Analysieren Sie gemeinsam im Team, welche globalen Trends Ihre Branche beeinflussen könnten, und bewerten Sie deren Auswirkungen auf die benötigten Kompetenzen.

Simulationsprojekt: Nutzen Sie ein KI-Tool, um die Auswirkungen von Automatisierung auf eine spezifische Abteilung zu simulieren.

Individuelle Entwicklungspläne: Entwickeln Sie mit jedem Mitarbeitenden einen Plan, der auf den Erkenntnissen der prädiktiven Analytik basiert.

4. Checkliste

Sind Ihre Datenquellen vollständig und konsistent?

Nutzen Sie bereits KI-gestützte Tools zur Workforce-Planung oder Kompetenzanalyse?

Werden Mitarbeitende aktiv in den Prozess der Kompetenzentwicklung eingebunden?

Haben Sie Maßnahmen implementiert, um Datenschutz- und Ethikstandards zu gewährleisten?

5. Inspirierende Zitate oder Beispiele

Zitat: „Die beste Zeit, die Zukunft zu planen, ist jetzt – und KI gibt uns die Werkzeuge, um sie zu verstehen."

Inspirierendes Beispiel: Ein globaler Konsumgüterhersteller nutzte prädiktive Analytik, um die wachsende Nachfrage nach nachhaltigen Verpackungstechnologien vorherzusehen. Durch gezielte Schulungen im Bereich „Kreislaufwirtschaft" konnte das Unternehmen seine Innovationsfähigkeit sichern.

1.4 Fallstudie: Wie ein führender Technologiekonzern mit KI Talente findet und fördert

Die Einführung von KI im Talentmanagement hat das Potenzial, nicht nur bestehende Herausforderungen zu bewältigen, sondern auch neue Standards für Effizienz, Diversität und Innovation zu setzen. Der Technologiekonzern XYZ (fiktiv) ist ein Beispiel dafür, wie Unternehmen durch den Einsatz von KI neue Wege in der Identifikation, Förderung und Nutzung von Talenten beschreiten können. Die Fallstudie zeigt, wie ein solcher Ansatz in der Praxis funktioniert und welche Ergebnisse erzielt werden können.

Problemstellung: Der Kampf um Talente in einer wettbewerbsintensiven Branche

Wie viele Unternehmen in der Technologiebranche sah sich XYZ mit einem zunehmenden Mangel an hochqualifizierten Fachkräften konfrontiert, insbesondere für seine KI-Abteilung.

Herausforderung 1: Rekrutierung von externen Talenten: Die Konkurrenz um Top-Talente im Bereich der Künstlichen Intelligenz, maschinellem Lernen und Datenwissenschaft war immens. Traditionelle Rekrutierungsprozesse waren zeitaufwändig und führten oft dazu, dass qualifizierte Kandidaten von Wettbewerbern abgeworben wurden, bevor eine Entscheidung getroffen werden konnte.

Herausforderung 2: Interne Mobilität: Obwohl XYZ über eine große Belegschaft verfügte, war der Zugang zu Informationen über die Kompetenzen der Mitarbeitenden begrenzt. Viele Talente blieben unentdeckt, da ihre Fähigkeiten außerhalb ihrer aktuellen Rollen nicht sichtbar waren.

Herausforderung 3: Diversität und Bias: Der Konzern erkannte, dass unbewusste Vorurteile in traditionellen Rekrutierungs- und Bewertungsprozessen dazu führten, dass bestimmte Gruppen von Bewerbern und Mitarbeitenden benachteiligt wurden.

Die Kombination dieser Herausforderungen führte zu ineffizienten Prozessen, hohen Kosten für externe Rekrutierungen und einer unzureichenden Nutzung der internen Talente.

Die Lösung: Einführung einer KI-basierten Plattform für Talentmanagement

Um diesen Herausforderungen zu begegnen, entschied sich XYZ für die Implementierung einer KI-gestützten Plattform, die mehrere Aspekte des Talentmanagements integrierte.

Analyse von Bewerberprofilen:
Die Plattform nutzte Natural Language Processing (NLP), um Bewerbungen, Lebensläufe und Portfolio-Daten zu analysieren. Dabei wurden relevante Kompetenzen, Erfahrungen und potenzielle Entwicklungsmöglichkeiten automatisch identifiziert.

Ergebnis: Die Plattform reduzierte den manuellen Aufwand der Personalabteilung erheblich und beschleunigte den Auswahlprozess.

Interne Kompetenzanalyse:
Um die internen Talente besser zu nutzen, führte die Plattform eine umfassende Analyse der vorhandenen Fähigkeiten der Mitarbeitenden durch. Daten aus Projekten, Weiterbildungen und Mitarbeiterbewertungen wurden integriert, um ein dynamisches und aktuelles Kompetenzprofil zu erstellen.

Ergebnis: Es entstand ein interner Talentpool, der regelmäßig aktualisiert wurde und Führungskräften half, geeignete Mitarbeitende für offene Positionen oder neue Projekte zu identifizieren.

Dynamisches Skill-Matching:
KI-Algorithmen ermöglichten ein präzises Matching von Talenten mit den Anforderungen spezifischer Aufgaben oder Projekte. Dabei wurde nicht nur auf technische Fähigkeiten geachtet, sondern auch auf Soft Skills, die für die Teamdynamik entscheidend sind.

Bias-Reduktion:
Um unbewusste Vorurteile zu minimieren, anonymisierte die Plattform
Bewerberprofile und bewertete diese ausschließlich auf Grundlage ihrer
Fähigkeiten und Erfahrungen.

Ergebnis: Diversität wurde signifikant gesteigert, und die Teams wurden
vielfältiger und inklusiver.

Ergebnisse: Effizienz, Diversität und internes Wachstum

Die Einführung der KI-Plattform hatte tiefgreifende Auswirkungen auf das
Talentmanagement bei XYZ.

Reduzierte Besetzungszeit:
Die durchschnittliche Zeit, die benötigt wurde, um offene Stellen zu besetzen,
sank um 40 %. Dies war insbesondere in der wettbewerbsintensiven
Technologiebranche ein entscheidender Vorteil, da qualifizierte Talente
schneller an Bord geholt werden konnten.

Höhere Diversität:
Durch den objektiveren Bewertungsprozess stieg der Anteil von Frauen und
Angehörigen unterrepräsentierter Gruppen in technischen Teams um 25 %.
Die Plattform half auch dabei, Diversität als strategischen Vorteil zu nutzen,
indem sie vielfältigere Perspektiven in die Produktentwicklung einbrachte.

Effiziente interne Mobilität:
Der interne Talentpool ermöglichte es, 30 % der offenen Stellen mit
bestehenden Mitarbeitenden zu besetzen. Dies reduzierte die Kosten für
externe Rekrutierungen erheblich und stärkte die Mitarbeiterbindung.

Personalisierte Weiterbildung:
Mitarbeitende erhielten durch die Plattform Empfehlungen für
Schulungsangebote, die auf ihre individuellen Fähigkeiten und Karriereziele
zugeschnitten waren. Dies führte zu einer höheren Teilnahme an
Weiterbildungsprogrammen und einer verbesserten Mitarbeiterzufriedenheit.

Wettbewerbsfähigkeit:
Durch die schnellere Besetzung von Schlüsselpositionen und die gezielte
Förderung von Talenten konnte sich XYZ besser an die dynamischen
Anforderungen des Marktes anpassen.

Zitat des HR-Leiters von XYZ:

„Dank KI konnten wir das volle Potenzial unserer Belegschaft ausschöpfen und gleichzeitig schneller auf Marktanforderungen reagieren. Die Technologie hat nicht nur unsere Prozesse optimiert, sondern auch unsere Unternehmenskultur positiv beeinflusst."

Schlüsselstrategien, die zum Erfolg führten

Die Implementierung der KI-gestützten Plattform bei XYZ war nicht nur eine technologische, sondern auch eine organisatorische Transformation. Die folgenden Strategien trugen maßgeblich zum Erfolg bei:

Datenqualität sicherstellen:

Bevor die Plattform eingeführt wurde, investierte das Unternehmen in die Bereinigung und Konsolidierung seiner Daten. Dies stellte sicher, dass die KI-Algorithmen auf einer soliden Grundlage arbeiteten.

Mitarbeitende einbeziehen:

Um Akzeptanz und Vertrauen in die neue Technologie zu fördern, wurde ein umfassendes Schulungsprogramm für Mitarbeitende und Führungskräfte durchgeführt. Dabei wurden die Vorteile der Plattform sowie deren Funktionsweise transparent erklärt.

Fokus auf Ethik:

XYZ implementierte Mechanismen zur regelmäßigen Überprüfung der KI-Algorithmen, um sicherzustellen, dass diese fair und unvoreingenommen arbeiteten.

Iterative Implementierung:

Die Plattform wurde in mehreren Phasen eingeführt, beginnend mit einer Pilotphase in einer Abteilung. Dies erlaubte es, die Technologie zu testen und anzupassen, bevor sie unternehmensweit ausgerollt wurde.

Lernen aus der Fallstudie: Übertragbarkeit auf andere Unternehmen

Die Erfahrungen von XYZ zeigen, dass KI nicht nur für Technologieunternehmen, sondern auch für Organisationen in anderen Branchen einen erheblichen Mehrwert bieten kann. Schlüsselprinzipien, die übernommen werden können, sind:

Fokus auf interne Talente: Unternehmen sollten die Kompetenzen ihrer Mitarbeitenden systematisch analysieren und gezielt fördern, bevor sie externe Rekrutierungen vornehmen.

Bias-Reduktion priorisieren: Die Einführung objektiver Bewertungsprozesse ist entscheidend, um Diversität und Fairness zu fördern.

Daten als Grundlage: Eine solide Datenbasis ist der Schlüssel für den Erfolg jeder KI-gestützten Talentmanagement-Initiative.

Transparenz und Kommunikation: Mitarbeitende müssen verstehen, wie und warum KI eingesetzt wird, um Akzeptanz zu schaffen.

Fazit: KI als Gamechanger im Talentmanagement

Die Fallstudie von XYZ zeigt, wie KI nicht nur operative Effizienz, sondern auch strategischen Mehrwert im Talentmanagement schaffen kann. Durch den Einsatz modernster Technologie gelang es dem Unternehmen, Herausforderungen wie den Fachkräftemangel und interne Kompetenzlücken zu überwinden. Gleichzeitig förderte die Plattform Diversität und trug dazu bei, eine inklusivere Unternehmenskultur zu schaffen.

Für Unternehmen, die ähnliche Herausforderungen bewältigen möchten, bietet das Beispiel von XYZ wertvolle Einblicke in die Möglichkeiten und Erfolgsfaktoren der KI-gestützten Talentförderung.

Nimm-das-mit-Box: Fallstudie XYZ – KI im Talentmanagement

1. Kernbotschaften

KI beschleunigt Rekrutierungsprozesse und steigert Diversität durch objektive Bewertungen.

Interne Talentpools ermöglichen es, bestehende Mitarbeitende besser einzusetzen.

Personalisierte Weiterbildungsangebote fördern die Karriereentwicklung und Mitarbeiterbindung.

2. Praktische Tipps

Pilotprojekte starten: Beginnen Sie mit einem begrenzten Einsatz von KI-Tools, um deren Nutzen zu testen.

Datenmanagement priorisieren: Investieren Sie in die Konsolidierung und Aktualisierung von Kompetenzdaten.

Bias-Checks implementieren: Überprüfen Sie regelmäßig die Algorithmen auf Fairness und Unvoreingenommenheit.

3. Übungen

Interne Kompetenzanalyse: Führen Sie eine Bestandsaufnahme der Kompetenzen Ihrer Mitarbeitenden durch und bewerten Sie, wie diese besser genutzt werden könnten.

Diversitätsstrategie entwickeln: Analysieren Sie, wie KI Ihnen helfen könnte, Diversität und Inklusion in Ihrem Unternehmen zu fördern.

Weiterbildungsprogramme gestalten: Nutzen Sie KI, um personalisierte Schulungspläne für Ihre Mitarbeitenden zu erstellen.

4. Checkliste

Haben Sie eine klare Übersicht über die Kompetenzen Ihrer Mitarbeitenden?

Nutzen Sie bereits KI-Tools zur Rekrutierung oder internen Mobilität?

Gibt es Mechanismen, um Bias in Ihren Prozessen zu minimieren?

Sind Ihre Datenquellen konsistent und aktuell?

5. Inspirierende Zitate oder Beispiele

Zitat: „KI ist kein Ersatz für menschliches Urteilsvermögen, sondern ein Beschleuniger für bessere Entscheidungen."

Inspirierendes Beispiel: Der Technologiekonzern XYZ konnte mithilfe von KI die Besetzungszeit offener Stellen um 40 % reduzieren und gleichzeitig die Diversität in seinen Teams steigern.

1.5 Quick Wins: 5 Schritte zur Implementierung eines KI-basierten Kompetenzmanagements

Der Einstieg in KI-gestütztes Kompetenzmanagement kann für Unternehmen zunächst herausfordernd erscheinen. Doch mit einer strukturierten Herangehensweise lassen sich erste Erfolge schnell erzielen. In diesem Abschnitt werden fünf essenzielle Schritte vorgestellt, die Unternehmen helfen, den Übergang zu einem daten- und technologiegestützten Kompetenzmanagement reibungslos zu gestalten.

1. Datenkonsolidierung: Die Grundlage schaffen

Ohne saubere und konsistente Daten ist der Erfolg von KI-basierten Systemen stark eingeschränkt. Der erste Schritt besteht daher darin, alle relevanten Datenquellen zusammenzuführen und zu bereinigen.

Relevante Quellen: Daten aus HR-Systemen, Feedback-Tools, Projektmanagement-Plattformen und Weiterbildungsprotokollen müssen konsolidiert werden.

Datenbereinigung: Unvollständige oder veraltete Informationen sollten korrigiert oder entfernt werden. Dies erhöht die Qualität der Ergebnisse von KI-Algorithmen.

Zentralisierung: Entwickeln Sie eine zentrale Datenbank oder Plattform, auf die alle relevanten Abteilungen zugreifen können.

Praxisbeispiel:
Ein mittelständisches Unternehmen im Bereich der Biotechnologie führte eine Datenbereinigungskampagne durch, bei der doppelte und veraltete Datensätze aus drei verschiedenen HR-Systemen konsolidiert wurden. Dies schuf eine solide Grundlage für den Einsatz einer KI-basierten Kompetenzanalyse.

2. Auswahl geeigneter KI-Tools: Die richtige Technologie finden

Nicht jede KI-Lösung passt zu den individuellen Anforderungen eines Unternehmens. Die Auswahl eines geeigneten Tools ist entscheidend, um maximale Effizienz und Nutzen zu gewährleisten.

Analyse der Anforderungen: Definieren Sie, welche Funktionen das System bieten soll (z. B. Skill-Matching, prädiktive Analytik oder Bias-Reduktion).

Marktrecherche: Lösungen wie **Eightfold AI, Workday, Cornerstone OnDemand** oder **SAP SuccessFactors** bieten spezialisierte Funktionen für kompetenzbasiertes Talentmanagement.

Integration prüfen: Das gewählte Tool sollte sich nahtlos mit bestehenden HR-Systemen und Datenbanken integrieren lassen.

Benutzerfreundlichkeit: Die Plattform muss intuitiv bedienbar sein, um die Akzeptanz bei den Nutzern zu fördern.

Praxisbeispiel:
Ein Einzelhandelsunternehmen wählte **Eightfold AI**, um interne Talente zu analysieren und Karrierewege aufzuzeigen. Die Entscheidung fiel aufgrund der fortschrittlichen Möglichkeiten zur prädiktiven Analytik und der einfachen Integration mit bestehenden Systemen.

3. Schulung der Belegschaft: Akzeptanz und Kompetenz fördern

Die Einführung von KI-gestützten Tools erfordert nicht nur technologische Anpassungen, sondern auch eine kulturelle Veränderung. Mitarbeitende und Führungskräfte müssen in der Nutzung der Systeme geschult werden.

Transparenz: Erklären Sie den Mitarbeitenden, wie die KI arbeitet und welche Vorteile sie bietet. Dies stärkt das Vertrauen in die Technologie.

Schulungsprogramme: Bieten Sie praktische Trainings an, die sich auf die Bedienung der Plattform und die Interpretation der Ergebnisse konzentrieren.

Change-Management: Fördern Sie eine offene Kommunikation und adressieren Sie mögliche Ängste oder Vorbehalte gegenüber der Technologie.

Praxisbeispiel:
Ein globales Telekommunikationsunternehmen führte Workshops durch, in denen Führungskräfte und HR-Teams lernten, wie sie KI-gestützte Analysen

in ihre Entscheidungsprozesse integrieren können. Dies führte zu einer höheren Akzeptanz und schnelleren Implementierung.

4. Pilotprojekte starten: Kleine Schritte zum Erfolg

Bevor ein KI-basiertes Kompetenzmanagement großflächig ausgerollt wird, sollten Unternehmen mit Pilotprojekten beginnen. Diese ermöglichen es, die Technologie in einem kleineren Rahmen zu testen und zu optimieren.

Begrenzter Umfang: Wählen Sie eine spezifische Abteilung oder ein bestimmtes Team für das Pilotprojekt aus.

Schnelle Validierung: Analysieren Sie die Ergebnisse und sammeln Sie Feedback von den Nutzern, um Schwachstellen zu identifizieren.

Iterative Anpassung: Nutzen Sie die Erkenntnisse aus dem Pilotprojekt, um die Lösung weiterzuentwickeln, bevor sie auf das gesamte Unternehmen ausgeweitet wird.

Praxisbeispiel:
Ein Automobilhersteller startete ein Pilotprojekt in seiner Forschungs- und Entwicklungsabteilung, um die Effektivität eines Skill-Matching-Tools zu testen. Die Ergebnisse führten zu einer Optimierung des Algorithmus, bevor die Plattform in weiteren Abteilungen eingeführt wurde.

5. Erfolgsmessung und Optimierung: Kontinuierliche Verbesserung

Die Einführung eines KI-Systems ist kein einmaliger Prozess. Um langfristig erfolgreich zu sein, müssen Unternehmen klare KPIs definieren und das System regelmäßig anpassen.

KPIs definieren: Beispiele für relevante Kennzahlen sind:

Zeit bis zur Besetzung offener Stellen

Anzahl interner Karrieresprünge

Teilnahmequote an Weiterbildungsprogrammen

Zufriedenheit der Mitarbeitenden mit den empfohlenen Karrierewegen

Feedback einholen: Sammeln Sie regelmäßig Rückmeldungen von Nutzern, um die Benutzerfreundlichkeit und Effektivität des Systems zu verbessern.

Technologie aktualisieren: Halten Sie das System auf dem neuesten Stand, insbesondere im Hinblick auf neue Funktionen oder Sicherheitsstandards.

Praxisbeispiel:
Ein führendes Pharmaunternehmen überprüfte die Leistung seines KI-gestützten Talentmanagement-Tools alle sechs Monate. Durch regelmäßige Updates und Anpassungen an die sich ändernden Anforderungen der Branche konnte die Effizienz des Systems kontinuierlich gesteigert werden.

Checkliste für den Einstieg

Um sicherzustellen, dass die Implementierung eines KI-basierten Kompetenzmanagements erfolgreich verläuft, können Unternehmen folgende Fragen nutzen:

Daten: Sind alle relevanten Daten zentralisiert, bereinigt und zugänglich?

Technologie: Wurde eine geeignete KI-Lösung evaluiert und ausgewählt?

Schulung: Haben Mitarbeitende und Führungskräfte die notwendigen Schulungen erhalten?

Pilotprojekte: Wurden erste Tests erfolgreich durchgeführt und analysiert?

Erfolgsmessung: Gibt es klare KPIs und Mechanismen zur kontinuierlichen Verbesserung?

Fazit: Kleine Schritte, große Wirkung

Die Einführung eines KI-basierten Kompetenzmanagements erfordert sorgfältige Planung und Umsetzung, doch die potenziellen Vorteile sind enorm. Durch eine systematische Herangehensweise – von der Datenkonsolidierung über Pilotprojekte bis hin zur kontinuierlichen Optimierung – können Unternehmen nicht nur ihre Effizienz steigern, sondern auch das volle Potenzial ihrer Belegschaft ausschöpfen.

Die Umsetzung dieser fünf Schritte hilft Unternehmen, die Komplexität des Prozesses zu reduzieren und erste Erfolge schnell sichtbar zu machen.

Gleichzeitig legt sie den Grundstein für eine nachhaltige Integration von KI in das Talentmanagement.

Nimm-das-mit-Box: 5 Schritte zur Implementierung eines KI-basierten Kompetenzmanagements

1. Kernbotschaften

Daten sind der Schlüssel: Ohne saubere und konsolidierte Daten können KI-Systeme nicht effektiv arbeiten.

Pilotprojekte minimieren Risiken: Testen Sie KI-Anwendungen in einem begrenzten Rahmen, bevor Sie sie skalieren.

Erfolgsmessung ist entscheidend: Klare KPIs und regelmäßiges Feedback sind unerlässlich, um die Effektivität des Systems sicherzustellen.

2. Praktische Tipps

Datenmanagement: Investieren Sie in die Bereinigung und Konsolidierung Ihrer Kompetenzdaten.

Tool-Auswahl: Vergleichen Sie KI-Lösungen auf Benutzerfreundlichkeit und Integrationsfähigkeit.

Schulungen anbieten: Sorgen Sie dafür, dass alle Nutzer die Technologie verstehen und anwenden können.

3. Übungen

Datenaudit: Überprüfen Sie Ihre aktuellen Datenquellen und identifizieren Sie Lücken oder Redundanzen.

Pilotplanung: Wählen Sie eine Abteilung oder ein spezifisches Team aus, um ein erstes KI-gestütztes Projekt durchzuführen.

KPI-Workshop: Entwickeln Sie gemeinsam mit Ihrem Team maßgeschneiderte KPIs zur Erfolgsmessung des KI-Systems.

4. Checkliste

Sind Ihre Daten bereit für die Analyse durch KI?

Haben Sie eine passende Lösung gefunden, die Ihre Anforderungen erfüllt?

Wurden Mitarbeitende in die Einführung und Nutzung der Technologie einbezogen?

Gibt es ein Team, das für die Implementierung verantwortlich ist?

Sind klare Ziele und Erfolgskriterien definiert?

5. Inspirierende Zitate oder Beispiele

Zitat: „Die Einführung von KI beginnt mit kleinen Schritten – aber ihre Wirkung kann das gesamte Unternehmen transformieren."

Inspirierendes Beispiel: Ein mittelständisches Fertigungsunternehmen reduzierte die Zeit zur Besetzung offener Stellen um 35 %, indem es zunächst in einem Pilotprojekt KI-gestütztes Skill-Matching testete.

„Nimm-das-mit"-Box: Kapitel 1

1. Kernbotschaften

KI kann verborgene Talente durch präzise Kompetenzanalysen sichtbar machen und fördern.

Predictive Analytics ermöglichen eine frühzeitige und präzise Voraussage zukünftiger Kompetenzbedarfe, wodurch langfristige Strategien entwickelt werden können.

Skill-Matching-Systeme helfen, die Fähigkeiten der Mitarbeitenden optimal einzusetzen und interne Mobilität zu fördern.

2. Praktische Tipps

Pilotprojekte starten: Beginnen Sie mit einem kleinen Pilotprojekt, um erste Erfahrungen mit KI-gestützter Kompetenzanalyse zu sammeln.

Datenquellen nutzen: Integrieren Sie bestehende Daten aus HR-Systemen, Feedback-Tools und Mitarbeitergesprächen, um eine solide Grundlage für KI-gestützte Analysen zu schaffen.

Skill-Matching-Tools implementieren: Wählen Sie eine Lösung, die an die spezifischen Bedürfnisse Ihrer Organisation angepasst ist, und testen Sie deren Effektivität.

3. Übungen

Reflexionsaufgabe: Erstellen Sie eine Liste mit den fünf wichtigsten Kompetenzen, die Ihre Organisation in den nächsten drei Jahren benötigt. Überlegen Sie, wie KI Ihnen helfen könnte, diese Kompetenzen zu identifizieren und zu entwickeln.

Teamaktivität: Organisieren Sie einen Workshop mit Ihrem HR-Team, um die potenziellen Einsatzmöglichkeiten von KI im Kompetenzmanagement zu diskutieren. Identifizieren Sie gemeinsam, welche Bereiche am meisten von einer KI-Integration profitieren könnten.

4. Checkliste

Haben Sie alle relevanten Datenquellen identifiziert und konsolidiert?

Wurde ein geeignetes KI-Tool evaluiert oder getestet?

Haben Sie klare Ziele und KPIs für den Einsatz von KI im Kompetenzmanagement definiert?

Ist Ihr Team in die Einführung und Nutzung von KI-gestützten Tools einbezogen und geschult?

Gibt es eine Feedbackschleife, um erste Erfolge zu analysieren und Verbesserungen vorzunehmen?

5. Inspirierende Zitate oder Beispiele

Zitat: „Technologie kann das Talent eines Einzelnen sichtbar machen, aber es braucht eine Organisation, die bereit ist, dieses Potenzial zu fördern." – Anonym

Beispiel: Ein führender Technologiekonzern entdeckte mithilfe von Predictive Analytics, dass digitale Kompetenzen im Vertriebsteam unterschätzt wurden. Durch gezielte Schulungen und Weiterentwicklungsprogramme konnte das Unternehmen die Umsätze um 15 % steigern und gleichzeitig die Zufriedenheit der Mitarbeitenden erhöhen.

Kapitel 2: Wissenssilos aufbrechen – KI als Brückenbauer

2.1 Wissensfragmentierung als Hemmschuh für Produktivität und Innovation

Wissensfragmentierung ist ein weit verbreitetes Problem in modernen Organisationen, das die Effizienz und Innovationskraft erheblich beeinträchtigen kann. In einer Arbeitswelt, die zunehmend auf Wissen und Zusammenarbeit angewiesen ist, stellen isolierte Informationsquellen ein großes Hindernis dar. Informationen sind häufig in verschiedenen Abteilungen, Tools oder Dokumenten „eingeschlossen", was dazu führt, dass wertvolle Erkenntnisse ungenutzt bleiben.

Die Folgen von Wissenssilos

Wissenssilos entstehen, wenn Abteilungen oder Teams Informationen nicht aktiv teilen oder wenn Unternehmen keine geeigneten Systeme zur Vernetzung von Wissen implementieren. Diese Fragmentierung führt zu mehreren Herausforderungen:

Ineffizienz:
Mitarbeitende verbringen laut Studien bis zu 20 % ihrer Arbeitszeit mit der Suche nach Informationen, die sie für ihre Aufgaben benötigen. Dies entspricht einem ganzen Arbeitstag pro Woche, der produktiver genutzt werden könnte.

Beispiel: Ein Projektmanager in einer großen Organisation benötigt Daten zu einem früheren Projekt, doch die relevanten Informationen sind auf mehrere Abteilungen und Systeme verteilt. Statt sich auf die Projektplanung zu konzentrieren, verbringt er Stunden damit, die benötigten Daten zu suchen oder Anfragen zu stellen.

Wissenverlust:
Wenn Mitarbeitende das Unternehmen verlassen, geht oft kritisches Wissen verloren, besonders wenn es nicht systematisch dokumentiert wurde. Dies betrifft sowohl technische Details als auch informelle Prozesse, die für den Betrieb essenziell sind.

Beispiel: Eine erfahrene Softwareentwicklerin verlässt das Unternehmen, ohne dass ihr Wissen über spezifische Code-Bestandteile oder Systemarchitekturen dokumentiert wurde. Das Team, das ihre Aufgaben übernimmt, benötigt Monate, um sich einzuarbeiten, was Projekte verzögert.

Blockierte Innovation:
Wissenssilos behindern die Zusammenarbeit zwischen Abteilungen und verhindern, dass Synergien genutzt werden. Innovation lebt von interdisziplinärem Austausch, doch dieser wird durch isolierte Informationsquellen erschwert.

Beispiel: Ein Marketing-Team entwickelt eine neue Kampagne, ohne zu wissen, dass die Forschungs- und Entwicklungsabteilung kürzlich eine Marktstudie zu den gleichen Zielgruppen durchgeführt hat. Die fehlende Abstimmung führt zu doppeltem Aufwand und verpasstem Potenzial.

Wissenssilos als Innovationshindernis: Zahlen und Fakten

Eine Umfrage von McKinsey (2021) zeigt die Dringlichkeit des Problems:

80 % der Führungskräfte sehen Wissensfragmentierung als eines der größten Hindernisse für Innovation.

Unternehmen könnten ihre Produktivität um bis zu **25 % steigern**, wenn sie den Zugang zu Wissen und Informationen optimieren.

Trotz der erkannten Problematik haben nur **30 % der Unternehmen** Strategien, um Wissenssilos aktiv aufzubrechen.

Diese Zahlen verdeutlichen, wie dringlich es ist, Wissenssilos zu adressieren, um die Wettbewerbsfähigkeit und Innovationskraft zu sichern.

Der Ansatz von KI: Wissensbarrieren überwinden

Hier setzt Künstliche Intelligenz an: Sie bietet leistungsstarke Werkzeuge, um isoliertes Wissen zu vernetzen und für Mitarbeitende zugänglich zu machen. Durch den Einsatz von KI können Unternehmen Wissenssilos aufbrechen und neue Brücken zwischen Abteilungen, Teams und Systemen schlagen.

Automatisierte Datenintegration:
KI-gestützte Systeme können Daten aus verschiedenen Quellen wie E-Mails, Projektmanagement-Tools und Datenbanken analysieren und konsolidieren. So entsteht eine zentrale Wissensbasis, auf die alle Mitarbeitenden zugreifen können.

Beispiel: Ein KI-System durchsucht automatisch alle internen Dokumente und erstellt eine leicht durchsuchbare Wissensdatenbank. Ein Mitarbeitender, der nach „Markttrends 2023" sucht, erhält Berichte aus unterschiedlichen Abteilungen, die bisher getrennt vorlagen.

Intelligente Suchfunktionen:
KI verbessert die Suchfunktionalität in Wissensdatenbanken durch Natural Language Processing (NLP). Mitarbeitende können ihre Anfragen in natürlicher Sprache formulieren, und die KI liefert relevante Ergebnisse aus verschiedenen Quellen.

Beispiel: Anstatt spezifische Schlüsselwörter einzugeben, kann ein Mitarbeitender eine Frage wie „Welche Projekte haben wir in der Automobilbranche durchgeführt?" stellen und erhält eine Liste relevanter Berichte und Ansprechpartner.

Wissensverknüpfung:
KI kann Zusammenhänge zwischen unterschiedlichen Datenpunkten herstellen, die für Menschen oft nicht offensichtlich sind. Dies fördert die Nutzung von Synergien und beschleunigt Entscheidungsprozesse.

Beispiel: Eine KI erkennt, dass ein Forschungsteam Daten zu Kundenzufriedenheit gesammelt hat, die für die Produktentwicklung relevant sind, und informiert die entsprechenden Teams automatisch.

Personalisierte Wissensvorschläge:
KI kann individuelle Wissensbedürfnisse antizipieren und Mitarbeitenden proaktiv relevante Informationen vorschlagen. So wird verhindert, dass kritische Informationen übersehen werden.

Beispiel: Ein Vertriebsmitarbeiter erhält automatisch Benachrichtigungen über neue Marktanalysen, die für seine Arbeit nützlich sein könnten, basierend auf seinen bisherigen Suchanfragen und Projekten.

Erfolgsgeschichten: Wissenssilos mit KI überwinden

Ein globales Pharmaunternehmen erkannte, dass seine Forschungs- und Entwicklungsabteilung sowie das Marketingteam oft mit denselben Daten arbeiteten, jedoch keine gemeinsame Plattform nutzten. Durch die Einführung einer KI-gestützten Wissensdatenbank konnten beide Abteilungen ihre Erkenntnisse teilen und gleichzeitig darauf zugreifen. Dies führte innerhalb eines Jahres zu:

20 % kürzerer Produktentwicklungszeit,

einer **Reduktion von redundanter Arbeit um 30 %,**

und einer **höheren Mitarbeitendenzufriedenheit,** da der Zugriff auf relevante Informationen erleichtert wurde.

Fazit: Wissenssilos als Chance begreifen

Wissenssilos sind nicht nur ein Hindernis, sondern auch eine Chance, Prozesse zu optimieren und Innovationen zu fördern. Durch den Einsatz von KI können Unternehmen nicht nur Barrieren abbauen, sondern ihre Wissensressourcen effizienter nutzen.

Indem Informationen zugänglicher gemacht und Verbindungen zwischen isolierten Datenquellen hergestellt werden, können Organisationen nicht nur ihre Produktivität steigern, sondern auch die Grundlage für eine innovationsfördernde Unternehmenskultur legen.

Nimm-das-mit-Box: Wissensfragmentierung und KI

1. Kernbotschaften

Wissenssilos führen zu Ineffizienz, Wissenverlust und blockierter Innovation.

KI kann Informationen aus verschiedenen Quellen konsolidieren und zugänglich machen.

Intelligente Suchfunktionen und Wissensverknüpfung fördern die Zusammenarbeit und beschleunigen Entscheidungen.

2. Praktische Tipps

Datenaudit durchführen: Identifizieren Sie, wo Informationen in Ihrer Organisation fragmentiert sind, und priorisieren Sie die Integration.

Zentrale Wissensplattform einführen: Nutzen Sie KI-gestützte Systeme, um isolierte Datenquellen zu verknüpfen.

Suchfunktionen optimieren: Implementieren Sie Tools, die natürliche Sprache verstehen, um die Effizienz der Wissenssuche zu erhöhen.

3. Übungen

Reflexion: Welche Abteilungen oder Teams in Ihrer Organisation arbeiten oft mit ähnlichen Daten, ohne diese aktiv zu teilen?

Workshop: Entwickeln Sie gemeinsam mit Ihrem Team eine Roadmap, um Wissenssilos in Ihrer Organisation aufzubrechen.

4. Checkliste

Haben Sie Wissenssilos in Ihrem Unternehmen identifiziert?

Gibt es eine zentrale Plattform für die Speicherung und den Austausch von Wissen?

Nutzen Sie KI, um Informationen effizienter zu organisieren und zugänglich zu machen?

5. Inspirierende Zitate oder Beispiele

Zitat: „Wissen ist nur dann Macht, wenn es geteilt wird." – Anonym

Beispiel: Eine Umfrage von McKinsey zeigt, dass Unternehmen, die Wissenssilos überwinden, ihre Innovationskraft um bis zu 25 % steigern können.

2.2 Graphtechnologien und semantische Netze: Die Grundlagen

Knowledge Graphs und **semantische Netze** sind essenziell für ein intelligentes Wissensmanagement. Google nutzt Knowledge Graphs, um Suchergebnisse effizienter zu strukturieren.

Technische Grundlagen

Graph Neural Networks (GNNs): Modelle wie GAT (Graph Attention Networks) verbessern Verknüpfungen zwischen Wissensentitäten.

Semantic Matching: Knowledge Graph Embeddings (z. B. TransE, RotatE) ermöglichen genauere Verknüpfungen zwischen Informationen.

Forschung & Quellen:

Google Research (2022): Anwendungen von Knowledge Graphs in der Unternehmenskommunikation.

IBM Watson Discovery nutzt semantische Netze zur Dokumentenanalyse.

Was sind Graphtechnologien?

Graphtechnologien nutzen eine spezielle Datenstruktur, um Verbindungen zwischen Informationen darzustellen. Im Gegensatz zu traditionellen relationalen Datenbanken, die Daten in Tabellen speichern, arbeiten Graphdatenbanken mit **Knoten** (Entitäten) und **Kanten** (Beziehungen). Diese Struktur ermöglicht es, komplexe Zusammenhänge darzustellen und zu analysieren.

Beispiele für Graphtechnologien:

Neo4j: Eine weit verbreitete Graphdatenbank, die häufig in der Wissensverarbeitung und Netzwerkanalyse eingesetzt wird.

Amazon Neptune: Eine skalierbare Graphdatenbank, die speziell für Anwendungen im Bereich der Wissensverknüpfung entwickelt wurde.

Wie funktioniert ein Graph?

Knoten: Repräsentieren Entitäten wie Mitarbeitende, Dokumente, Projekte oder Themenbereiche.

Kanten: Beschreiben Beziehungen zwischen diesen Entitäten, z. B. „arbeitet an", „hat erstellt" oder „ist Experte für".

Beispiel:

In einer Organisation könnte ein Graph die folgenden Beziehungen abbilden:

Knoten: „Mitarbeiter A", „Projekt XYZ", „Dokument 123".

Kanten: „arbeitet an Projekt XYZ", „hat erstellt Dokument 123".

Diese Struktur erlaubt es, Informationen intuitiv zu visualisieren und Abfragen wie „Welche Mitarbeitenden haben an Projekt XYZ gearbeitet?" effizient durchzuführen.

Was sind semantische Netze?

Semantische Netze erweitern das Konzept der Graphtechnologien, indem sie die Bedeutung (Semantik) der Daten in den Mittelpunkt stellen. Sie nutzen sogenannte **Ontologien**, um die Beziehungen zwischen Datenpunkten zu definieren und zu strukturieren.

Definition:

Eine **Ontologie** ist ein strukturierter Rahmen, der beschreibt, wie Begriffe und ihre Beziehungen zueinander organisiert sind.

Semantische Netze stellen Informationen in einem maschinenlesbaren Format dar, das es KI-Systemen ermöglicht, Wissen nicht nur zu speichern, sondern auch zu interpretieren und daraus Schlüsse zu ziehen.

Beispiel für ein semantisches Netz:

Ein semantisches Netz könnte die Beziehung zwischen den Begriffen „Projektleiter", „Agile Methoden" und „Erfolgskriterien" definieren. Es könnte beispielsweise festlegen, dass:

Ein „Projektleiter" häufig „Agile Methoden" verwendet.

„Agile Methoden" mit bestimmten „Erfolgskriterien" wie „kurze Projektlaufzeit" oder „hohe Kundenzufriedenheit" verknüpft sind.

Dieses Wissen kann dann in Anwendungen wie der Projektplanung oder der Auswahl von Mitarbeitenden genutzt werden, um fundierte Entscheidungen zu treffen.

Vorteile von Graphtechnologien und semantischen Netzen

Besseres Verständnis von Daten:
Graphtechnologien und semantische Netze ermöglichen es, Zusammenhänge zwischen Datenpunkten sichtbar zu machen, die in traditionellen Datenbanken verborgen bleiben.

Beispiel: Eine KI könnte erkennen, dass ein Mitarbeitender, der ein Experte für „Datenanalyse" ist, auch für ein Projekt im Bereich „Kundendatenmanagement" geeignet wäre, basierend auf den Beziehungen zwischen diesen Themen.

Intelligente Wissensverknüpfung:
Semantische Netze helfen dabei, Informationen in einem Kontext zu präsentieren, der für den Nutzer relevant ist.

Beispiel: Ein Vertriebsmitarbeiter, der nach „Kundenpräferenzen" sucht, erhält nicht nur rohe Daten, sondern eine Übersicht, die automatisch mit relevanten Berichten und Erfolgsgeschichten verknüpft ist.

Skalierbarkeit:
Graphtechnologien und semantische Netze sind in der Lage, große und komplexe Datenmengen effizient zu verarbeiten.

Beispiel: Ein internationales Unternehmen kann mit einer Graphdatenbank Milliarden von Beziehungen zwischen Mitarbeitenden, Projekten und Kunden abbilden, ohne dabei an Leistung einzubüßen.

Förderung von Innovation:
Durch die Sichtbarmachung überraschender Zusammenhänge können Graphtechnologien neue Ideen und Ansätze fördern.

Beispiel: Eine KI entdeckt, dass ein Forschungsteam und eine Marketingabteilung ähnliche Daten verwenden, und schlägt eine Zusammenarbeit vor, die zu einer innovativen Produktidee führt.

Praxisbeispiele: Anwendung von Graphtechnologien und semantischen Netzen

Wissensmanagement in einem Technologiekonzern:

Ein Unternehmen nutzte Neo4j, um eine Wissensplattform zu entwickeln, die Mitarbeitende, Projekte und Dokumente miteinander verknüpfte. Die Plattform ermöglichte es, Expertinnen und Experten für spezifische Themen in Sekundenschnelle zu identifizieren, was die Projektlaufzeiten um 15 % verkürzte.

Einsatz in der Forschung:

Eine Universität setzte ein semantisches Netz ein, um Forschungsarbeiten und deren Autoren miteinander zu verknüpfen. Dadurch konnten interdisziplinäre Kooperationen gefördert werden, was zu einer deutlichen Steigerung der Publikationsrate führte.

Kundendatenanalyse in einem Einzelhandelsunternehmen:

Ein Händler nutzte semantische Netze, um die Beziehungen zwischen Produkten, Kundenpräferenzen und Kaufverhalten zu analysieren. Dies führte zu personalisierten Empfehlungen und einer Umsatzsteigerung von 20 %.

Herausforderungen bei der Implementierung

Trotz ihrer Vorteile ist die Einführung von Graphtechnologien und semantischen Netzen nicht ohne Herausforderungen:

Datenqualität:

Die Effektivität von Graphtechnologien hängt stark von der Qualität der zugrunde liegenden Daten ab. Fehlerhafte oder unvollständige Daten können die Ergebnisse beeinträchtigen.

Komplexität:

Die Modellierung von Ontologien und die Entwicklung semantischer Netze erfordert Fachwissen und sorgfältige Planung.

Technologische Infrastruktur:

Die Implementierung von Graphdatenbanken und semantischen Netzen erfordert leistungsstarke Systeme und eine nahtlose Integration in bestehende IT-Strukturen.

Fazit: Die Macht der Beziehungen nutzen

Graphtechnologien und semantische Netze sind Schlüsselkomponenten, um Wissenssilos aufzubrechen und Informationen in einen sinnvollen Kontext zu setzen. Sie ermöglichen es Organisationen, Wissen nicht nur zu speichern, sondern auch aktiv zu verknüpfen und zu nutzen.

Ob im Wissensmanagement, in der Forschung oder in der Kundenanalyse – diese Technologien schaffen eine Grundlage für effizientere Prozesse, fundierte Entscheidungen und mehr Innovation. Unternehmen, die auf diese Technologien setzen, sind besser gerüstet, um die Herausforderungen der digitalen Transformation zu meistern.

Nimm-das-mit-Box: Graphtechnologien und semantische Netze

1. Kernbotschaften

Graphtechnologien wie Neo4j verknüpfen Daten und ermöglichen effiziente Wissensabfragen.

Semantische Netze nutzen Ontologien, um Daten in einem verständlichen Kontext darzustellen.

Diese Technologien fördern ein besseres Verständnis von Zusammenhängen und unterstützen innovative Ansätze in Organisationen.

2. Praktische Tipps

Datenqualität prüfen: Stellen Sie sicher, dass Ihre Daten vollständig und konsistent sind, bevor Sie Graphtechnologien einsetzen.

Tools testen: Probieren Sie Tools wie Neo4j oder Amazon Neptune in einem kleinen Pilotprojekt aus.

Ontologien schrittweise entwickeln: Beginnen Sie mit einer überschaubaren Ontologie und erweitern Sie diese nach Bedarf.

3. Übungen

Graphmodell entwerfen: Skizzieren Sie ein einfaches Graphmodell Ihrer Organisation, z. B. mit Knoten für Mitarbeitende, Projekte und Dokumente.

Ontologie-Workshop: Entwickeln Sie mit Ihrem Team eine Ontologie, die die wichtigsten Begriffe und Beziehungen in Ihrer Organisation abbildet.

4. Checkliste

Sind Ihre Daten für die Verwendung in Graphtechnologien bereit?

Haben Sie ein geeignetes Tool zur Implementierung von Graphen oder semantischen Netzen ausgewählt?

Gibt es eine klare Definition der wichtigsten Beziehungen (Ontologie) in Ihrer Organisation?

5. Inspirierende Zitate oder Beispiele

Zitat: „Der wahre Wert von Daten liegt in ihren Verbindungen." – Anonym

Beispiel: Ein Pharmaunternehmen nutzte semantische Netze, um Forschungsdaten zu verknüpfen, was die Entwicklung eines neuen Medikaments um 30 % beschleunigte.

2.3 Maschinelles Lernen und NLP für die Wissenserschließung

KI-basierte Systeme helfen, Unternehmenswissen effizient zu organisieren und zugänglich zu machen.

Technische Grundlagen

Named Entity Recognition (NER): Identifiziert relevante Begriffe in Dokumenten.

Transformermodelle (GPT, BERT) analysieren Texte und extrahieren kontextuelle Bedeutung.

Automatische Zusammenfassung: Sequence-to-Sequence-Modelle können große Textmengen automatisch komprimieren.

Forschung & Quellen:

ACL (2023): Fortschritte in NLP und maschinellem Lernen für Dokumentenverarbeitung. Zu den wichtigsten Entwicklungen zählen Verbesserungen in der Named Entity Recognition (NER) für juristische und medizinische Dokumente sowie der Einsatz von Transformer-Modellen zur automatisierten Textklassifikation und Zusammenfassung. Insbesondere wurde gezeigt, dass moderne BERT- und GPT-Modelle die Erkennung relevanter Inhalte in unstrukturierten Daten erheblich verbessern.

Microsoft Research: Einsatz von NLP zur Analyse interner Wissensdatenbanken.

Wie Maschinelles Lernen und NLP die Wissenserschließung verbessern

ML und NLP helfen dabei, unstrukturierte Daten zu analysieren und in wertvolle Erkenntnisse zu verwandeln. Durch die Kombination von Algorithmen und Sprachverarbeitungstechnologien können diese Systeme Informationen in einem Umfang und einer Geschwindigkeit verarbeiten, die für Menschen unmöglich wäre.

Automatische Klassifikation von Dokumenten:
ML-Algorithmen können Dokumente basierend auf ihrem Inhalt analysieren und automatisch in Kategorien einordnen.

Beispiel: Ein System könnte Berichte in Kategorien wie „Finanzen", „Personal" oder „Forschung" einteilen, was die Auffindbarkeit relevanter Informationen erleichtert.

Erkennung von Wissenslücken:
NLP-Systeme können Bereiche identifizieren, in denen entscheidende Informationen fehlen oder unzureichend dokumentiert sind.

Beispiel: Wenn in Meeting-Protokollen wiederholt Diskussionen über ein Thema auftauchen, ohne dass ein klarer Handlungsplan dokumentiert ist, kann die KI dies erkennen und darauf hinweisen.

Extraktion von Schlüsselkonzepten:
ML-Modelle wie BERT (Bidirectional Encoder Representations from Transformers) oder GPT analysieren Texte, um Kernaussagen und relevante Konzepte zu extrahieren.

Beispiel: Ein Bericht über Markttrends könnte automatisch die wichtigsten Themen wie „steigende Nachfrage nach nachhaltigen Produkten" oder „Einfluss von technologischen Innovationen" hervorheben.

Kontextualisierung von Informationen:
NLP-Systeme können Informationen in einen Kontext setzen, wodurch die Bedeutung von Texten besser verstanden wird.

Beispiel: Der Begriff „KI" könnte in einem technischen Bericht als „Künstliche Intelligenz" interpretiert werden, während er in einem anderen Kontext „Kritischer Infrastruktur" bedeuten könnte.

Praxisbeispiel: NLP im Einsatz

Ein führendes Finanzinstitut setzte NLP ein, um regulatorische Dokumente zu analysieren. Vor der Einführung der Technologie mussten Compliance-Teams diese Dokumente manuell durchsuchen, was zeitaufwändig und fehleranfällig war. Mit der Einführung eines NLP-gestützten Systems wurden folgende Ergebnisse erzielt:

Automatische Extraktion: Die KI identifizierte und extrahierte relevante Vorschriften und Compliance-Anforderungen.

Zeitersparnis: Die Zeit zur Überprüfung der regulatorischen Dokumente wurde um 60 % reduziert.

Fehlerreduktion: Die Genauigkeit der Analysen verbesserte sich, da menschliche Fehler durch die Automatisierung minimiert wurden.

Dieses Beispiel zeigt, wie ML und NLP nicht nur die Effizienz steigern, sondern auch die Qualität der Ergebnisse verbessern können.

Herausforderungen bei der Implementierung von ML und NLP

Trotz ihrer Potenziale stehen ML- und NLP-Systeme vor mehreren Herausforderungen, die bei der Implementierung berücksichtigt werden sollten:

Datenqualität:
Die Qualität der eingespeisten Daten hat einen direkten Einfluss auf die

Ergebnisse. Unvollständige, fehlerhafte oder inkonsistente Daten können zu ungenauen oder irreführenden Analysen führen.

Lösung: Unternehmen sollten sicherstellen, dass ihre Daten vor der Analyse bereinigt und konsolidiert werden.

Bias in den Modellen:

NLP-Systeme können unbeabsichtigt voreingenommene Ergebnisse liefern, wenn die Trainingsdaten selbst Vorurteile enthalten. Dies kann zu diskriminierenden oder ungenauen Ergebnissen führen.

Lösung: Die Daten sollten auf potenzielle Bias überprüft werden, und die Modelle sollten regelmäßig überwacht und aktualisiert werden.

Datenschutz:

Die Analyse sensibler Daten, wie E-Mails oder Berichte, wirft Datenschutzfragen auf.

Lösung: Unternehmen müssen sicherstellen, dass ihre NLP-Systeme den geltenden Datenschutzvorschriften entsprechen und dass sensible Informationen geschützt sind.

Komplexität der Implementierung:

Die Einführung von ML- und NLP-Systemen erfordert technisches Fachwissen und eine sorgfältige Integration in bestehende Systeme.

Lösung: Pilotprojekte können helfen, die Technologie in kleinem Maßstab zu testen und zu optimieren, bevor sie unternehmensweit ausgerollt wird.

Vorteile der Kombination von ML und NLP

Trotz der Herausforderungen bietet der Einsatz von ML und NLP erhebliche Vorteile für Organisationen, die ihre Wissensressourcen besser nutzen möchten:

Zeitersparnis:

Automatisierte Prozesse reduzieren den Zeitaufwand für die Suche und Analyse von Informationen erheblich.

Verbesserte Entscheidungsfindung:
Durch die Extraktion und Aufbereitung relevanter Informationen können
Führungskräfte fundiertere Entscheidungen treffen.

Zugänglichkeit von Wissen:
ML- und NLP-Systeme machen unstrukturierte Daten für alle Mitarbeitenden
zugänglich, unabhängig von ihrer Abteilung oder ihrem Fachwissen.

Förderung von Innovation:
Indem sie verborgene Zusammenhänge und Trends aufdecken, können ML-
und NLP-Systeme neue Ideen und Ansätze fördern.

Zukunftsperspektiven: Der nächste Schritt für ML und NLP

Die Weiterentwicklung von ML- und NLP-Technologien wird deren
Potenzial in der Wissenserschließung weiter steigern. Folgende Trends
zeichnen sich ab:

Kombination mit Graphtechnologien:
Durch die Verknüpfung von NLP mit Graphtechnologien können
Informationen noch besser kontextualisiert und visualisiert werden.

Echtzeit-Analysen:
Zukünftige NLP-Systeme könnten in der Lage sein, unstrukturierte Daten in
Echtzeit zu analysieren und daraus Erkenntnisse zu liefern.

Verbesserte Sprachmodelle:
Fortschritte bei Modellen wie GPT und BERT werden die Genauigkeit und
Leistungsfähigkeit von NLP-Anwendungen weiter verbessern.

Nimm-das-mit-Box: Maschinelles Lernen und NLP für die Wissenserschließung

1. Kernbotschaften

ML und NLP sind Schlüsselfaktoren, um unstrukturierte Daten wie E-Mails
oder Berichte in wertvolle Erkenntnisse zu verwandeln.

Funktionen wie automatische Klassifikation, Wissenslückenerkennung und Schlüsselkonzept-Extraktion machen Informationen zugänglicher und besser nutzbar.

Herausforderungen wie Datenqualität und Bias erfordern eine sorgfältige Planung und Überwachung.

2. Praktische Tipps

Pilotprojekte starten: Testen Sie ML- und NLP-Anwendungen in einem begrenzten Bereich, um deren Nutzen zu bewerten.

Daten bereinigen: Stellen Sie sicher, dass Ihre Daten konsistent und vollständig sind, bevor sie für ML-Modelle verwendet werden.

Bias-Monitoring: Überwachen Sie die Ergebnisse Ihrer NLP-Systeme regelmäßig, um mögliche Vorurteile zu erkennen und zu beheben.

3. Übungen

Analyseübung: Analysieren Sie ein unstrukturiertes Datenset, z. B. Meeting-Protokolle, und identifizieren Sie potenzielle Wissenslücken.

Modellvergleich: Testen Sie verschiedene NLP-Modelle wie BERT oder GPT auf einem spezifischen Datensatz und vergleichen Sie deren Ergebnisse.

4. Checkliste

Sind Ihre Daten vollständig, konsistent und für die Analyse vorbereitet?

Haben Sie ein geeignetes NLP-Tool oder Modell für Ihre Anforderungen ausgewählt?

Gibt es eine Strategie, um Bias in den Daten und Ergebnissen zu minimieren?

Wurden Datenschutzanforderungen bei der Analyse sensibler Daten berücksichtigt?

5. Inspirierende Zitate oder Beispiele

Zitat: „KI hilft uns, die Nadel im Heuhaufen zu finden – und zeigt uns gleichzeitig, warum sie wichtig ist." – Anonym

Beispiel: Ein Finanzinstitut reduzierte die Compliance-Zeit um 60 %, indem es NLP einsetzte, um regulatorische Vorschriften automatisch zu analysieren und zu extrahieren.

2.4 Case Study: Wie KI interdisziplinäre Kollaboration in der Pharmabranche befeuert

Kontext: Die Rolle der Kollaboration in der Pharmabranche

In der Pharmabranche ist die Zusammenarbeit zwischen verschiedenen Abteilungen wie Forschung, Entwicklung und Produktion nicht nur ein Vorteil, sondern eine Notwendigkeit. Durch effektiven Austausch können neue Medikamente schneller entwickelt, regulatorische Anforderungen effizienter erfüllt und Produktionsprozesse optimiert werden. Doch in vielen Organisationen ist die Kommunikation und der Wissensaustausch zwischen diesen Abteilungen durch Silos erschwert.

Das Unternehmen PharmaCo (fiktiv) ist ein Beispiel für eine Organisation, die durch den gezielten Einsatz von KI interdisziplinäre Kollaboration auf ein neues Niveau gehoben hat.

Das Problem: Fragmentiertes Wissen und fehlender Austausch

PharmaCo stand vor mehreren Herausforderungen, die die Effizienz und Innovationskraft des Unternehmens beeinträchtigten:

Daten in unterschiedlichen Formaten und Systemen:
Forschungsdaten, Entwicklungsprotokolle und Produktionsberichte wurden in verschiedenen Systemen gespeichert, die nicht miteinander kompatibel waren.

Beispiel: Forschungsergebnisse aus der Labordatenbank konnten nicht direkt mit Produktionsdaten verknüpft werden, was zu Verzögerungen bei der Implementierung neuer Erkenntnisse führte.

Mangel an Plattformen für den Austausch:
Es gab keine zentrale Plattform, die Abteilungen ermöglichte, Wissen und

Ideen leicht zu teilen. Dies führte dazu, dass wichtige Erkenntnisse oft auf einzelne Teams beschränkt blieben.

Erschwerte Identifikation von Experten:
Mitarbeitende mit spezifischem Fachwissen waren schwer zu finden, da es keine systematische Übersicht über die Kompetenzen innerhalb des Unternehmens gab.

Diese Probleme führten zu ineffizienten Prozessen, längeren Entwicklungszyklen und verpassten Innovationschancen.

Die Lösung: Implementierung einer KI-gestützten Plattform

Um diese Herausforderungen zu bewältigen, entschied sich PharmaCo für die Einführung einer KI-gestützten Plattform, die semantische Netze und maschinelles Lernen kombiniert. Diese Plattform zielte darauf ab, Wissen zu verbinden, Experten zu identifizieren und die interdisziplinäre Zusammenarbeit zu fördern.

Automatische Verknüpfung von Forschungsergebnissen:
Die Plattform nutzte semantische Netze, um Daten aus unterschiedlichen Quellen wie Labordatenbanken, Entwicklungsberichten und Produktionssystemen zu analysieren und miteinander zu verknüpfen.

Beispiel: Erkenntnisse aus der Grundlagenforschung wurden automatisch mit klinischen Studienergebnissen und Produktionsparametern verknüpft, was die Überführung von Forschung in die Praxis beschleunigte.

Identifikation von Experten:
Mithilfe von ML-Algorithmen analysierte die Plattform interne Daten wie Veröffentlichungen, Projektberichte und Weiterbildungsnachweise, um Experten für spezifische Themen zu identifizieren.

Beispiel: Ein Team, das an der Entwicklung eines neuen Impfstoffs arbeitete, konnte innerhalb von Minuten einen Experten für adjuvante Technologien finden, der zuvor in einem anderen Projekt tätig war.

Förderung gemeinsamer Innovationsprojekte:
Die Plattform empfahl basierend auf den Interessen und Kompetenzen der

Mitarbeitenden potenzielle Kollaborationen. Zudem erleichterte sie den Austausch von Ideen durch eine zentrale Plattform für Diskussionen und Dokumentenfreigaben.

Beispiel: Die Plattform schlug vor, dass das Team für biotechnologische Forschung mit der Produktionsabteilung zusammenarbeitet, um neue Verfahren für die großtechnische Herstellung zu entwickeln.

Die Ergebnisse: Ein messbarer Erfolg

Die Einführung der KI-gestützten Plattform hatte tiefgreifende Auswirkungen auf die Arbeitsweise bei PharmaCo:

Kürzere Entwicklungszyklen:

Durch die bessere Verknüpfung von Forschung, Entwicklung und Produktion konnte die Zeit für die Entwicklung neuer Medikamente um **25 %** verkürzt werden.

Höhere Innovationsrate:

Die Anzahl der Innovationsprojekte, die durch interdisziplinäre Teams initiiert wurden, stieg um **30 %**. Dies führte zu einer schnelleren Einführung neuer Therapien und einer besseren Marktposition.

Steigerung der Mitarbeiterzufriedenheit:

Die Möglichkeit, leichter mit Kolleginnen und Kollegen aus anderen Abteilungen zusammenzuarbeiten, führte zu einer höheren Zufriedenheit und einem stärkeren Gefühl der Zugehörigkeit.

Feedback: „KI hat uns geholfen, Silos aufzubrechen und die Zusammenarbeit auf ein neues Level zu heben", so die Projektleiterin von PharmaCo.

Schlüsselstrategien, die zum Erfolg führten

Die erfolgreiche Implementierung der KI-gestützten Plattform bei PharmaCo basierte auf mehreren strategischen Maßnahmen:

Datenkonsolidierung:

Vor der Einführung der Plattform investierte PharmaCo in die Bereinigung und Standardisierung seiner Daten. Dies schuf eine solide Grundlage für die Analyse durch KI.

Schulungen:
Mitarbeitende wurden in der Nutzung der Plattform geschult, um sicherzustellen, dass sie ihr volles Potenzial ausschöpfen konnten.

Iterative Einführung:
Die Plattform wurde in mehreren Phasen eingeführt, beginnend mit einer Pilotphase in der Forschungsabteilung. Die gesammelten Erfahrungen wurden genutzt, um die Plattform vor dem unternehmensweiten Rollout zu optimieren.

Fokus auf Kulturwandel:
Die Einführung der Plattform wurde von einer Initiative begleitet, die den Wert von Zusammenarbeit und Wissensaustausch betonte.

Lernpotenziale für andere Organisationen

Die Erfahrungen von PharmaCo bieten wertvolle Einblicke für Organisationen, die ähnliche Herausforderungen bewältigen möchten:

Integration von Systemen: Unternehmen sollten sicherstellen, dass ihre Datenquellen miteinander kompatibel sind, um eine einheitliche Wissensbasis zu schaffen.

Fokus auf Benutzerfreundlichkeit: Die Plattform sollte intuitiv bedienbar sein, um eine hohe Akzeptanz bei den Nutzern zu gewährleisten.

Regelmäßige Erfolgsmessung: Nutzen Sie KPIs wie die Anzahl neuer Projekte oder die Zeit bis zur Markteinführung, um den Erfolg von KI-Initiativen zu bewerten.

Fazit: KI als Schlüssel zur interdisziplinären Zusammenarbeit

Die Fallstudie von PharmaCo zeigt, wie KI dazu beitragen kann, interdisziplinäre Kollaboration zu fördern und gleichzeitig Effizienz und Innovationskraft zu steigern. Indem Silos aufgebrochen und Wissen aktiv verknüpft wird, können Unternehmen ihre Ressourcen optimal nutzen und ihre Wettbewerbsfähigkeit steigern.

Für Unternehmen, die ähnliche Herausforderungen bewältigen möchten, bietet das Beispiel von PharmaCo eine Blaupause, wie KI erfolgreich implementiert werden kann, um Zusammenarbeit und Innovation zu fördern.

Nimm-das-mit-Box: Interdisziplinäre Kollaboration mit KI

1. Kernbotschaften

Wissenssilos behindern die Zusammenarbeit und Innovation in vielen Organisationen.

KI-gestützte Plattformen können Daten verknüpfen, Experten identifizieren und gemeinsame Projekte fördern.

Die Einführung solcher Systeme führt nicht nur zu kürzeren Entwicklungszyklen, sondern auch zu einer höheren Mitarbeiterzufriedenheit.

2. Praktische Tipps

Datenstandards schaffen: Investieren Sie in die Konsolidierung und Standardisierung Ihrer Daten, bevor Sie KI einsetzen.

Kleine Schritte machen: Starten Sie mit einer Pilotphase, um die Technologie und Prozesse zu testen, bevor ein breiter Rollout erfolgt.

Kollaboration fördern: Nutzen Sie KI-Tools, um den Austausch zwischen Abteilungen aktiv zu unterstützen.

3. Übungen

Analyseübung: Identifizieren Sie die größten Silos in Ihrem Unternehmen. Welche Technologien könnten helfen, diese aufzubrechen?

Workshop: Entwickeln Sie gemeinsam mit Ihrem Team eine Vision für eine Plattform, die Wissensaustausch und Kollaboration fördert.

4. Checkliste

Sind Ihre Datenquellen integriert und kompatibel?

Haben Sie eine Plattform, die den Austausch zwischen Abteilungen erleichtert?

Gibt es Schulungen, um die Akzeptanz neuer Tools zu fördern?

Wurden die Ergebnisse der Einführung systematisch gemessen und analysiert?

5. Inspirierende Zitate oder Beispiele

Zitat: „KI hat uns geholfen, Silos aufzubrechen und die Zusammenarbeit auf ein neues Level zu heben." – Projektleiterin bei PharmaCo

Beispiel: PharmaCo verkürzte die Entwicklungszyklen neuer Medikamente durch eine KI-Plattform um 25 % und steigerte gleichzeitig die Innovationsrate um 30 %.

2.5 Toolbox: Softwarelösungen für Knowledge Graphen und Wissensvernetzung

Die erfolgreiche Implementierung von Knowledge Graphen und Technologien zur Wissensvernetzung erfordert den Einsatz geeigneter Softwarelösungen. Diese Tools helfen Unternehmen dabei, Daten zu strukturieren, Beziehungen sichtbar zu machen und unstrukturierte Informationen nutzbar zu machen. Im Folgenden finden Sie eine Übersicht über einige der leistungsfähigsten Lösungen, die auf dem Markt verfügbar sind, sowie eine Checkliste zur Unterstützung bei der Auswahl und Implementierung.

1. Neo4j

Anwendung:

Neo4j ist eine der bekanntesten Graphdatenbanken und wird häufig für die Erstellung von Wissensgrafen verwendet. Es ermöglicht die Darstellung komplexer Beziehungen zwischen Datenpunkten und eignet sich hervorragend für das Wissensmanagement.

Vorteile:

Einfach zu implementieren und zu bedienen.

Leistungsstarke Abfragesprache (Cypher) zur Analyse von Zusammenhängen.

Ideal für die Visualisierung und Navigation durch große Netzwerke.

Einsatzbeispiel:
Ein Technologiekonzern setzt Neo4j ein, um interne Projekte, Mitarbeitende und Technologien miteinander zu verknüpfen. Auf diese Weise werden Synergien zwischen Teams und Abteilungen sichtbar.

2. Amazon Neptune

Anwendung:
Cloud-basierte Lösung von AWS, die speziell für skalierbare Graphtechnologien entwickelt wurde. Amazon Neptune unterstützt sowohl Property-Graphen als auch RDF (Resource Description Framework) für semantische Netze.

Vorteile:

Nahtlose Integration mit anderen AWS-Diensten wie S3, Lambda und SageMaker.

Hoch skalierbar und ideal für Unternehmen mit großen Datenmengen.

Unterstützt Abfragen mit Gremlin, SPARQL und OpenCypher.

Einsatzbeispiel:
Ein globaler Einzelhändler nutzt Amazon Neptune, um Kundendaten, Produktinformationen und Lieferkettenbeziehungen zu verknüpfen. Dies ermöglicht personalisierte Empfehlungen und eine optimierte Logistikplanung.

3. Ontotext

Anwendung:
Ontotext ist eine spezialisierte Plattform für die Erstellung und Verwaltung semantischer Netze. Es kombiniert Graphtechnologien mit Ontologien, um Datenstrukturen und deren Bedeutungen zu definieren.

Vorteile:

Hervorragende Unterstützung für Ontologien und semantische Standards wie OWL und RDF.

Ermöglicht die Integration von Daten aus verschiedenen Quellen.

Starke Visualisierungsmöglichkeiten für komplexe Wissensnetze.

Einsatzbeispiel:
Eine Forschungsorganisation nutzt Ontotext, um wissenschaftliche Publikationen, Autoren und Zitate miteinander zu verknüpfen. Dies fördert interdisziplinäre Zusammenarbeit und beschleunigt die Identifikation von Trends.

4. Spacy und NLTK (Python-Bibliotheken)

Anwendung:
Spacy und NLTK sind Open-Source-Bibliotheken für NLP (Natural Language Processing), die sich zur Textanalyse und -verarbeitung eignen. Sie sind besonders nützlich, wenn Unternehmen eigene NLP-Modelle entwickeln möchten.

Vorteile:

Flexibel einsetzbar und einfach in Python zu integrieren.

Breite Unterstützung für Aufgaben wie Named Entity Recognition (NER), Textklassifikation und Sentiment-Analyse.

Kostenfrei und Open Source, ideal für kleinere Unternehmen oder Pilotprojekte.

Einsatzbeispiel:
Ein Start-up verwendet Spacy, um unstrukturierte Daten aus Kundensupport-E-Mails zu analysieren. Die KI erkennt wiederkehrende Probleme und liefert Handlungsempfehlungen.

5. Microsoft Project Cortex

Anwendung:
Project Cortex ist eine Lösung innerhalb von Microsoft 365, die KI nutzt, um Wissen automatisch zu organisieren, zu teilen und zu entdecken. Es erstellt Wissensgrafen basierend auf den in Microsoft 365 gespeicherten Dokumenten und Daten.

Vorteile:

Nahtlose Integration in bestehende Arbeitsumgebungen wie Teams, SharePoint und Outlook.

Automatische Erstellung von Wissenskarten, um relevante Informationen schnell zugänglich zu machen.

Benutzerfreundlich für Organisationen, die bereits Microsoft 365 nutzen.

Einsatzbeispiel:
Ein Beratungsunternehmen nutzt Project Cortex, um Projektdokumentationen und Kundeninformationen zu verknüpfen. Mitarbeitende können so schneller auf relevante Informationen zugreifen und effektiver arbeiten.

Checkliste: Erfolgsfaktoren bei der Einführung von Softwarelösungen

Um sicherzustellen, dass die Einführung einer Softwarelösung für Knowledge Graphen und Wissensvernetzung erfolgreich ist, sollten Unternehmen die folgenden Punkte berücksichtigen:

Datenquellen definieren:

Wurden alle relevanten Datenquellen identifiziert und analysiert?

Sind die Daten in einer geeigneten Qualität und einem kompatiblen Format verfügbar?

Softwarelösung evaluieren:

Wurden verschiedene Tools getestet, um die beste Lösung für Ihre Anforderungen zu finden?

Ist die gewählte Lösung skalierbar und zukunftssicher?

Sicherheits- und Datenschutzanforderungen erfüllen:

Werden alle relevanten Datenschutzgesetze (z. B. DSGVO) eingehalten?

Ist die Lösung sicher vor unbefugtem Zugriff?

Pilotprojekt durchführen:

Wurde die Lösung in einem kleinen Anwendungsbereich getestet, bevor sie unternehmensweit eingeführt wird?

Wurden die Ergebnisse des Pilotprojekts analysiert und optimiert?

Fazit: Die richtige Lösung für Ihre Wissensvernetzung

Die Wahl der richtigen Softwarelösung ist entscheidend, um Wissenssilos aufzubrechen und die Zusammenarbeit in Ihrem Unternehmen zu fördern. Während Plattformen wie Neo4j und Amazon Neptune leistungsstarke Werkzeuge für die Erstellung von Graphdatenbanken bieten, bieten Lösungen wie Microsoft Project Cortex eine benutzerfreundliche Möglichkeit, bestehende Arbeitsumgebungen zu optimieren.

Durch eine sorgfältige Auswahl und Implementierung können Unternehmen nicht nur ihre Effizienz steigern, sondern auch die Grundlage für eine nachhaltige Innovationskultur schaffen.

Nimm-das-mit-Box: Softwarelösungen für Knowledge Graphen

1. Kernbotschaften

Tools wie Neo4j, Amazon Neptune und Ontotext ermöglichen die Erstellung leistungsstarker Wissensgrafen.

Spacy und NLTK bieten flexible Open-Source-Optionen für NLP-basierte Anwendungen.

Microsoft Project Cortex integriert Wissensvernetzung nahtlos in bestehende Arbeitsumgebungen.

2. Praktische Tipps

Kleine Schritte: Beginnen Sie mit einem Pilotprojekt, um die Effizienz und den Nutzen der gewählten Lösung zu validieren.

Datenschutz sichern: Achten Sie darauf, dass alle Datenschutzanforderungen erfüllt werden, insbesondere bei sensiblen Daten.

Integration prüfen: Stellen Sie sicher, dass die Lösung nahtlos in Ihre bestehenden Systeme eingebunden werden kann.

3. Übungen

Tool-Vergleich: Erstellen Sie eine Tabelle mit den Anforderungen Ihrer Organisation und bewerten Sie, welche der genannten Tools diese am besten erfüllen.

Datenanalyse: Prüfen Sie Ihre vorhandenen Datenquellen und identifizieren Sie, welche Daten für die Erstellung eines Wissensgrafen geeignet sind.

4. Checkliste

Sind die relevanten Datenquellen definiert und konsolidiert?

Wurde eine passende Softwarelösung evaluiert und getestet?

Sind Sicherheits- und Datenschutzanforderungen erfüllt?

Wurde ein Pilotprojekt durchgeführt, um erste Ergebnisse zu validieren?

5. Inspirierende Zitate oder Beispiele

Zitat: „Ein Wissensgraf ist wie ein Kompass für Daten – er zeigt uns, wie alles miteinander verbunden ist." – Anonym

Beispiel: Ein Biotech-Unternehmen nutzte Neo4j, um Forschungsdaten und klinische Studien zu verknüpfen, was die Entwicklungszeit neuer Therapien um 20 % reduzierte.

„Nimm-das-mit"-Box: Kapitel 2

1. Kernbotschaften

Wissenssilos behindern nicht nur die Produktivität, sondern auch die Innovationskraft von Unternehmen.

KI bietet durch den Einsatz von Graphtechnologien und NLP (Natural Language Processing) eine Möglichkeit, fragmentiertes Wissen zu vernetzen und nutzbar zu machen.

Interdisziplinäre Zusammenarbeit wird durch KI nicht nur erleichtert, sondern in vielen Fällen erst ermöglicht, indem relevante Verbindungen und Synergien aufgezeigt werden.

2. Praktische Tipps

Graphtechnologien einsetzen: Verwenden Sie Knowledge Graphs, um Beziehungen zwischen verschiedenen Wissensbereichen und Datenquellen sichtbar zu machen.

NLP-Tools zur Analyse unstrukturierter Daten: Nutzen Sie NLP-Anwendungen, um unstrukturierte Daten wie Berichte, E-Mails oder Protokolle zu analysieren und zugänglich zu machen.

Interdisziplinäre Projekte fördern: Setzen Sie KI-gestützte Tools ein, um Teams aus verschiedenen Abteilungen zu vernetzen und gemeinsame Innovationsprojekte zu initiieren.

3. Übungen

Reflexion: Identifizieren Sie bestehende Wissenssilos in Ihrer Organisation. Überlegen Sie, welche Abteilungen oder Teams am meisten von einer stärkeren Vernetzung der Daten profitieren könnten.

Aktivität: Entwickeln Sie einen Plan für ein interdisziplinäres Projekt, bei dem KI-basierte Technologien wie Graphdatenbanken oder NLP genutzt werden, um die Zusammenarbeit zu verbessern.

4. Checkliste

Sind die wichtigsten Wissenssilos und ihre Ursachen identifiziert?

Wurde eine geeignete Softwarelösung zur Wissensvernetzung ausgewählt?

Sind Datenquellen bereinigt und für die Analyse vorbereitet?

Gibt es ein Pilotprojekt, um die Wirksamkeit von KI-gestützten Tools zu testen?

Wurde ein Plan entwickelt, um interdisziplinäre Zusammenarbeit mit KI zu unterstützen?

5. Inspirierende Zitate oder Beispiele

Zitat: „Vernetztes Wissen ist der Motor für Innovation."

Beispiel: Ein Pharmaunternehmen nutzte KI-basierte Graphtechnologien, um Erkenntnisse aus der Forschung und Produktion miteinander zu verknüpfen. Dies führte zu einer Verkürzung der Entwicklungszeit neuer Medikamente um 20 % und einer Steigerung der Innovationsrate.

Kapitel 3: Kollaboration neu gedacht – KI als Enabler für Teamwork

3.1 Herausforderungen der Zusammenarbeit im digitalen Workplace

Die digitale Transformation hat Arbeitsweisen und Kommunikationsstrukturen in Unternehmen radikal verändert. Virtuelle Teams, Remote-Arbeit und asynchrone Kommunikationsmethoden sind längst keine Ausnahme mehr, sondern prägen den Alltag vieler Organisationen. Während diese Entwicklungen zahlreiche Chancen eröffnen, wie eine gesteigerte Flexibilität und globale Zusammenarbeit, bringen sie auch erhebliche Herausforderungen mit sich. Die zunehmende Abhängigkeit von digitalen Tools und Plattformen erfordert ein Umdenken in der Art und Weise, wie Teams miteinander arbeiten und kommunizieren.

Satya Nadella, der CEO von Microsoft, hat diese Problematik treffend zusammengefasst: „Technologie muss den Menschen dienen und nicht überwältigen." Dieses Zitat verweist auf ein zentrales Spannungsfeld: Die Balance zwischen den Vorteilen digitaler Technologien und den Belastungen, die sie mit sich bringen können.

1. Fragmentierte Kommunikation: Isolierte Datenströme und ihre Folgen

Der digitale Workplace wird von einer Vielzahl an Kommunikationstools geprägt – E-Mails, Chat-Plattformen wie Slack oder Microsoft Teams, Projektmanagement-Software wie Asana oder Trello und viele weitere. Diese Vielfalt bietet zwar Flexibilität, führt jedoch häufig zu einer fragmentierten Kommunikation.

Problematik der Tool-Vielfalt:
Mit der Einführung zahlreicher spezialisierter Plattformen entstehen isolierte

Datenströme. Informationen, die in einem Tool gespeichert werden, sind oft nicht automatisch in anderen Systemen verfügbar.

Beispiel: Ein Team diskutiert eine wichtige Entscheidung in einem Chat-Tool, dokumentiert sie jedoch nicht im Projektmanagement-System. Dadurch gehen wichtige Details verloren, und andere Teams, die auf diese Informationen angewiesen sind, bleiben im Dunkeln.

Informationsverlust durch fehlende Integration:
Die mangelnde Integration zwischen Tools führt dazu, dass Informationen redundant erfasst oder gar übersehen werden. Dies erschwert die Nachverfolgbarkeit und verlangsamt Entscheidungsprozesse.

Beispiel: Ein Vertriebsteam verfolgt Kundendaten in einer CRM-Plattform, während das Marketingteam Kundeneinblicke in einer separaten Datenbank speichert. Ohne eine einheitliche Sicht auf den Kunden bleibt das Potenzial für eine zielgerichtete Zusammenarbeit ungenutzt.

Auswirkungen auf die Teamdynamik:
Fragmentierte Kommunikation kann die Zusammenarbeit innerhalb von Teams beeinträchtigen, da wichtige Kontextinformationen verloren gehen. Dies führt zu Missverständnissen, ineffizienten Prozessen und einer erhöhten Wahrscheinlichkeit von Fehlern.

2. Unübersichtliches Aufgabenmanagement: Klärung von Verantwortlichkeiten und Prioritäten

Die digitale Zusammenarbeit bringt oft Unklarheiten in Bezug auf Verantwortlichkeiten und Prioritäten mit sich. Diese Probleme entstehen häufig durch das Fehlen klarer Prozesse und die Überforderung durch die Vielzahl an gleichzeitig genutzten Tools.

Unklare Rollen und Verantwortlichkeiten:
Wenn Teams remote oder in virtuellen Umgebungen arbeiten, fehlen oft klare Absprachen über Zuständigkeiten. Dies führt zu einer diffusen Verteilung von Aufgaben und einer erhöhten Wahrscheinlichkeit, dass wichtige Arbeiten übersehen werden.

Beispiel: In einem virtuellen Team wird eine Aufgabe an mehrere Personen delegiert, ohne klarzustellen, wer letztendlich die Verantwortung trägt. Als Folge bleibt die Aufgabe unerledigt.

Schwierigkeiten bei der Priorisierung:

Die digitale Arbeitsumgebung erfordert häufig, dass Teams zwischen verschiedenen Aufgaben jonglieren, die über mehrere Plattformen verteilt sind. Ohne eine zentrale Übersicht fällt es schwer, Prioritäten zu setzen und den Fokus zu behalten.

Beispiel: Ein Mitarbeitender erhält Anweisungen über verschiedene Tools – eine E-Mail vom Vorgesetzten, eine Chat-Nachricht vom Team und eine Benachrichtigung im Projektmanagement-Tool. Die Vielzahl der Inputs führt dazu, dass keine klare Priorisierung möglich ist.

Fehlende Transparenz:

Ohne eine einheitliche Plattform für das Aufgabenmanagement fehlt oft die Transparenz darüber, wer an welcher Aufgabe arbeitet und wie der aktuelle Fortschritt aussieht. Dies kann zu Doppelarbeit oder Verzögerungen führen.

Beispiel: Zwei Mitarbeitende arbeiten unabhängig voneinander an derselben Aufgabe, da keine zentrale Plattform existiert, die den Status der Arbeit für alle Beteiligten sichtbar macht.

3. Überforderung durch Informationsflut: Die Last der digitalen Kommunikation

Die schiere Menge an Informationen, mit denen Mitarbeitende täglich konfrontiert werden, ist eine der größten Herausforderungen im digitalen Workplace. Nachrichten, Benachrichtigungen und Updates aus verschiedenen Plattformen können schnell überwältigend werden und die Produktivität beeinträchtigen.

Die Paradoxie der Verbindung:

Während digitale Tools uns ständig miteinander verbinden, tragen sie auch dazu bei, dass Mitarbeitende das Gefühl haben, immer erreichbar sein zu müssen. Dies führt zu einer Entgrenzung zwischen Arbeit und Freizeit und erhöht das Risiko von Burnout.

Beispiel: Ein Mitarbeitender erhält rund um die Uhr Benachrichtigungen von verschiedenen Tools, was es schwierig macht, sich auf tiefgehende Arbeit zu konzentrieren oder nach Feierabend abzuschalten.

Kognitive Überlastung:

Die Vielzahl an Plattformen und Kommunikationskanälen führt zu einer kognitiven Überlastung, da Mitarbeitende ständig zwischen verschiedenen Tools wechseln müssen. Dies beeinträchtigt die Konzentration und führt zu einem Phänomen, das als „Context Switching" bekannt ist.

Beispiel: Ein Mitarbeitender wechselt mehrmals pro Stunde zwischen E-Mails, Chat-Nachrichten und Projektmanagement-Tools, was die Produktivität mindert und die Fehleranfälligkeit erhöht.

Wertlose Informationen:

Nicht jede Information, die über digitale Kanäle gesendet wird, ist tatsächlich relevant. Spam-Nachrichten, irrelevante Updates und unnötige Benachrichtigungen lenken von wichtigen Aufgaben ab.

Beispiel: Ein Mitarbeitender erhält täglich Dutzende von E-Mails und Benachrichtigungen, die keine Relevanz für seine Arbeit haben. Die Zeit, die für das Aussortieren dieser Informationen benötigt wird, fehlt für produktive Aufgaben.

Der Balanceakt: Technologie als Diener, nicht als Diktator

Die zentrale Herausforderung im digitalen Workplace besteht darin, die Technologie so einzusetzen, dass sie den Menschen unterstützt, anstatt ihn zu überwältigen. Satya Nadella bringt dies auf den Punkt: „Technologie muss den Menschen dienen und nicht überwältigen."

Dieser Gedanke verdeutlicht, dass es nicht nur um die Einführung neuer Tools geht, sondern um die Schaffung eines Ökosystems, das Zusammenarbeit erleichtert und nicht behindert. Unternehmen müssen sich fragen:

Unterstützen unsere Tools die Mitarbeitenden wirklich bei ihrer Arbeit?

Sind unsere Kommunikationskanäle klar strukturiert und integriert?

Haben wir Mechanismen, um der Informationsflut entgegenzuwirken?

Lösungsansätze und Perspektiven

Um diese Herausforderungen zu bewältigen, sind innovative Ansätze und der gezielte Einsatz von KI erforderlich. Im nächsten Abschnitt wird untersucht, wie KI-Technologien dazu beitragen können, diese Probleme zu lösen und die Zusammenarbeit im digitalen Workplace neu zu gestalten. Dabei stehen die Automatisierung von Routineaufgaben, die Integration von Tools und die intelligente Organisation von Informationen im Vordergrund.

„Nimm-das-mit"-Box: Herausforderungen der Zusammenarbeit im digitalen Workplace

1. Kernbotschaften

Die digitale Transformation hat die Zusammenarbeit revolutioniert, bringt jedoch auch Herausforderungen wie fragmentierte Kommunikation, unübersichtliches Aufgabenmanagement und Informationsüberlastung mit sich.

Zu viele Tools und Plattformen führen zu isolierten Datenströmen und mangelnder Integration.

Mitarbeitende kämpfen mit einer Vielzahl an Nachrichten und Benachrichtigungen, was ihre Konzentration und Produktivität beeinträchtigt.

2. Praktische Tipps

Tools konsolidieren: Reduzieren Sie die Anzahl der verwendeten Plattformen und fördern Sie die Integration vorhandener Tools.

Rollen klar definieren: Legen Sie Verantwortlichkeiten und Prioritäten in virtuellen Teams eindeutig fest.

Informationsflut begrenzen: Schulen Sie Mitarbeitende im effektiven Umgang mit Benachrichtigungen und fördern Sie eine Kultur der digitalen Achtsamkeit.

3. Übungen

Analyseübung: Erstellen Sie eine Liste der Tools und Plattformen, die in Ihrem Team verwendet werden. Welche davon könnten konsolidiert werden?

Reflexion: Diskutieren Sie im Team, welche Kommunikationswege am effektivsten sind und welche ineffizienten Prozesse verbessert werden können.

4. Inspirierende Zitate oder Beispiele

Zitat: „Technologie muss den Menschen dienen und nicht überwältigen." – Satya Nadella

Beispiel: Ein globales IT-Unternehmen reduzierte die Anzahl der verwendeten Tools von 15 auf 5, was die Effizienz der Teamkommunikation um 40 % steigerte.

3.2 KI-gestützte Kollaborationsplattformen für Kommunikation und Projektmanagement

Die dynamischen Anforderungen moderner Arbeitswelten verlangen nach Lösungen, die nicht nur die Zusammenarbeit erleichtern, sondern auch die Effizienz steigern. Hier setzt Künstliche Intelligenz (KI) an und revolutioniert die Art und Weise, wie Teams kommunizieren, Aufgaben organisieren und Projekte durchführen. KI-gestützte Kollaborationsplattformen gewinnen zunehmend an Bedeutung, da sie Prozesse automatisieren, relevante Informationen schneller zugänglich machen und die Ressourcenplanung optimieren können.

Von der automatisierten Priorisierung von Aufgaben bis hin zur effizienten Ressourcenverteilung – KI ist nicht mehr nur ein Zusatzfeature, sondern ein zentraler Bestandteil moderner Tools, die für die Teamarbeit entwickelt wurden.

1. Automatisierte Priorisierung: Mehr Fokus, weniger Chaos

In vielen Organisationen ist die richtige Priorisierung von Aufgaben eine der größten Herausforderungen. Mitarbeitende jonglieren oft mit einer Vielzahl von To-dos, die über verschiedene Plattformen verteilt sind. KI-gestützte

Plattformen wie Asana oder Trello setzen hier an und nutzen Machine Learning, um Aufgaben basierend auf Dringlichkeit, Relevanz und Abhängigkeiten zu priorisieren.

Wie funktioniert die automatisierte Priorisierung?
KI-Algorithmen analysieren verschiedene Faktoren, um Aufgaben eine Priorität zuzuweisen. Dazu gehören:

Dringlichkeit: Wie nah ist die Frist einer Aufgabe?

Relevanz: Welche Aufgaben haben die höchste Relevanz für die Erreichung von Projektzielen?

Abhängigkeiten: Welche Aufgaben sind von der Fertigstellung anderer Aufgaben abhängig?

Historische Daten: Wie haben Teams in der Vergangenheit ähnliche Aufgaben priorisiert oder abgeschlossen?

Beispiel:
In einem Softwareentwicklungsprojekt analysiert die KI, dass eine bestimmte Aufgabe („Testen der neuen Funktion") kritisch ist, da sie von mehreren anderen Aufgaben abhängt. Sie priorisiert diese Aufgabe automatisch und informiert die zuständigen Teammitglieder.

Vorteile der automatisierten Priorisierung:

Reduktion von Entscheidungsaufwand: Mitarbeitende müssen weniger Zeit damit verbringen, herauszufinden, welche Aufgaben zuerst erledigt werden sollen.

Effizienzsteigerung: Teams können sich auf die wirklich wichtigen Aufgaben konzentrieren, was die Produktivität steigert.

Minimierung von Fehlern: Kritische Aufgaben werden weniger übersehen, da die KI sie automatisch hervorhebt.

2. Intelligente Suche: Schneller Zugriff auf relevante Informationen

In der Flut von Informationen, die in Unternehmen täglich erzeugt wird, kann die Suche nach relevanten Daten zu einer großen Herausforderung werden. KI-gestützte Plattformen wie Microsoft Teams, Slack oder Confluence nutzen NLP (Natural Language Processing), um Informationen schneller und kontextbezogen zugänglich zu machen.

Wie funktioniert die intelligente Suche?

Mithilfe von NLP analysieren die Plattformen die Suchanfragen von Nutzern und durchsuchen Dokumente, Chatverläufe und andere Datenquellen, um die relevantesten Ergebnisse bereitzustellen.

Beispiel:

Ein Mitarbeitender sucht in Microsoft Teams nach „Budget für Q4". Die KI versteht die Anfrage und liefert direkt die relevantesten Dokumente, Diskussionen und Tabellen, die mit dem Q4-Budget zu tun haben.

Funktionen der intelligenten Suche:

Kontextbasierte Ergebnisse: Die KI versteht nicht nur Schlüsselwörter, sondern auch den Kontext der Anfrage.

Personalisierte Vorschläge: Basierend auf der bisherigen Nutzung schlägt die KI relevante Datenquellen oder Ansprechpartner vor.

Automatische Klassifikation: Dokumente und Informationen werden durch die KI kategorisiert, um die Suche zu erleichtern.

Vorteile der intelligenten Suche:

Zeitersparnis: Mitarbeitende müssen weniger Zeit mit der Suche nach Informationen verbringen.

Reduktion von Doppelarbeit: Teams können leichter auf bestehende Daten zugreifen, was die Wahrscheinlichkeit von redundanten Arbeiten verringert.

Verbesserte Entscheidungsfindung: Relevante Informationen stehen schneller zur Verfügung, was fundierte Entscheidungen erleichtert.

3. Effiziente Ressourcenplanung: Optimierung von Verfügbarkeit und Kapazitäten

Die Planung von Ressourcen – sei es in Form von Mitarbeitenden, Zeit oder Material – ist ein zentraler Bestandteil des Projektmanagements. KI-gestützte Plattformen können diese Planung erheblich erleichtern, indem sie die Verfügbarkeit von Teammitgliedern analysieren, Engpässe identifizieren und Vorschläge für eine optimale Ressourcenzuweisung machen.

Wie hilft KI bei der Ressourcenplanung?

Analyse der Verfügbarkeit: KI analysiert Kalender, Arbeitszeiten und geplante Urlaube, um die Verfügbarkeit von Teammitgliedern zu ermitteln.

Simulation von Szenarien: Verschiedene Planungsvarianten können simuliert werden, um die effizienteste Ressourcennutzung zu finden.

Prognosen: Basierend auf historischen Daten kann die KI vorhersagen, welche Ressourcen für zukünftige Projekte benötigt werden.

Beispiel:

Ein Projektmanager plant ein neues Projekt und gibt die Anforderungen in die Plattform ein. Die KI schlägt automatisch Teammitglieder vor, die die benötigten Fähigkeiten haben und in der geplanten Zeit verfügbar sind.

Vorteile einer KI-gestützten Ressourcenplanung:

Effiziente Nutzung von Ressourcen: Zeit und Arbeitskraft werden optimal verteilt, wodurch unnötige Leerlaufzeiten vermieden werden.

Bessere Planungssicherheit: Teams können Engpässe frühzeitig erkennen und beheben.

Flexibilität: Die KI passt Pläne dynamisch an, falls sich Verfügbarkeiten oder Prioritäten ändern.

Beispiel aus der Praxis: KI-gestützte Plattform steigert Effizienz um 25 %

Ein mittelständisches Unternehmen in der Beratungsbranche implementierte eine KI-basierte Kollaborationsplattform, die mehrere Funktionen vereinte, darunter:

Automatische Meeting-Transkripte: Die Plattform erstellte Transkripte von Besprechungen und verknüpfte sie mit To-Do-Listen, sodass keine wichtigen Aufgaben übersehen wurden.

Aufgabenpriorisierung: Basierend auf den Inhalten der Meetings und den späteren Updates priorisierte die KI automatisch, welche Aufgaben zuerst erledigt werden sollten.

Ressourcenmanagement: Die Plattform analysierte die Verfügbarkeit der Teammitglieder und passte Projektpläne entsprechend an.

Ergebnis:

Effizienzsteigerung: Die Zeit, die für die Verwaltung und Organisation von Projekten aufgewendet wurde, reduzierte sich um 25 %.

Bessere Zusammenarbeit: Teammitglieder berichteten von einer klareren Aufgabenverteilung und weniger Missverständnissen.

Motivierte Mitarbeitende: Die Automatisierung von Routineaufgaben entlastete die Mitarbeitenden und gab ihnen mehr Zeit für strategische Aufgaben.

Herausforderungen bei der Einführung KI-gestützter Plattformen

Trotz ihrer Vorteile gibt es bei der Implementierung von KI-gestützten Kollaborationsplattformen auch Herausforderungen:

Datenqualität: Die Effektivität von KI hängt stark von der Qualität der zugrunde liegenden Daten ab. Unvollständige oder fehlerhafte Daten können die Ergebnisse verfälschen.

Akzeptanz der Mitarbeitenden: Mitarbeitende könnten skeptisch gegenüber neuen Technologien sein, insbesondere wenn sie befürchten, dass ihre Arbeit durch KI ersetzt wird.

Integration in bestehende Systeme: Die Plattform muss nahtlos in die vorhandene IT-Infrastruktur integriert werden, was technische und organisatorische Herausforderungen mit sich bringen kann.

Fazit: KI als Treiber für eine neue Art der Zusammenarbeit

KI-gestützte Kollaborationsplattformen wie Asana, Microsoft Teams und Slack zeigen, wie Technologie die Zusammenarbeit in Unternehmen neu gestalten kann. Von der automatisierten Priorisierung über die intelligente Suche bis hin zur Ressourcenplanung – KI ermöglicht es Teams, effizienter zu arbeiten, schneller auf relevante Informationen zuzugreifen und ihre Ressourcen optimal zu nutzen.

Um das volle Potenzial dieser Technologien auszuschöpfen, müssen Unternehmen sicherstellen, dass die Plattformen gut in ihre bestehende Infrastruktur integriert sind und von allen Mitarbeitenden akzeptiert werden. Mit der richtigen Strategie kann KI nicht nur die Produktivität steigern, sondern auch die Arbeitszufriedenheit erheblich verbessern.

„Nimm-das-mit"-Box: KI-gestützte Kollaborationsplattformen

1. Kernbotschaften

KI revolutioniert die Zusammenarbeit durch automatisierte Priorisierung, intelligente Suche und effiziente Ressourcenplanung.

Moderne Tools wie Asana, Slack und Microsoft Teams setzen KI ein, um Teams zu entlasten und die Produktivität zu steigern.

Unternehmen, die KI-gestützte Plattformen implementieren, berichten von messbaren Effizienzsteigerungen und besserer Teamdynamik.

2. Praktische Tipps

Pilotprojekte starten: Testen Sie KI-gestützte Plattformen in einem kleinen Team, um deren Nutzen und Akzeptanz zu bewerten.

Datenqualität sicherstellen: Bereinigen Sie Ihre Daten, bevor Sie KI-basierte Tools einsetzen.

Schulungen anbieten: Schulen Sie Ihre Mitarbeitenden im Umgang mit den neuen Technologien, um die Akzeptanz zu fördern.

3. Übungen

Tool-Analyse: Bewerten Sie die derzeit genutzten Kollaborationstools in Ihrem Unternehmen. Welche könnten durch KI-gestützte Plattformen ergänzt oder ersetzt werden?

Team-Feedback: Befragen Sie Ihre Teams zu den größten Herausforderungen bei der Zusammenarbeit und prüfen Sie, wie KI diese lösen könnte.

3.3 Augmented Intelligence: Wie KI menschliche Expertise ergänzt

Augmented Intelligence, auch als „erweiterte Intelligenz" bezeichnet, beschreibt die symbiotische Zusammenarbeit zwischen Mensch und Maschine. Im Gegensatz zur reinen Automatisierung, bei der KI menschliche Arbeit vollständig ersetzt, steht bei Augmented Intelligence die Unterstützung und Erweiterung der menschlichen Fähigkeiten im Mittelpunkt. Es geht darum, die einzigartigen Stärken des Menschen – Kreativität, Intuition und strategisches Denken – mit den analytischen und datenverarbeitenden Fähigkeiten der KI zu kombinieren.

Dieser Ansatz eröffnet neue Möglichkeiten in einer Vielzahl von Anwendungsfeldern, von datenbasierter Entscheidungsfindung bis hin zu kontextbezogener Unterstützung in Echtzeit. Augmented Intelligence bietet nicht nur das Potenzial, Arbeitsprozesse zu optimieren, sondern auch die Qualität von Entscheidungen zu verbessern, indem sie auf umfassendere und präzisere Datenanalysen zurückgreift.

1. Datenbasierte Entscheidungsfindung: Menschliche Intuition trifft auf KI-Analytik

Die Menge an Daten, die täglich in Unternehmen generiert wird, übersteigt bei weitem die Kapazität des Menschen, diese Daten effektiv zu analysieren und zu verwerten. Hier kommt KI ins Spiel: Sie kann große Datenmengen in kürzester Zeit analysieren, Trends und Muster erkennen und Optionen vorschlagen, die als Grundlage für strategische Entscheidungen dienen.

Wie unterstützt KI die Entscheidungsfindung?

Datenanalyse: KI-Algorithmen durchsuchen umfangreiche Datensätze, identifizieren Muster und Anomalien und liefern präzise Analysen.

Optionenvorschläge: Anhand der analysierten Daten schlägt die KI verschiedene Handlungsoptionen vor, die von Entscheidungsträgern abgewogen werden können.

Prognosen: Durch Machine-Learning-Modelle erstellt die KI Vorhersagen über zukünftige Entwicklungen, die als Basis für strategische Entscheidungen dienen.

Beispiel:

Ein Finanzteam nutzt eine KI-Plattform, um potenzielle Risiken in Investitionen zu identifizieren. Die KI analysiert historische Daten, Markttrends und geopolitische Ereignisse und schlägt Investitionsstrategien vor. Die Analysten bewerten diese Vorschläge und treffen die finalen Entscheidungen, wobei sie ihre Erfahrung und Intuition einbringen.

Vorteile datenbasierter Entscheidungsfindung durch Augmented Intelligence:

Schnelligkeit: Analysen, die früher Tage oder Wochen gedauert hätten, können in Minuten durchgeführt werden.

Präzision: Die KI reduziert das Risiko menschlicher Fehler, die durch unvollständige oder fehlerhafte Daten entstehen könnten.

Fundierte Entscheidungen: Entscheidungsträger können auf umfassendere Datenanalysen zurückgreifen, was die Qualität ihrer Entscheidungen verbessert.

Herausforderungen:

Bias in den Daten: Wenn die zugrunde liegenden Daten Vorurteile oder Verzerrungen enthalten, könnten die Vorschläge der KI ebenfalls voreingenommen sein.

Akzeptanz: Mitarbeitende könnten skeptisch gegenüber KI-gestützten Analysen sein und deren Ergebnisse infrage stellen.

2. Kontextbezogene Unterstützung: Echtzeit-Hilfe durch KI-gestützte Assistenten

Ein weiterer zentraler Anwendungsbereich von Augmented Intelligence ist die kontextbezogene Unterstützung. KI-gestützte Assistenten können in Echtzeit relevante Informationen und Vorschläge liefern, die Mitarbeitenden dabei helfen, bessere Entscheidungen zu treffen oder effizienter zu arbeiten.

Wie funktioniert kontextbezogene Unterstützung?

Analyse des Kontexts: Die KI analysiert die aktuelle Situation – sei es eine laufende Kundeninteraktion, ein Meeting oder ein Arbeitsprozess – und identifiziert relevante Informationen.

Personalisierte Vorschläge: Basierend auf den analysierten Daten bietet die KI Vorschläge, die auf den spezifischen Kontext zugeschnitten sind.

Automatisierung von Routineaufgaben: Während Mitarbeitende sich auf komplexere Aufgaben konzentrieren, übernimmt die KI einfache Tätigkeiten wie die Organisation von Daten oder das Erstellen von Berichten.

Beispiel:

Ein Kundenservice-Team verwendet eine KI-gestützte Plattform, die während einer Kundeninteraktion in Echtzeit Vorschläge zur Lösung von Problemen liefert. Die KI analysiert die Kundenhistorie, frühere Interaktionen und Produktdaten, um dem Mitarbeitenden die besten Handlungsempfehlungen zu geben.

Vorteile der kontextbezogenen Unterstützung:

Echtzeit-Effizienz: Mitarbeitende erhalten die benötigten Informationen genau dann, wenn sie sie brauchen.

Personalisierung: Die KI stellt sicher, dass die Vorschläge individuell auf die jeweilige Situation zugeschnitten sind.

Entlastung der Mitarbeitenden: Indem die KI Routineaufgaben übernimmt, können Mitarbeitende sich auf strategische oder kreative Tätigkeiten konzentrieren.

Herausforderungen:

Datenschutz: Die Verarbeitung sensibler Daten in Echtzeit wirft Fragen zum Datenschutz auf.

Vertrauensbildung: Mitarbeitende müssen lernen, den Empfehlungen der KI zu vertrauen, diese aber auch kritisch zu hinterfragen.

3. Praxisbeispiel: Augmented Intelligence im Finanzsektor

Ein Finanzunternehmen implementierte eine Augmented-Intelligence-Plattform, um Investitionsentscheidungen zu verbessern. Die Plattform nutzte KI, um große Datenmengen zu analysieren, darunter Markttrends, historische Daten und externe Einflussfaktoren wie geopolitische Ereignisse.

Wie die Plattform funktionierte:

Datenanalyse: Die KI identifizierte potenzielle Risiken und Chancen in verschiedenen Anlageportfolios.

Risikobewertung: Sie bewertete die Wahrscheinlichkeit und die möglichen Auswirkungen dieser Risiken.

Vorschläge: Basierend auf den Analysen schlug die KI alternative Investitionsstrategien vor.

Die Rolle der Analysten:
Die finalen Entscheidungen wurden jedoch weiterhin von den

Finanzanalysten getroffen. Sie nutzten ihre Erfahrung und Intuition, um die Vorschläge der KI zu bewerten und strategische Entscheidungen zu treffen.

Ergebnisse:

Effizienzsteigerung: Die Zeit, die für Risikoanalysen benötigt wurde, reduzierte sich um 40 %.

Bessere Entscheidungsqualität: Die Kombination aus KI-Analysen und menschlicher Expertise führte zu präziseren und fundierteren Entscheidungen.

4. Vorteile von Augmented Intelligence: Mensch und Maschine im Einklang

Augmented Intelligence bietet zahlreiche Vorteile, sowohl für Unternehmen als auch für die Mitarbeitenden:

Verbesserte Entscheidungsqualität:
Die Kombination aus KI-Analysen und menschlichem Urteilsvermögen führt zu fundierteren Entscheidungen.

Effizienzsteigerung:
Prozesse werden beschleunigt, da KI Routineaufgaben übernimmt und relevante Informationen schneller bereitstellt.

Stärkung der menschlichen Expertise:
Mitarbeitende können sich auf strategische und kreative Aufgaben konzentrieren, während die KI ihnen die analytischen Grundlagen liefert.

Flexibilität:
Augmented Intelligence ist in einer Vielzahl von Branchen und Anwendungsfeldern einsetzbar, von Finanzdienstleistungen über Marketing bis hin zur Medizin.

5. Herausforderungen und Lösungsansätze

Trotz ihrer Vorteile bringt Augmented Intelligence auch Herausforderungen mit sich, die Unternehmen bewältigen müssen:

Datenqualität:
Die Qualität der KI-Analysen hängt maßgeblich von den zugrunde liegenden Daten ab. Unternehmen sollten sicherstellen, dass ihre Daten vollständig, konsistent und frei von Bias sind.

Akzeptanz:
Mitarbeitende könnten Bedenken haben, dass KI ihre Arbeit ersetzt. Unternehmen sollten daher klar kommunizieren, dass Augmented Intelligence darauf abzielt, die menschliche Arbeit zu unterstützen, nicht zu ersetzen.

Datenschutz:
Die Verarbeitung personenbezogener und sensibler Daten muss den geltenden Datenschutzgesetzen entsprechen.

Schulung:
Mitarbeitende benötigen Schulungen, um die Ergebnisse der KI zu verstehen und sinnvoll in ihre Arbeit zu integrieren.

Fazit: Augmented Intelligence als Zukunft der Zusammenarbeit

Augmented Intelligence zeigt, wie KI die menschliche Expertise nicht nur ergänzt, sondern auch steigert. Sie ermöglicht datenbasierte Entscheidungsfindung, kontextbezogene Unterstützung und eine effizientere Ressourcennutzung. Der Mensch bleibt dabei der zentrale Akteur, während die KI als unterstützendes Werkzeug fungiert, das die Grundlage für fundierte Entscheidungen und kreative Lösungen liefert.

Unternehmen, die Augmented Intelligence erfolgreich implementieren, werden in der Lage sein, die Zusammenarbeit zu revolutionieren und gleichzeitig die Qualität ihrer Arbeit zu verbessern.

„Nimm-das-mit"-Box: Augmented Intelligence

1. Kernbotschaften

Augmented Intelligence kombiniert menschliche Kreativität und Intuition mit den analytischen Fähigkeiten der KI.

Sie unterstützt datenbasierte Entscheidungsfindung und bietet kontextbezogene Hilfe in Echtzeit.

Der Mensch bleibt zentraler Entscheidungsträger, während die KI als unterstützendes Werkzeug fungiert.

2. Praktische Tipps

Datenqualität sicherstellen: Bereinigen und konsolidieren Sie Ihre Daten, um präzisere Ergebnisse zu erzielen.

Schulungen anbieten: Schulen Sie Mitarbeitende im Umgang mit KI-Systemen, um die Akzeptanz zu fördern.

Ergebnisse kritisch prüfen: Vertrauen Sie den Analysen der KI, hinterfragen Sie diese aber stets mit menschlichem Urteilsvermögen.

3. Übungen

Datenanalyse: Evaluieren Sie, welche Bereiche in Ihrem Unternehmen von datenbasierter Entscheidungsfindung profitieren könnten.

Pilotprojekt: Testen Sie eine Augmented-Intelligence-Plattform in einem kleinen Team, um deren Potenzial zu bewerten.

3.4 Erfolgsstory: Ein Ingenieursteam revolutioniert Problemlösungsprozesse mit KI

In einer zunehmend vernetzten und komplexen Arbeitswelt stehen globale Teams vor besonderen Herausforderungen. Besonders dann, wenn es darum geht, schnell und effektiv Lösungen für technische Probleme zu finden, kann die Identifikation der richtigen Expert*innen entscheidend sein. Diese Erfolgsstory zeigt, wie ein globales Ingenieursteam mithilfe einer KI-Plattform seine Problemlösungsprozesse revolutioniert hat, indem es die Expertise seiner Mitglieder gezielt und effizient einsetzte.

Das Problem: Schwierigkeiten bei der Identifikation von Expert*innen

Das Ingenieursteam eines weltweit tätigen Unternehmens war für die Wartung und Optimierung von Maschinen und Anlagen in unterschiedlichen Branchen verantwortlich. Die Komplexität der Aufgaben und die geografische Verteilung der Mitarbeitenden führten jedoch zu erheblichen Herausforderungen:

Unübersichtliche Expertise:
Das Unternehmen beschäftigte hunderte Ingenieur*innen mit unterschiedlichsten Spezialisierungen. Es fehlte jedoch eine zentrale Datenbank, die die Erfahrungen und Fachkenntnisse der Mitarbeitenden systematisch erfasste.

Zeitaufwändige Expertensuche:
Bei technischen Problemen dauerte es oft Wochen, bis die passenden Fachleute identifiziert und in die Problemlösung eingebunden werden konnten. Dies führte zu Verzögerungen in Projekten und erhöhten Kosten.

Frustration im Team:
Viele Mitarbeitende hatten das Gefühl, dass ihre Fähigkeiten nicht ausreichend genutzt wurden. Gleichzeitig waren andere überlastet, da immer wieder dieselben Personen für Problemlösungen herangezogen wurden.

Die Kombination aus ineffizienter Ressourcenverteilung und gestiegenem Druck auf Einzelne führte zu einer spürbaren Beeinträchtigung der Produktivität und Mitarbeiterzufriedenheit.

Die Lösung: Einführung einer KI-Plattform zur Expertise-Identifikation

Um diese Herausforderungen zu bewältigen, entschied sich das Ingenieursteam für die Implementierung einer KI-gestützten Plattform. Ziel war es, die Expertise der Mitarbeitenden systematisch zu erfassen und sie bei Bedarf schnell und präzise abrufen zu können.

Erfassung von Fachkenntnissen und Erfahrungen:
Die Plattform sammelte und analysierte Daten aus verschiedenen Quellen, darunter:

Lebensläufe und Zertifizierungen der Mitarbeitenden.

Projektberichte und technische Dokumentationen.

Interne Kommunikationskanäle, in denen Mitarbeitende ihre Expertise teilten oder Fragen beantworteten.

Mithilfe von Natural Language Processing (NLP) konnte die KI die Informationen automatisch kategorisieren und ein detailliertes Kompetenzprofil für jeden *Mitarbeitenden* erstellen.

Automatisierte Expertensuche:
Die Plattform ermöglichte es, innerhalb von Sekunden relevante Expert*innen für spezifische Aufgaben oder Probleme zu identifizieren. Suchanfragen konnten auf Basis von Schlüsselwörtern, Technologien oder spezifischen Aufgabenstellungen gestellt werden.

Beispiel: Bei einem Problem mit einer bestimmten Maschinenkomponente suchte die KI nach Mitarbeitenden, die bereits ähnliche Probleme gelöst hatten oder über spezifisches Wissen zu dieser Komponente verfügten.

Integration in den Arbeitsfluss:
Die Plattform wurde nahtlos in bestehende Tools wie das Projektmanagement-System und die Kommunikationsplattform des Unternehmens integriert. So konnten Projektmanager*innen direkt aus ihren gewohnten Arbeitsumgebungen auf die Expertise-Datenbank zugreifen.

Das Ergebnis: Effizienz und Zufriedenheit gesteigert

Die Implementierung der KI-Plattform führte zu bemerkenswerten Verbesserungen in den Arbeitsabläufen des Ingenieursteams:

Verkürzte Problemlösungszeiten:
Die durchschnittliche Zeit, um passende Expert*innen für technische Probleme zu finden, wurde um **50 %** reduziert. Dies führte nicht nur zu schnelleren Lösungen, sondern auch zu einer erheblichen Senkung der Projektkosten.

Bessere Auslastung der Mitarbeitenden:
Durch die systematische Erfassung von Fachkenntnissen wurden Mitarbeitende gezielt für Aufgaben eingesetzt, die ihrer Expertise entsprachen. Dies reduzierte die Überlastung einzelner und stellte sicher, dass alle Teammitglieder ihr volles Potenzial ausschöpfen konnten.

Höhere Mitarbeiterzufriedenheit:
Die gezielte Einbindung der individuellen Fähigkeiten führte zu einer spürbaren Verbesserung der Arbeitszufriedenheit. Ein Teammitglied kommentierte:

„Mit der KI ist es, als hätten wir jederzeit einen Expertenpool zur Hand. Es fühlt sich großartig an, zu wissen, dass meine Fähigkeiten geschätzt und sinnvoll eingesetzt werden."

Förderung interner Vernetzung:
Die Plattform zeigte nicht nur die Expertise der Mitarbeitenden auf, sondern förderte auch die interne Vernetzung. Mitarbeitende konnten Kolleg*innen

mit ähnlichen Interessen oder Fachgebieten leichter finden und sich über Best Practices austauschen.

Lernpotenziale aus dieser Erfolgsstory

Die Erfahrungen des Ingenieursteams bieten wertvolle Einblicke für Unternehmen, die ähnliche Herausforderungen bewältigen möchten:

Systematische Erfassung von Wissen:
Eine zentrale Plattform, die die Fachkenntnisse und Erfahrungen von Mitarbeitenden dokumentiert, ist der Schlüssel zu effizienteren Problemlösungsprozessen.

Automatisierung von Routineaufgaben:
Die automatisierte Expertensuche spart nicht nur Zeit, sondern reduziert auch die Fehleranfälligkeit, die durch manuelle Prozesse entstehen kann.

Integration in bestehende Systeme:
Die nahtlose Integration der KI-Plattform in bestehende Arbeitsumgebungen erleichtert die Nutzung und erhöht die Akzeptanz bei den Mitarbeitenden.

Mensch und Maschine im Einklang:
Obwohl die KI eine zentrale Rolle bei der Datenanalyse und Expertensuche spielte, blieb der Mensch der entscheidende Akteur. Die Plattform unterstützte die Mitarbeitenden, ohne ihre Autonomie oder ihr Urteilsvermögen einzuschränken.

Herausforderungen und Lösungsansätze

Trotz des Erfolgs gab es auch Herausforderungen bei der Einführung der KI-Plattform, die gemeistert werden mussten:

Datenqualität:
Die anfängliche Erfassung und Bereinigung der Daten war zeitaufwändig. Das Unternehmen investierte in Workshops und Schulungen, um Mitarbeitende für die Bedeutung genauer und vollständiger Daten zu sensibilisieren.

Akzeptanz der Mitarbeitenden:
Einige Mitarbeitende waren anfangs skeptisch gegenüber der neuen Technologie. Durch regelmäßige Kommunikation und die Einbindung der

Mitarbeitenden in den Implementierungsprozess konnten diese Bedenken ausgeräumt werden.

Datenschutz:
Die Plattform verarbeitete sensible Informationen über die Fähigkeiten und Erfahrungen der Mitarbeitenden. Das Unternehmen stellte sicher, dass alle Datenschutzanforderungen eingehalten wurden, und gewährte den Mitarbeitenden volle Transparenz über die erfassten Daten.

Fazit: Eine Revolution der Problemlösungsprozesse durch KI

Diese Erfolgsstory zeigt, wie Künstliche Intelligenz nicht nur die Effizienz steigern, sondern auch die Arbeitszufriedenheit in einem global agierenden Ingenieursteam verbessern kann. Durch die gezielte Nutzung von KI zur Identifikation von Expert*innen konnte das Unternehmen nicht nur Problemlösungszeiten halbieren, sondern auch eine stärkere Wertschätzung der individuellen Fähigkeiten seiner Mitarbeitenden fördern.

Die Erfahrungen des Ingenieursteams verdeutlichen, dass KI nicht als Ersatz, sondern als Ergänzung menschlicher Expertise verstanden werden sollte. Wenn Technologie und menschliches Wissen Hand in Hand arbeiten, können Unternehmen ihre Prozesse optimieren und gleichzeitig eine Kultur der Wertschätzung und Zusammenarbeit schaffen.

„Nimm-das-mit"-Box: Erfolgsstory des Ingenieursteams

1. Kernbotschaften

Eine KI-Plattform ermöglichte es, Expert*innen für komplexe Probleme in Sekundenschnelle zu identifizieren.

Die Problemlösungszeit wurde um 50 % reduziert, was die Effizienz und die Zufriedenheit der Mitarbeitenden steigerte.

Menschliche Expertise und KI-gestützte Analysen ergänzten sich optimal.

2. Praktische Tipps

Wissen zentralisieren: Erfassen Sie die Fachkenntnisse Ihrer Mitarbeitenden in einer zentralen, zugänglichen Datenbank.

Datenqualität priorisieren: Stellen Sie sicher, dass die erfassten Daten vollständig, genau und aktuell sind.

Kommunikation fördern: Erklären Sie den Nutzen der KI-Plattform, um die Akzeptanz bei den Mitarbeitenden zu steigern.

3. Übungen

Analyseübung: Identifizieren Sie in Ihrem Unternehmen Bereiche, in denen die Identifikation von Expert*innen eine Herausforderung darstellt.

Pilotprojekt: Testen Sie eine KI-gestützte Plattform zur Expertise-Identifikation in einem kleinen Team und evaluieren Sie die Ergebnisse.

3.5 Playbook: In 10 Schritten zum KI-empowered Team

Die Einführung von KI in die Teamarbeit ist eine transformative Reise, die Strategie, Planung und klare Zielsetzungen erfordert. Dieses Playbook bietet eine Schritt-für-Schritt-Anleitung, um Teams zu einem KI-gestützten, produktiveren und effizienteren Arbeitsumfeld zu führen. Mit einem systematischen Ansatz gelingt es, Herausforderungen zu bewältigen, Potenziale auszuschöpfen und langfristigen Erfolg sicherzustellen.

1. Bedarfsanalyse: Den Ausgangspunkt definieren

Bevor KI-Technologien eingeführt werden, ist es entscheidend, die aktuellen Herausforderungen in der Teamzusammenarbeit zu identifizieren. Eine gründliche Bedarfsanalyse hilft, die richtigen Prioritäten zu setzen und sicherzustellen, dass die Implementierung auf die spezifischen Bedürfnisse des Teams zugeschnitten ist.

Zentrale Fragen:

Welche Probleme behindern die Zusammenarbeit aktuell?

Welche Prozesse könnten durch Automatisierung beschleunigt werden?

Wo fehlt es an Transparenz oder Effizienz?

Methoden:

Workshops: Moderierte Diskussionen mit Teammitgliedern, um Herausforderungen und Verbesserungsvorschläge zu sammeln.

Befragungen: Anonyme Umfragen, um ehrliches Feedback über die Arbeitsprozesse zu erhalten.

Beispiel:
Ein Marketingteam identifiziert, dass sie zu viel Zeit mit der manuellen Erstellung von Berichten verbringen. Gleichzeitig gibt es Kommunikationsprobleme, da Informationen über mehrere Tools verstreut sind.

2. Auswahl der Tools: Die richtigen Plattformen finden

Nach der Bedarfsanalyse folgt die Auswahl geeigneter Plattformen. Tools mit integrierten KI-Funktionen wie Automatisierung, Datenanalyse und Vorhersagemodellen bieten die Grundlage für den Erfolg eines KI-empowered Teams.

Kriterien für die Tool-Auswahl:

Verfügt die Plattform über KI-basierte Funktionen wie Automatisierung, Natural Language Processing (NLP) oder Datenanalyse?

Ist das Tool mit bestehenden Systemen kompatibel?

Ist die Benutzeroberfläche intuitiv und benutzerfreundlich?

Empfohlene Tools:

Kommunikation: Slack, Microsoft Teams (mit NLP-gestützter Suche).

Projektmanagement: Asana, Trello (mit automatisierter Priorisierung).

Datenanalyse: Tableau, Power BI (mit KI-basierter Visualisierung).

Beispiel:
Ein IT-Team entscheidet sich für Microsoft Teams, da die Plattform nicht nur Echtzeit-Kommunikation ermöglicht, sondern auch KI-gestützte

Funktionen wie automatische Zusammenfassungen von Besprechungen bietet.

3. Pilotprojekte starten: Klein anfangen, groß denken

Pilotprojekte bieten eine kontrollierte Umgebung, um die Implementierung neuer Technologien zu testen. Sie ermöglichen es, erste Erfahrungen zu sammeln, Schwachstellen zu identifizieren und das Team schrittweise an die neuen Arbeitsweisen heranzuführen.

Ziele setzen: Klare Zielsetzungen für das Pilotprojekt definieren, z. B. die Reduzierung der Durchlaufzeit von Aufgaben oder die Verbesserung der Kommunikation.

Team auswählen: Ein kleines, engagiertes Team bestimmen, das bereit ist, neue Technologien auszuprobieren.

Ergebnisse evaluieren: Daten sammeln und analysieren, um den Erfolg des Pilotprojekts zu bewerten.

Beispiel:
Ein Vertriebsteam testet eine KI-Plattform, die Leads priorisiert, basierend auf deren Wahrscheinlichkeit, einen Kauf abzuschließen. Innerhalb eines Monats zeigt sich, dass die Erfolgsrate bei Leads um 15 % gestiegen ist.

4. Schulungen durchführen: Technologie verstehen und nutzen lernen

Die Einführung neuer Technologien erfordert Schulungen, um sicherzustellen, dass alle Teammitglieder die Tools effektiv nutzen können. Ohne das nötige Wissen könnten Unsicherheiten oder Widerstände entstehen, die den Erfolg gefährden.

Schulungsformate:

Workshops: Interaktive Sitzungen, in denen die Funktionen der Tools erklärt und geübt werden.

E-Learning: Online-Kurse, die zeit- und ortsunabhängig absolviert werden können.

Peer-Learning: Erfahrene Teammitglieder teilen ihr Wissen mit Kolleg*innen.

Fokus auf Praxis:

Schulungen sollten praxisnah sein und reale Anwendungsfälle aus dem Arbeitsalltag der Teilnehmenden aufgreifen.

Regelmäßige Auffrischungskurse helfen, neue Funktionen kennenzulernen und vorhandenes Wissen zu vertiefen.

Beispiel:

Ein Unternehmen organisiert monatliche Workshops, in denen Mitarbeitende lernen, wie sie KI-gestützte Analysen in ihrer täglichen Arbeit nutzen können.

5. Datensilos eliminieren: Ein nahtloser Datenfluss

Datensilos – isolierte Datenbestände, die nicht miteinander kommunizieren – sind eine der größten Barrieren für effiziente Teamarbeit. Die Integration von Systemen ist essenziell, um einen nahtlosen Datenfluss zu gewährleisten.

Systemintegration:

Bestehende Tools und Plattformen miteinander verbinden, z. B. CRM-Systeme mit Projektmanagement-Tools.

APIs und Middleware einsetzen, um den Datenaustausch zu automatisieren.

Datenzugänglichkeit:

Sicherstellen, dass wichtige Informationen für alle relevanten Teammitglieder zugänglich sind.

Rollenbasierte Zugriffsrechte definieren, um den Datenschutz zu gewährleisten.

Beispiel:

Ein Produktionsunternehmen integriert seine Bestandsverwaltungssoftware mit dem Kundendienst-System. Dadurch erhalten Kundenberater*innen in Echtzeit Informationen über die Verfügbarkeit von Produkten.

6. Prozesse automatisieren: Zeit für das Wesentliche schaffen

KI ist besonders effektiv, wenn es darum geht, Routineaufgaben zu automatisieren. Dies gibt Mitarbeitenden mehr Zeit, sich auf strategische und kreative Tätigkeiten zu konzentrieren.

Geeignete Prozesse identifizieren:

Aufgaben, die repetitive und zeitaufwändige Tätigkeiten beinhalten, wie z. B. Berichterstellung, Terminplanung oder Datenanalyse.

Automatisierungsbeispiele:

Berichterstellung: Automatische Erstellung von Dashboards und Berichten basierend auf Echtzeit-Daten.

Terminplanung: KI-gestützte Kalender-Tools, die automatisch geeignete Zeiten für Meetings vorschlagen.

Beispiel:
Ein HR-Team nutzt eine KI-Plattform, die automatisch Lebensläufe analysiert und geeignete Bewerber*innen für offene Stellen vorschlägt.

7. Feedback einholen: Kontinuierliche Optimierung

Feedback ist entscheidend, um die Nutzung der Tools zu verbessern und sicherzustellen, dass sie den Bedürfnissen der Mitarbeitenden entsprechen.

Methoden zur Feedback-Sammlung:

Regelmäßige Umfragen oder Feedback-Runden.

Analysetools, die die Nutzung und Effizienz der Plattformen messen.

Auf Feedback reagieren:

Anpassungen und Verbesserungen basierend auf den Rückmeldungen der Mitarbeitenden vornehmen.

Erfolgsgeschichten teilen, um die Akzeptanz zu fördern.

Beispiel:

Nach Feedback von Mitarbeitenden passt ein Unternehmen die Benutzeroberfläche der KI-Plattform an, um die Navigation zu erleichtern.

8. Erfolgsmessung: Den Fortschritt sichtbar machen

Die Einführung von KI-Technologien sollte anhand klarer Kennzahlen (KPIs) gemessen werden, um den Erfolg zu bewerten und Verbesserungspotenziale zu identifizieren.

Beispiele für KPIs:

Effizienz: Zeitersparnis bei bestimmten Prozessen.

Mitarbeiterzufriedenheit: Verbesserte Arbeitsbedingungen und Zufriedenheit durch Umfragen messen.

Qualität: Höhere Genauigkeit oder bessere Ergebnisse durch KI-gestützte Prozesse.

Beispiel:

Ein Unternehmen misst die durchschnittliche Zeit, die für die Erstellung von Berichten benötigt wird, und dokumentiert eine Reduktion um 30 % nach der Einführung einer KI-Plattform.

9. Skalierung: Erfolgreiche Ansätze ausrollen

Nach einem erfolgreichen Pilotprojekt können die bewährten Ansätze auf weitere Teams oder Abteilungen ausgeweitet werden.

Best Practices dokumentieren:

Erfolgreiche Prozesse und Strategien dokumentieren, um sie leichter auf andere Teams übertragen zu können.

Schrittweise Skalierung:

Die Implementierung in weiteren Teams schrittweise vornehmen, um den Erfolg zu sichern.

Beispiel:

Ein Unternehmen startet mit einem kleinen Team im Marketing und führt die

KI-gestützte Plattform anschließend in den Bereichen Vertrieb und Kundenservice ein.

10. Kontinuierliche Verbesserung: Flexibel bleiben

Die Arbeit mit KI erfordert eine kontinuierliche Anpassung an neue Herausforderungen und Technologien. Unternehmen sollten flexibel bleiben und ihre Strategien regelmäßig überprüfen.

Technologische Updates:

Die Plattformen regelmäßig aktualisieren, um neue Funktionen zu nutzen.

Neue Herausforderungen annehmen:

Die Strategie an veränderte Bedingungen oder neue Anforderungen anpassen.

Beispiel:

Ein Unternehmen erweitert seine KI-Plattform, um zusätzliche Sprachen zu unterstützen, da das Team internationaler wird.

Fazit: Der Weg zum KI-empowered Team

Der Weg zu einem KI-gestützten Team erfordert Planung, Engagement und eine klare Strategie. Indem Unternehmen sich an diesem Playbook orientieren, können sie die Vorteile von KI-Technologien nutzen, um die Zusammenarbeit zu verbessern, die Effizienz zu steigern und ihre Teams für die Zukunft zu stärken.

„Nimm-das-mit"-Box: Kapitel 3

1. Kernbotschaften

Künstliche Intelligenz erleichtert die Kommunikation und das Projektmanagement in digitalen Teams durch Automatisierung und Datenanalysen.

Augmented Intelligence verbindet die analytischen Stärken von KI mit menschlicher Kreativität und Intuition, um fundierte Entscheidungen zu ermöglichen.

Kollaborative Plattformen mit KI-Unterstützung fördern Teamwork, Innovation und eine effizientere Nutzung von Ressourcen.

2. Praktische Tipps

Pilotprojekte durchführen: Testen Sie KI-gestützte Tools wie Projektmanagement-Software mit automatisierten Workflows, um deren Nutzen zu bewerten.

Augmented Intelligence einsetzen: Nutzen Sie KI, um komplexe Entscheidungen zu unterstützen, etwa durch datenbasierte Analysen oder kontextbezogene Vorschläge.

Schulungen anbieten: Schulen Sie Teams im Umgang mit KI-Technologien, um die Akzeptanz zu fördern und die effektive Nutzung der Tools sicherzustellen.

3. Übungen

Reflexion: Analysieren Sie die aktuellen Herausforderungen in der Teamkommunikation. Überlegen Sie, welche spezifischen Probleme durch den Einsatz von KI gelöst werden könnten.

Aktivität: Starten Sie ein Pilotprojekt mit einer kollaborativen Plattform, die KI-gestützte Funktionen bietet. Bewerten Sie anschließend die Ergebnisse hinsichtlich Effizienz und Zufriedenheit.

4. Checkliste

Sind die Bedürfnisse und Ziele des Teams klar definiert?

Sind die gewählten Tools benutzerfreundlich und nahtlos in die bestehende Infrastruktur integriert?

Wird der Erfolg der KI-Implementierung regelmäßig evaluiert und dokumentiert?

5. Inspirierende Zitate oder Beispiele

Zitat: „KI bringt Menschen zusammen und löst Probleme schneller als je zuvor."

Beispiel: Ein global agierendes Ingenieursteam implementierte eine KI-Plattform, die Fachkenntnisse analysierte und Expert*innen in Sekundenschnelle identifizierte – die Problemlösungszeiten wurden um 50 % reduziert.

Kapitel 4: Von Mensch zu Mensch: Vertrauen und Akzeptanz für KI

Vertrauen ist eine essenzielle Grundlage für jede Form der Zusammenarbeit – sei es zwischen Menschen oder zwischen Mensch und Maschine. Im Kontext der Künstlichen Intelligenz (KI) wird Vertrauen zu einer noch größeren Herausforderung, da KI-Systeme auf komplexen Algorithmen und Datenmodellen basieren, die für viele Nutzer*innen nicht unmittelbar nachvollziehbar sind. Ohne Vertrauen in die Zuverlässigkeit, Fairness und Transparenz von KI-Systemen stehen Unternehmen vor erheblichen Schwierigkeiten, diese Technologien erfolgreich zu implementieren und ihr Potenzial auszuschöpfen.

In diesem Abschnitt wird beleuchtet, warum Vertrauen ein zentraler Erfolgsfaktor für die Einführung von KI ist, welche Risiken ein Mangel an Vertrauen birgt und wie Unternehmen gezielt Maßnahmen ergreifen können, um Vertrauen aufzubauen.

1. Die Bedeutung von Vertrauen in KI-Systeme

Die Einführung von KI in Unternehmen verändert Arbeitsprozesse, Entscheidungswege und das Verhältnis zwischen Mitarbeitenden und Technologie. Damit diese Transformation gelingt, ist Vertrauen in die Technologie unerlässlich.

1.1 Vertrauen als Grundlage der Mensch-Maschine-Interaktion

Vertrauen ist der Schlüssel, um die Akzeptanz von KI-Systemen bei den Mitarbeitenden zu fördern. Ohne ein grundlegendes Vertrauen in die Technologie werden Mitarbeitende:

Zögern, KI-gestützte Tools zu nutzen.

Die Ergebnisse und Empfehlungen der KI hinterfragen oder ignorieren.

Widerstand gegen die Einführung neuer Technologien leisten.

Ein Beispiel: Angenommen, ein Unternehmen führt eine KI-Plattform ein, die Personaleinsatzpläne optimiert. Wenn Mitarbeitende die Ergebnisse der KI nicht nachvollziehen oder ihr misstrauen, werden sie die vorgeschlagenen Pläne möglicherweise ablehnen, selbst wenn diese objektiv betrachtet eine Verbesserung darstellen.

1.2 Vertrauen als Voraussetzung für Effizienz und Effektivität

Das Vertrauen in KI beeinflusst nicht nur die Akzeptanz, sondern auch die Effizienz der Arbeitsprozesse:

Höhere Produktivität: Mitarbeitende, die der KI vertrauen, integrieren diese reibungslos in ihre Arbeitsabläufe und nutzen ihre Funktionen vollumfänglich.

Schnellere Entscheidungsfindung: Vertrauen in die Analysen und Empfehlungen der KI führt zu einer zügigeren Umsetzung von Entscheidungen.

Langfristige Investitionen: Unternehmen, die Vertrauen in ihre KI-Systeme aufbauen, maximieren den Return on Investment (ROI) ihrer KI-Projekte.

2. Risiken eines Mangels an Vertrauen

Ein Mangel an Vertrauen kann schwerwiegende Folgen für Unternehmen haben, die KI-Technologien einführen möchten. Diese Risiken betreffen sowohl die Mitarbeitenden als auch die Organisation insgesamt.

2.1 Geringe Akzeptanz bei Mitarbeitenden

Ein häufiges Problem bei der Einführung von KI ist die Skepsis der Mitarbeitenden. Diese kann aus verschiedenen Gründen entstehen:

Unverständnis der Technologie: Mitarbeitende verstehen nicht, wie die KI funktioniert oder wie sie Entscheidungen trifft.

Angst vor Arbeitsplatzverlust: Es besteht die Befürchtung, dass KI ihre Arbeit ersetzen könnte.

Fehlende Transparenz: Wenn die Funktionsweise der KI nicht transparent erklärt wird, entsteht Misstrauen.

Beispiel:
Ein Unternehmen führt eine KI-gestützte Plattform ein, die Kundenanfragen automatisch priorisiert. Mitarbeitende im Kundenservice befürchten, dass die KI ihren Aufgabenbereich einschränkt oder sie langfristig ersetzt. Dies führt dazu, dass die Plattform kaum genutzt wird, was die Effizienzgewinne schmälert.

2.2 Verzögerte Implementierung durch Widerstände

Widerstände der Mitarbeitenden können die Einführung von KI-Projekten erheblich verzögern. Diese Verzögerungen führen zu:

Steigenden Kosten: Projekte dauern länger und erfordern zusätzliche Ressourcen.

Verpassten Chancen: Unternehmen können nicht von den potenziellen Vorteilen der KI profitieren, wie z. B. Effizienzsteigerungen oder Wettbewerbsvorteilen.

2.3 Reduzierter ROI durch unzureichende Nutzung

Selbst wenn KI-Systeme implementiert werden, können sie ihr volles Potenzial nur entfalten, wenn sie effektiv genutzt werden. Ein Mangel an Vertrauen führt dazu, dass:

Funktionen nicht vollständig ausgeschöpft werden.

KI-gestützte Entscheidungen ignoriert werden, was ineffiziente Prozesse zur Folge hat.

3. Strategien zum Aufbau von Vertrauen in KI

Um Vertrauen in KI-Systeme aufzubauen, müssen Unternehmen gezielte Maßnahmen ergreifen. Dabei spielen Transparenz, Schulungen und die Einbindung der Mitarbeitenden eine zentrale Rolle.

3.1 Transparenz schaffen

Vertrauen erfordert Transparenz – insbesondere bei Technologien, die für viele Nutzende schwer zu durchschauen sind. Unternehmen sollten:

Erklärbarkeit: Die Funktionsweise der KI verständlich erklären, z. B. durch visuelle Darstellungen oder einfache Analogien.

Einsicht in Datenquellen: Offenlegen, welche Daten die KI nutzt und wie diese verarbeitet werden.

Klarheit bei Entscheidungen: Angeben, wie die KI zu ihren Empfehlungen oder Ergebnissen gelangt.

Beispiel:

Ein Unternehmen nutzt eine KI, die Bewerber*innen auf Basis ihrer Lebensläufe bewertet. Durch die Offenlegung der Bewertungskriterien – etwa Berufserfahrung, Bildungsgrad oder spezifische Fähigkeiten – wird das Vertrauen in die Fairness der KI gestärkt.

3.2 Mitarbeitende schulen und einbeziehen

Schulungen und Workshops sind essenziell, um Ängste abzubauen und den Umgang mit der Technologie zu erleichtern. Dabei sollten Unternehmen:

Funktion und Nutzen vermitteln: Mitarbeitende über die Funktionsweise der KI und ihre Vorteile informieren.

Einbindung fördern: Mitarbeitende aktiv in die Implementierung einbeziehen und ihre Meinung einholen.

Weiterbildung anbieten: Regelmäßige Schulungen durchführen, um die Kompetenz im Umgang mit KI zu stärken.

Beispiel:

Ein Logistikunternehmen organisierte Workshops, in denen die Vorteile einer neuen KI-Lösung zur Routenoptimierung erläutert wurden. Mitarbeitende konnten Fragen stellen und Feedback geben, was die Akzeptanz der Technologie erheblich steigerte.

3.3 Menschliche Kontrolle gewährleisten

Ein zentraler Aspekt beim Vertrauensaufbau ist die Gewährleistung menschlicher Kontrolle. Mitarbeitende sollten das Gefühl haben, dass sie die Technologie überwachen und bei Bedarf eingreifen können.

Manuelle Eingriffsmöglichkeiten: Mitarbeitende sollten die Ergebnisse der KI überprüfen und bei Bedarf anpassen können.

Menschliche Verantwortlichkeit: Entscheidungen, die von der KI getroffen werden, sollten von Menschen überprüft und legitimiert werden.

4. Fallstudie: Vertrauensaufbau bei einem Logistikunternehmen

Ein globales Logistikunternehmen wollte KI-Technologien einführen, um Routen zu optimieren und Lagerbestände effizienter zu verwalten. Die Technologie versprach erhebliche Einsparungen und Effizienzgewinne, stieß jedoch auf Skepsis bei den Mitarbeitenden.

Das Problem:

Die Mitarbeitenden befürchteten, dass die Implementierung der KI langfristig ihre Arbeitsplätze gefährden könnte. Zudem bestand Unsicherheit darüber, wie die Technologie funktionierte und welche Auswirkungen sie auf bestehende Arbeitsprozesse haben würde.

Die Lösung:

Das Unternehmen setzte auf einen transparenten und partizipativen Ansatz, um Vertrauen aufzubauen:

Workshops: Es wurden regelmäßige Workshops organisiert, in denen die Funktionsweise der KI und ihre Vorteile verständlich erklärt wurden.

Feedback-Runden: Mitarbeitende konnten ihre Bedenken äußern und Vorschläge für die Verbesserung der Technologie machen.

Pilotprojekt: Die Technologie wurde zunächst in einem kleinen Bereich getestet, um erste Erfolge sichtbar zu machen und Vertrauen aufzubauen.

Das Ergebnis:

Die Akzeptanz der KI-Lösung stieg um **70 %**, da die Mitarbeitenden die Technologie besser verstanden und sich aktiv einbezogen fühlten.

Effizienzsteigerung: Die optimierten Routen und Lagerprozesse führten zu erheblichen Einsparungen und einer besseren Ressourcennutzung.

Höhere Zufriedenheit: Die Mitarbeitenden berichteten von einer verbesserten Arbeitsatmosphäre, da die KI sie bei Routineaufgaben unterstützte und entlastete.

Ein Mitarbeitender fasste es wie folgt zusammen:
„Die KI ersetzt uns nicht – sie macht unsere Arbeit einfacher und effizienter. Wir können uns auf die wirklich wichtigen Aufgaben konzentrieren."

5. Fazit: Vertrauen als Schlüssel zum Erfolg mit KI

Vertrauen ist ein unverzichtbarer Faktor für den Erfolg von KI-Projekten. Unternehmen, die es schaffen, das Vertrauen ihrer Mitarbeitenden in KI-Systeme zu gewinnen, profitieren von einer höheren Akzeptanz, einer effizienteren Nutzung der Technologie und einer verbesserten Arbeitsatmosphäre.

Die zentralen Maßnahmen zum Vertrauensaufbau umfassen:

Transparenz über die Funktionsweise und die Entscheidungen der KI.

Schulungen und Einbindung der Mitarbeitenden in den Implementierungsprozess.

Die Gewährleistung menschlicher Kontrolle und Verantwortlichkeit.

Die Fallstudie des Logistikunternehmens zeigt, dass ein partizipativer Ansatz und offene Kommunikation entscheidend sind, um Skepsis abzubauen und die Vorteile von KI-Technologien voll auszuschöpfen.

4.2 Transparenz und Nachvollziehbarkeit als Basis für Vertrauen

Die Einführung von Künstlicher Intelligenz (KI) in Unternehmen stellt nicht nur technologische Herausforderungen dar, sondern auch eine kulturelle.

Mitarbeitende und Entscheidungsträger müssen darauf vertrauen können, dass die KI-Systeme verlässlich, fair und nachvollziehbar arbeiten. Transparenz und Nachvollziehbarkeit bilden dabei das Fundament, um dieses Vertrauen aufzubauen.

Dieser Abschnitt beleuchtet, warum Transparenz in der Mensch-Maschine-Interaktion unverzichtbar ist, wie sie praktisch umgesetzt werden kann und welche positiven Effekte sie auf die Akzeptanz und den Erfolg von KI-Projekten hat. Zwei detaillierte Fallstudien – eine aus dem Gesundheitswesen und eine aus der Holzproduktion – zeigen praxisnah, wie Transparenz Vertrauen schafft und Effizienz steigert.

Um KI vertrauenswürdig zu machen, ist **Explainable AI (XAI)** von zentraler Bedeutung.

Technische Grundlagen

LIME (Local Interpretable Model-agnostic Explanations) erklärt KI-Entscheidungen visuell.

SHAP (Shapley Additive Explanations) quantifiziert den Einfluss einzelner Faktoren auf Vorhersagen.

Forschung & Quellen:

DARPA XAI-Initiative (2023) untersucht Methoden zur Erklärbarkeit von KI-Modellen.

Google AI: Transparenz in KI-gesteuerten Entscheidungsmodellen. Eine relevante Initiative ist das 'Explainable AI' (XAI) Programm von Google, das mit Tools wie 'What-If Tool' und 'TCAV (Testing with Concept Activation Vectors)' Transparenz in neuronalen Netzen verbessert. Zudem hat Google Research eine Studie veröffentlicht, die zeigt, wie interpretierbare maschinelle Lernmodelle für medizinische Diagnosen entwickelt werden können.

1. Warum Transparenz und Nachvollziehbarkeit entscheidend sind

1.1 Vertrauen durch Verständnis

Ein grundlegendes Hindernis für die Akzeptanz von KI ist das sogenannte „Black-Box-Problem". Viele KI-Systeme, insbesondere solche, die auf Machine Learning (ML) basieren, treffen Entscheidungen, die selbst für Expert*innen *schwer nachvollziehbar sind. Ohne Transparenz entsteht Misstrauen, da die Nutzer*innen* nicht verstehen, wie die KI arbeitet oder auf welchen Grundlagen ihre Ergebnisse basieren.

Beispiele für Transparenzfragen bei KI-Systemen:

Welche Daten werden verwendet, um Entscheidungen zu treffen?

Wie gewichtet die KI verschiedene Faktoren?

Warum wurde eine bestimmte Entscheidung getroffen?

1.2 Die Rolle von Explainable AI (XAI)

Explainable AI (erklärbare KI) ist ein Ansatz, der darauf abzielt, die Entscheidungsprozesse von KI-Systemen für Menschen verständlich zu machen. Dies erfolgt oft durch visuelle Darstellungen, einfache Erklärungen oder die Möglichkeit, Ergebnisse zu hinterfragen.

Vorteile von XAI:

Bessere Nachvollziehbarkeit von Entscheidungen.

Reduktion von Vorurteilen gegenüber der Technologie.

Höhere Bereitschaft, KI-Ergebnisse in Entscheidungsprozesse einzubinden.

2. Fallstudie: Explainable AI im Gesundheitswesen

Ein Krankenhaus stand vor der Herausforderung, eine KI-basierte Lösung zur Diagnosestellung einzuführen. Die KI sollte Ärzt*innen unterstützen, indem sie anhand von Patientendaten Krankheiten schneller und genauer diagnostiziert.

Das Problem:

Die Einführung der KI stieß zunächst auf Widerstand. Viele Ärzt*innen befürchteten, dass die Technologie ihre Expertise infrage stellen könnte. Zudem herrschte Unsicherheit darüber, wie die KI zu ihren Diagnosen gelangte.

Die Lösung:

Das Krankenhaus entschied sich für den Einsatz von Explainable AI (XAI), das die Entscheidungsprozesse der KI transparent machte:

Visualisierung der Entscheidungswege: Die KI zeigte auf, welche Patientendaten (z. B. Laborwerte, Symptome) sie analysierte und wie sie diese gewichtete.

Validierung durch Ärzt*innen: Die Ärzt*innen konnten die Ergebnisse der KI überprüfen und mit ihrer eigenen Expertise abgleichen.

Schulungen: Workshops vermittelten den medizinischen Mitarbeitenden, wie die KI arbeitet und wie sie als unterstützendes Werkzeug genutzt werden kann.

Das Ergebnis:

Höhere Akzeptanz: Die Akzeptanzrate der KI stieg erheblich, da die Ärzt*innen die Technologie als Ergänzung ihrer Arbeit wahrnahmen und nicht als Konkurrenz.

Verbesserte Diagnosen: Die Diagnoserate verbesserte sich um **20 %**, da die KI-Anwendungen durch ihre Datenanalysen wichtige Muster erkannten, die zuvor übersehen wurden.

Ein Arzt kommentierte:
„Die KI ist wie ein Kollege, der uns auf Details hinweist, die wir vielleicht übersehen hätten. Sie ersetzt uns nicht, sondern macht uns besser."

3. Detaillierte Fallstudie: KI-basierte Qualitätssicherung in der Holzproduktion

3.1 Ausgangslage

Ein mittelständisches Unternehmen, das sich auf die Herstellung von Massivholzböden spezialisiert hat, sah sich mit mehreren Herausforderungen konfrontiert:

Fehlererkennung: Astlöcher, Risse und Farbabweichungen waren mit manuellen Methoden schwer zu identifizieren.

Effizienzprobleme: Die Qualitätssicherung war zeitintensiv und abhängig von der Erfahrung der Mitarbeitenden.

Steigender Wettbewerb: Kunden erwarteten konstant hohe Qualität und schnelle Lieferzeiten.

Das Unternehmen setzte sich das Ziel, eine KI-basierte Lösung einzuführen, die Fehler präzise erkennt und gleichzeitig die Expertise der Mitarbeitenden einbezieht.

3.2 Technologische Einführung

Die Lösung bestand aus einem hochentwickelten Bildverarbeitungssystem, das direkt in die Produktionslinie integriert wurde:

Hardware:

Hochauflösende Kameras: Erfassen jedes Holzbretts in Echtzeit.

Edge-Computing-Geräte: Analysieren die Bilder ohne Verzögerung direkt vor Ort.

Software:

Convolutional Neural Networks (CNNs): Trainiert auf tausenden Holzbildern, um Fehler wie Astlöcher, Risse und Farbabweichungen zu erkennen.

Automatisierte Fehlerklassifikation: Markiert erkannte Fehler direkt auf dem Holz und dokumentiert diese für die weitere Verarbeitung.

Pilotphase:

Das System wurde zunächst an einer einzigen Produktionslinie getestet, um Fehler zu identifizieren und Optimierungen vorzunehmen.

3.3 Integration der Mitarbeitenden

Um die Akzeptanz der neuen Technologie zu fördern, setzte das Unternehmen auf einen partizipativen Ansatz:

Workshops und Schulungen:

Interaktive Sitzungen erklärten die Funktionsweise der KI und zeigten, wie die Ergebnisse zu interpretieren sind.

Transparente Kommunikation:

Die Botschaft „Die KI unterstützt euch, sie ersetzt euch nicht" wurde in regelmäßigen Meetings und durch Feedbackrunden vermittelt.

Praxistraining:

Mitarbeitende arbeiteten parallel mit der KI, bevor diese vollständig in den Betrieb integriert wurde.

3.4 Ergebnisse

Die Implementierung führte zu deutlichen Verbesserungen:

Effizienzsteigerung:

Die Fehlererkennungsrate stieg um **40 %**.

Die Durchlaufzeit der Qualitätsprüfung wurde um **25 %** reduziert.

Höhere Produktqualität:

Konsistent hochwertige Produkte führten zu einer höheren Kundenzufriedenheit.

Fehlproduktionen und Materialverschwendung wurden minimiert.

Vertrauen und Akzeptanz:

Mitarbeitende äußerten, dass die KI ihnen den Druck nahm, jeden Fehler manuell zu finden.

Die Schulungsmaßnahmen führten zu einem hohen Grad an Zusammenarbeit zwischen Mensch und Maschine.

Nachhaltigkeitsvorteile:

Reduktion von Ausschuss und besserer Einsatz von Ressourcen.

3.5 Herausforderungen und Lösungsansätze

Initiale Skepsis der Mitarbeitenden:

Gelöst durch Schulungen, Workshops und transparente Kommunikation.

Anpassung der KI:

Das System wurde kontinuierlich weiterentwickelt, um Holzarten und spezifische Produktionsbedingungen zu berücksichtigen.

Hohe Anfangsinvestition:

Durch die Effizienzsteigerung und Fehlerreduktion war der ROI nach **18 Monaten** erreicht.

4. Tools und Ansätze für mehr Transparenz

Um Transparenz und Nachvollziehbarkeit zu gewährleisten, können Unternehmen folgende Tools und Ansätze nutzen:

Dashboard-Systeme:

Visualisieren die Entscheidungswege der KI und bieten eine benutzerfreundliche Oberfläche, um Ergebnisse zu überprüfen.

Workshops zur Funktionsweise:

Interaktive Sitzungen, die Mitarbeitenden helfen, komplexe Algorithmen und deren Ergebnisse zu verstehen.

Explainable AI (XAI):

Technologien wie LIME (Local Interpretable Model-agnostic Explanations) oder SHAP (Shapley Additive Explanations) ermöglichen es, die Entscheidungslogik von KI-Modellen visuell darzustellen.

5. Fazit: Transparenz als Brücke zwischen Mensch und KI

Transparenz und Nachvollziehbarkeit sind unverzichtbar, um Vertrauen in KI-Systeme aufzubauen. Die Fallstudien zeigen, dass Technologien wie Explainable AI und ein partizipativer Ansatz nicht nur die Akzeptanz von KI fördern, sondern auch die Effizienz und Qualität der Arbeit steigern können.

Unternehmen, die auf Transparenz setzen, schaffen eine Brücke zwischen Mensch und Maschine. Dies ermöglicht eine Zusammenarbeit, bei der die Stärken beider Seiten – menschliche Kreativität und technologische Präzision – optimal genutzt werden, um nachhaltigen Erfolg zu erzielen.

4.3 KI-Ethik: Prinzipien für einen verantwortungsvollen Umgang

Künstliche Intelligenz (KI) hat das Potenzial, die Arbeitswelt, das Wissensmanagement und das Talentmanagement fundamental zu transformieren. Doch mit dieser Macht geht eine ebenso große Verantwortung einher: KI-Systeme müssen fair, transparent und nicht diskriminierend sein. Besonders bei sensiblen Anwendungen, etwa in der Kompetenzanalyse, im Recruitment oder im Wissensmanagement, können unbewusste Verzerrungen in den zugrunde liegenden Daten oder Algorithmen zu unfairen und diskriminierenden Ergebnissen führen. Eine ethische KI-Nutzung erfordert daher klare Prinzipien, technische Maßnahmen und eine fundierte Governance-Struktur, um sicherzustellen, dass KI-Systeme im Einklang mit gesellschaftlichen und rechtlichen Normen agieren.

Ethische Prinzipien für KI-Systeme

1. Fairness

Definition: KI-Systeme müssen sicherstellen, dass ihre Entscheidungen keine Gruppen oder Individuen aufgrund von Merkmalen wie Geschlecht, Alter, Ethnie oder anderen sensiblen Kategorien systematisch benachteiligen.

Herausforderung: Algorithmen lernen aus historischen Daten, die oft bereits Vorurteile enthalten. Diese Verzerrungen können unbewusst verstärkt werden, wenn sie nicht aktiv adressiert werden.

Beispiel: Im „Amazon-Recruiting-Skandal" (2018) wurde ein KI-basiertes System entwickelt, um Bewerberinnen und Bewerber zu bewerten. Es stellte sich jedoch heraus, dass der Algorithmus Frauen systematisch benachteiligte, weil er aus historischen Daten trainiert wurde, in denen Männer in technischen Berufen überrepräsentiert waren.

2. Transparenz

Definition: Entscheidungen und Prozesse von KI-Systemen sollten nachvollziehbar und erklärbar sein. Dies gilt insbesondere für kritische Bereiche wie Einstellungsgespräche, Kreditwürdigkeitsprüfungen oder medizinische Diagnosen.

Anwendung: Transparenz bedeutet, dass sowohl die Funktionsweise eines Modells als auch die zugrunde liegenden Daten und deren Einfluss auf die Entscheidungen offengelegt werden.

Beispiel: Die **IEEE Standards for AI Transparency** empfehlen detaillierte Dokumentationen, sogenannte „Model Cards", die die Entwicklung, den Zweck und die Einschränkungen eines Modells beschreiben.

3. Verantwortung

Definition: Unternehmen und Entwickler müssen die Verantwortung für die Ergebnisse ihrer KI-Systeme übernehmen. Dies schließt die Überwachung, Wartung und Korrektur der Modelle ein.

Best Practice: Verantwortlichkeit kann durch klare Governance-Strukturen sichergestellt werden, einschließlich der Ernennung von KI-Ethik-Beauftragten und der Implementierung regelmäßiger Audits.

4. Nichtdiskriminierung

Definition: KI-Systeme sollten keine Entscheidungen treffen, die direkt oder indirekt diskriminierend wirken.

Technische Umsetzung: Die Integration von Fairness-Kriterien in den Entwicklungsprozess ist entscheidend, um sicherzustellen, dass Modelle alle Nutzergruppen gleich behandeln.

Beispiel: Eine Studie der **EU High-Level Expert Group on AI (2023)** stellt fest, dass diskriminierungsfreie KI-Systeme besonders wichtig für den Arbeitsmarkt sind, da sie den Zugang zu Bildung, Stellen und Weiterbildungsprogrammen erleichtern können.

Technische Grundlagen für ethische KI

1. Bias Detection Algorithmen

Bias Detection ist der erste Schritt, um sicherzustellen, dass KI-Systeme fair und nicht diskriminierend sind. Verschiedene Tools und Frameworks helfen dabei, Verzerrungen in Daten und Modellen zu identifizieren und zu beheben.

a. FairML

Funktion: Dieses Tool analysiert die Entscheidungswege eines Modells und quantifiziert, wie verschiedene Eingabevariablen (z. B. Geschlecht oder Herkunft) die Ergebnisse beeinflussen.

Anwendung: FairML ermöglicht es Entwickelnden, Verzerrungen frühzeitig zu erkennen und zu korrigieren.

b. AI Fairness 360

Funktion: Ein von IBM entwickeltes Toolkit, das eine Vielzahl von Metriken zur Fairnessbewertung bietet. Es hilft auch dabei, Korrekturmaßnahmen wie Rekalibrierung oder Datenbalancierung umzusetzen.

Praxisbeispiel: Ein Unternehmen könnte AI Fairness 360 nutzen, um ein Recruiting-Tool zu überprüfen und sicherzustellen, dass es Bewerberinnen und Bewerber unabhängig von Geschlecht oder Ethnie gleich behandelt.

2. Fairness-Kriterien und Metriken

Um sicherzustellen, dass KI-Systeme fair agieren, sind mathematische Fairness-Kriterien entscheidend. Diese Metriken helfen dabei, Verzerrungen quantitativ zu messen und zu minimieren.

a. Equalized Odds

Definition: Dieses Kriterium stellt sicher, dass ein Modell für verschiedene Gruppen (z. B. Männer und Frauen) mit gleicher Wahrscheinlichkeit richtige und falsche Vorhersagen trifft.

Anwendung: Equalized Odds wird häufig in diskriminierungskritischen Bereichen wie Kreditvergaben oder Einstellungstests angewandt.

b. Counterfactual Fairness

Definition: Ein Modell erfüllt dieses Kriterium, wenn seine Entscheidung für eine Person gleich bleibt, selbst wenn deren Geschlecht, Ethnie oder andere sensible Merkmale hypothetisch geändert werden.

Praxisbeispiel: Ein Modell zur Vergabe von Studienplätzen sollte dieselbe Empfehlung geben, unabhängig davon, ob der Bewerber ein Mann oder eine Frau ist.

3. Datenaufbereitung und Vorverarbeitung

Die Qualität der Trainingsdaten ist entscheidend für die Fairness und Genauigkeit eines KI-Modells. Verzerrte Daten können zu diskriminierenden Ergebnissen führen, weshalb folgende Schritte essenziell sind:

Datenbalancierung: Sicherstellen, dass alle Gruppen in den Trainingsdaten gleichmäßig repräsentiert sind.

Anonymisierung: Entfernen sensibler Merkmale wie Geschlecht oder Alter, um unbewusste Voreingenommenheit zu vermeiden.

Synthetic Data Generation: Erstellen synthetischer Daten, um unterrepräsentierte Gruppen zu stärken.

Forschung und Fallstudien

1. EU High-Level Expert Group on AI (2023): Leitlinien für ethische KI

Die EU hat umfassende Leitlinien entwickelt, um sicherzustellen, dass KI-Systeme im Einklang mit europäischen Werten agieren. Diese Leitlinien betonen Fairness, Transparenz und Verantwortung als zentrale Prinzipien.

2. IEEE Standards for AI Transparency

Die IEEE hat technische Standards veröffentlicht, die darauf abzielen, KI-Systeme nachvollziehbarer zu machen. Dies umfasst Richtlinien zur Dokumentation und Offenlegung von Daten und Algorithmen.

3. Der Amazon-Recruiting-Skandal

Der Fall Amazon zeigt, wie wichtig es ist, Bias in KI-Modellen frühzeitig zu erkennen. Amazon stellte fest, dass ihr Recruiting-System Frauen systematisch benachteiligte, da es auf historischen Daten basierte, die männliche Bewerber bevorzugten. Der Skandal führte zu einem breiten öffentlichen Diskurs über ethische KI und die Notwendigkeit von Fairness-Kriterien.

Praktische Maßnahmen für Unternehmen

Bias-Audits:

Führen Sie regelmäßig Audits durch, um Verzerrungen in Ihren KI-Systemen zu identifizieren.

Fairness-Checks:

Nutzen Sie Tools wie AI Fairness 360, um die Fairness Ihres Modells zu bewerten.

Governance-Strukturen:

Implementieren Sie Ethik-Richtlinien und benennen Sie Verantwortliche, die für die Überwachung von KI-Systemen zuständig sind.

Schulungen:

Schulen Sie Ihre Mitarbeitenden im Umgang mit ethischen KI-Systemen und sensibilisieren Sie sie für mögliche Risiken.

Zusammenfassung

Die Entwicklung und Nutzung ethischer KI-Systeme ist eine der größten Herausforderungen der modernen Technologie. Bias Detection, Fairness-Kriterien und transparente Entscheidungsprozesse sind entscheidende Bausteine, um sicherzustellen, dass KI-Systeme fair, verantwortungsbewusst und nachvollziehbar sind. Unternehmen, die diese Prinzipien implementieren, profitieren nicht nur von einer höheren Akzeptanz ihrer KI-Anwendungen, sondern auch von besseren Ergebnissen und einer reputationsfördernden Positionierung im Markt.

Reflexionsfrage:
Wie kann Ihr Unternehmen ethische Prinzipien in laufende und geplante KI-Projekte integrieren, um Fairness und Transparenz sicherzustellen?

1. Warum ist KI-Ethik wichtig?

1.1 Auswirkungen auf Vertrauen und Akzeptanz

Die Einführung von KI-Systemen in Unternehmen verändert Entscheidungsprozesse, Arbeitsabläufe und häufig auch die Beziehung zwischen Mitarbeitenden und Technologien. Ohne eine klare ethische Grundlage können folgende Risiken entstehen:

Diskriminierung: Algorithmen, die auf fehlerhaften oder voreingenommenen Daten trainiert wurden, können Vorurteile verstärken.

Intransparenz: Entscheidungen von KI-Systemen können schwer nachvollziehbar sein, was zu Misstrauen führt.

Verlust der Kontrolle: Wenn KI-Systeme ohne menschliche Überwachung arbeiten, können unbeabsichtigte Konsequenzen auftreten.

1.2 Langfristige Verantwortung

Unternehmen, die ethische Prinzipien vernachlässigen, riskieren nicht nur rechtliche Konsequenzen, sondern auch Reputationsschäden. Ein verantwortungsvoller Umgang mit KI ist somit nicht nur eine moralische Verpflichtung, sondern auch ein geschäftlicher Vorteil.

2. Zentrale Prinzipien der KI-Ethik

2.1 Nicht-Diskriminierung

KI-Systeme dürfen keine Vorurteile reproduzieren oder verstärken. Dazu gehört, dass:

Trainingsdaten überprüft werden, um Verzerrungen (Bias) zu vermeiden.

Regelmäßige Audits stattfinden, um sicherzustellen, dass die Algorithmen fair arbeiten.

Diversität bei der Entwicklung und Implementierung von KI beachtet wird.

Beispiel:
Ein KI-System im Recruiting sollte Bewerbungen unabhängig von Geschlecht, Alter, ethnischer Herkunft oder anderen diskriminierenden Merkmalen bewerten.

2.2 Datenschutz

Der Schutz personenbezogener Daten ist ein zentraler Aspekt der KI-Ethik. Unternehmen müssen sicherstellen, dass:

Die DSGVO (Datenschutz-Grundverordnung) eingehalten wird.

Daten nur für den vorgesehenen Zweck verwendet werden.

Nutzer*innen die Kontrolle über ihre Daten behalten.

Beispiel:
Eine KI-gestützte Plattform, die Kundendaten analysiert, sollte sicherstellen, dass sensible Informationen anonymisiert werden.

2.3 Verantwortung und menschliche Kontrolle

Entscheidungen, die von KI-Systemen unterstützt werden, müssen nachvollziehbar bleiben. Menschen sollten die Möglichkeit haben, Ergebnisse zu überprüfen und bei Bedarf einzugreifen.

Verantwortlichkeit: Es sollte klar definiert sein, wer für die Entscheidungen der KI-Systeme verantwortlich ist.

Transparenz: Unternehmen müssen offenlegen, wie KI-Systeme arbeiten und welche Daten sie nutzen.

Beispiel:
In der Medizin sollte eine KI-gestützte Diagnose immer durch einen Ärztin überprüft werden, bevor sie an Patient*innen weitergegeben wird.

3. Fallstudie: Ethik bei der Einführung einer KI-Recruiting-Lösung

3.1 Ausgangslage

Ein großer IT-Dienstleister implementierte eine KI-Lösung, um den Auswahlprozess für Bewerbungen zu automatisieren. Die Technologie sollte die Lebensläufe analysieren und vielversprechende Kandidat*innen identifizieren.

3.2 Das Problem: Unerwünschter Bias

Nach der Einführung der KI zeigte sich ein unerwartetes Problem: Die Algorithmen zeigten einen Bias gegen weibliche Kandidatinnen. Dies lag daran, dass die Trainingsdaten vorwiegend aus historischen Bewerbungen stammten, in denen Männer überrepräsentiert waren.

3.3 Die Lösung: Einführung einer Ethik-Kommission

Das Unternehmen reagierte schnell auf die Problematik und setzte eine Ethik-Kommission ein, um die Algorithmen zu prüfen und anzupassen. Maßnahmen umfassten:

Neue Trainingsdaten: Die KI wurde mit einem diverseren Datensatz erneut trainiert.

Regelmäßige Audits: Die Algorithmen wurden kontinuierlich auf mögliche Verzerrungen überprüft.

Transparenz: Bewerber*innen wurden darüber informiert, wie die KI arbeitete und wie ihre Daten verwendet wurden.

3.4 Das Ergebnis

Der Anteil weiblicher Neueinstellungen stieg um **25 %**, ohne die Qualität der Auswahl zu beeinträchtigen.

Die Akzeptanz der KI-Lösung bei den Personalverantwortlichen erhöhte sich deutlich.

Das Unternehmen positionierte sich als Vorreiter für ethische KI im Recruiting.

4. Bezug zur Holzbranche: Ethische Aspekte bei der Qualitätssicherung

Auch in der Holzproduktion, wie in Kapitel 4.2 beschrieben, wurden ethische Prinzipien berücksichtigt. Obwohl die KI maßgeblich zur Verbesserung der Qualitätssicherung beitrug, blieb die menschliche Expertise ein zentraler Bestandteil des Prozesses.

4.1 Menschliche Kontrolle als ethische Balance

Mitarbeitende blieben aktiv in der Endkontrolle der Produkte. Dies hatte mehrere Vorteile:

Vertrauensaufbau: Die Mitarbeitenden fühlten sich nicht durch die KI ersetzt, sondern in ihrer Arbeit unterstützt.

Verantwortlichkeit: Menschliche Fachkräfte trugen die finale Verantwortung für die Freigabe der Produkte.

4.2 Nachhaltigkeit und soziale Verantwortung

Die Implementierung der KI trug auch zu einer nachhaltigeren Produktion bei, indem Ausschuss reduziert und Ressourcen effizienter genutzt wurden. Die Einbindung der Mitarbeitenden stellte sicher, dass soziale und ökologische Aspekte gleichermaßen berücksichtigt wurden.

5. Handlungsempfehlungen: So setzen Unternehmen KI-Ethik in die Praxis um

5.1 Entwicklung einer Ethik-Strategie

Unternehmen sollten eine klare Strategie entwickeln, die ethische Prinzipien für den Einsatz von KI festlegt. Diese Strategie sollte:

Ziele und Werte des Unternehmens widerspiegeln.

Richtlinien für die Nutzung von KI enthalten.

Verantwortlichkeiten klar definieren.

5.2 Bildung von Ethik-Kommissionen

Ethik-Kommissionen können dabei helfen, die Einhaltung von Standards zu überwachen und potenzielle Risiken frühzeitig zu erkennen.

5.3 Kontinuierliche Überwachung und Optimierung

KI-Systeme sollten regelmäßig überprüft und bei Bedarf angepasst werden, um sicherzustellen, dass sie weiterhin ethischen Standards entsprechen.

5.4 Schulungen für Mitarbeitende

Mitarbeitende sollten geschult werden, um:

Die Funktionsweise von KI zu verstehen.

Potenzielle ethische Herausforderungen zu erkennen.

Verantwortungsvoll mit den Ergebnissen der KI umzugehen.

6. Fazit: Ethik als Schlüssel für nachhaltige KI-Nutzung

Die Integration ethischer Prinzipien in den Umgang mit KI ist eine unerlässliche Voraussetzung für den langfristigen Erfolg von KI-Projekten. Nicht-Diskriminierung, Datenschutz und menschliche Verantwortung sind dabei zentrale Säulen.

Die Fallstudien zeigen, dass Unternehmen, die ethische Herausforderungen aktiv angehen, nicht nur das Vertrauen ihrer Stakeholder gewinnen, sondern auch wirtschaftlich profitieren können. KI-Ethik ist somit nicht nur ein moralisches Gebot, sondern auch ein strategischer Vorteil.

4.4 Insights: So begegnen Unternehmen Ängsten und Vorbehalten von Mitarbeitenden

Die Einführung von Künstlicher Intelligenz (KI) in Unternehmen birgt nicht nur technologische, sondern auch kulturelle Herausforderungen. Ängste und Vorbehalte gegenüber neuen Technologien sind eine natürliche Reaktion, insbesondere wenn Veränderungen bestehende Arbeitsprozesse, Rollen und Verantwortlichkeiten betreffen. Unternehmen, die auf diese Sorgen eingehen und sie proaktiv adressieren, schaffen nicht nur Akzeptanz, sondern auch eine nachhaltige Basis für den Erfolg ihrer KI-Projekte.

In diesem Kapitel werden die häufigsten Ängste und Vorbehalte von Mitarbeitenden analysiert, bewährte Maßnahmen zur Überwindung dieser Herausforderungen vorgestellt und anhand einer Fallstudie aus der Holzproduktion praxisnah erläutert, wie Unternehmen den Wandel gestalten können.

1. Die größten Ängste und Vorbehalte von Mitarbeitenden gegenüber KI

1.1 Verlust der Kontrolle

Eine der häufigsten Sorgen von Mitarbeitenden ist die Angst, die Kontrolle über Entscheidungsprozesse zu verlieren. KI-Systeme treffen oft Entscheidungen auf Basis komplexer Algorithmen, die für die meisten Nutzenden schwer nachvollziehbar sind.

Typische Aussagen von Mitarbeitenden:

„Ich kann nicht überprüfen, ob die KI richtig liegt."

„Was passiert, wenn die KI einen Fehler macht und es niemand merkt?"

1.2 Jobunsicherheit

Die Sorge, dass KI Arbeitsplätze ersetzen könnte, ist weit verbreitet, insbesondere in stark automatisierten Branchen. Diese Angst wird oft durch mediale Berichterstattung über „Jobverlust durch Automatisierung" verstärkt.

Typische Aussagen von Mitarbeitenden:

„Werde ich überhaupt noch gebraucht, wenn die Maschine meine Arbeit übernimmt?"

„Was passiert, wenn mein Wissen und meine Erfahrung irrelevant werden?"

1.3 Technologiemisstrauen

Zweifel an der Zuverlässigkeit und Fairness von KI-Systemen sind ein weiteres Hindernis. Diese Skepsis ist oft mit negativen Erfahrungen aus der Vergangenheit oder einer allgemeinen Unsicherheit gegenüber neuen Technologien verbunden.

Typische Aussagen von Mitarbeitenden:

„Kann ich der Technologie wirklich vertrauen?"

„Was passiert, wenn die KI Vorurteile hat oder Fehler macht?"

2. Strategien zur Überwindung von Ängsten und Vorbehalten

2.1 Schulungen und Workshops

Wissen und Verständnis sind der Schlüssel, um Unsicherheiten abzubauen. Wenn Mitarbeitende die Funktionsweise der KI kennen und lernen, wie sie diese in ihren Arbeitsalltag integrieren können, reduziert dies Ängste erheblich.

Maßnahmen:

Einführung in die Funktionsweise der KI: Interaktive Schulungen, die grundlegende Prinzipien erklären und zeigen, wie die Technologie im Unternehmen eingesetzt wird.

Praxisbezogene Übungen: Mitarbeitende sollten die Möglichkeit haben, die KI in einem sicheren Umfeld auszuprobieren und Fragen zu stellen.

Langfristige Weiterbildung: Regelmäßige Workshops, um neue Funktionen und Anwendungen der KI vorzustellen.

2.2 Transparente Kommunikation

Transparenz schafft Vertrauen. Unternehmen sollten klar und offen kommunizieren, warum KI eingeführt wird, welche Vorteile sie bietet und welche Rolle die Mitarbeitenden weiterhin spielen.

Maßnahmen:

Offene Diskussionen: Mitarbeitende in den Entscheidungsprozess einbeziehen und ihre Bedenken ernst nehmen.

Klare Botschaften: Wiederholt betonen, dass die KI als Unterstützung dient und keine Arbeitsplätze gefährden soll.

Feedbackrunden: Regelmäßige Gelegenheiten bieten, um Sorgen und Verbesserungsvorschläge zu äußern.

2.3 Einbindung der Mitarbeitenden

Mitarbeitende sollten nicht nur Nutzer*innen der KI sein, sondern aktiv in deren Einführung und Weiterentwicklung einbezogen werden. Dies stärkt nicht nur das Vertrauen, sondern auch das Gefühl, Teil des Wandels zu sein.

Maßnahmen:

Pilotprojekte: Mitarbeitende in die Testphase einbinden und ihre Rückmeldungen berücksichtigen.

Ko-Kreation: Teams einbinden, um spezifische Anforderungen an die KI zu definieren.

Gemeinsame Erfolgsmessung: Die Erfolge der KI-Einführung transparent machen und die Mitarbeitenden daran teilhaben lassen.

3. Fallstudie: Überwindung von Vorbehalten in der Holzbranche

3.1 Ausgangslage

Ein mittelständisches Unternehmen in der Holzproduktion stand vor der Herausforderung, eine KI-Lösung zu implementieren, die Holzfehler automatisch erkennt und markiert. Ziel war es, die Effizienz und Genauigkeit der Qualitätssicherung zu verbessern.

3.2 Die Herausforderung: Skepsis und Ängste der Mitarbeitenden

Die Mitarbeitenden äußerten zunächst erhebliche Vorbehalte gegenüber der neuen Technologie:

Verlust der Kontrolle: Sie befürchteten, dass die KI Entscheidungen treffen würde, die sie nicht nachvollziehen konnten.

Jobunsicherheit: Die Sorge, dass die KI ihre Arbeit überflüssig machen könnte, war groß.

Technologiemisstrauen: Viele Mitarbeitende hatten Zweifel, ob die KI wirklich zuverlässig arbeiten würde.

3.3 Die Lösung: Ein umfassender Ansatz zur Vertrauensbildung

Das Unternehmen reagierte mit einem ganzheitlichen Ansatz, der Schulungen, transparente Kommunikation und die Einbindung der Mitarbeitenden kombinierte.

Schulungen und Workshops:

Einführung in die Funktionsweise der KI: Interaktive Sitzungen erklärten, wie die KI Fehler erkennt und markiert.

Fokus auf die Rolle der Mitarbeitenden: Es wurde betont, dass die Mitarbeitenden weiterhin in der Endkontrolle aktiv bleiben und die letzte Entscheidung treffen.

Transparente Kommunikation:

Die Geschäftsführung betonte wiederholt, dass die KI als Unterstützung dient und nicht dazu gedacht ist, Arbeitsplätze zu ersetzen.

Regelmäßige Feedbackrunden ermöglichten es den Mitarbeitenden, ihre Erfahrungen zu teilen und Anpassungen am System vorzuschlagen.

Einbindung der Mitarbeitenden:

Die Mitarbeitenden wurden in die Testphase der KI eingebunden und konnten Verbesserungsvorschläge einbringen.

Erfolgreiche Einsätze der KI wurden transparent gemacht und gemeinsam gefeiert.

3.4 Das Ergebnis

Die Maßnahmen führten zu beeindruckenden Ergebnissen:

Effizienzsteigerung: Die Fehlererkennungsrate stieg um **40 %**.

Höhere Akzeptanz: Die Mitarbeitenden bewerteten die Zusammenarbeit mit der KI positiv und fühlten sich entlastet.

Verbesserte Zusammenarbeit: Mensch und Maschine arbeiteten harmonisch zusammen, was die Qualität der Produkte und die Zufriedenheit der Mitarbeitenden erhöhte.

Ein Mitarbeitender kommentierte:
„Am Anfang hatte ich wirklich Angst, dass die Maschine meine Arbeit ersetzen könnte. Aber jetzt sehe ich, dass sie uns hilft, Fehler schneller und präziser zu finden. Es fühlt sich an, als hätten wir ein neues Teammitglied."

4. Handlungsempfehlungen: So bauen Unternehmen Ängste ab

4.1 Frühzeitige Einbindung

Mitarbeitende sollten so früh wie möglich in den Prozess der KI-Einführung eingebunden werden. Dies schafft Transparenz und gibt ihnen das Gefühl, Teil des Wandels zu sein.

4.2 Kontinuierliche Schulungen

Regelmäßige Schulungen und Workshops sind entscheidend, um das Verständnis und die Akzeptanz der Technologie zu fördern.

4.3 Offene und ehrliche Kommunikation

Unternehmen sollten offen über die Ziele und den Nutzen der KI sprechen und dabei auch potenzielle Herausforderungen und Risiken nicht verschweigen.

4.4 Erfolgsgeschichten teilen

Positive Beispiele aus der Praxis – sowohl innerhalb als auch außerhalb des Unternehmens – können helfen, Ängste abzubauen und die Vorteile der KI greifbar zu machen.

5. Fazit: Zusammenarbeit statt Konfrontation

Ängste und Vorbehalte gegenüber KI sind ein natürlicher Teil des Veränderungsprozesses. Unternehmen, die diese Sorgen ernst nehmen und gezielt darauf eingehen, können eine Kultur der Offenheit und Zusammenarbeit schaffen. Die Fallstudie aus der Holzbranche zeigt, wie wichtig es ist, Mitarbeitende zu schulen, transparent zu kommunizieren und aktiv einzubinden.

Wenn Mensch und Maschine als Partner betrachtet werden, können die Stärken beider Seiten optimal genutzt werden. Dies fördert nicht nur Effizienz und Innovation, sondern auch eine positive Arbeitsatmosphäre, in der sich alle Beteiligten wertgeschätzt fühlen.

Die Einführung von Künstlicher Intelligenz (KI) ist nicht nur ein technisches, sondern vor allem auch ein kulturelles und organisatorisches Projekt. Vertrauen spielt eine entscheidende Rolle, um Mitarbeitende und andere Stakeholder auf diesem Weg mitzunehmen. Die folgende Checkliste bietet acht zentrale Maßnahmen, die Unternehmen umsetzen können, um Vertrauen in KI-Systeme aufzubauen und ihre Einführung nachhaltig erfolgreich zu gestalten.

1. Transparenz schaffen

Warum wichtig: Ohne Transparenz verstehen Mitarbeitende nicht, wie die KI arbeitet, was ihre Entscheidungen beeinflusst und welche Daten sie nutzt. Intransparenz führt zu Misstrauen und Ablehnung.

Maßnahmen:

Offene Informationen über die verwendeten Datenquellen, Trainingsmethoden und Entscheidungsprozesse der KI bereitstellen.

Visualisierungen und Erklärungen nutzen, um komplexe Algorithmen verständlich zu machen.

Mitarbeitende darüber informieren, wie die KI Ergebnisse generiert und welche Rolle sie dabei spielen.

Beispiel:
Ein Unternehmen, das eine KI zur Kundendatenanalyse einführt, erstellt ein

Dashboard, das zeigt, welche Daten verwendet werden und wie die KI zu ihren Empfehlungen gelangt.

2. Partizipation ermöglichen

Warum wichtig: Mitarbeitende, die aktiv in die Auswahl und Implementierung von KI-Systemen eingebunden sind, fühlen sich wertgeschätzt und entwickeln eine positivere Haltung gegenüber der Technologie.

Maßnahmen:

Mitarbeitende in Workshops und Fokusgruppen einbeziehen, um ihre Perspektiven und Anforderungen zu berücksichtigen.

Testphasen oder Pilotprojekte durchführen, bei denen Teams die KI in einem geschützten Rahmen ausprobieren und Feedback geben können.

Mitarbeitervertretungen oder Ethik-Kommissionen einrichten, um die Einführung zu begleiten.

Beispiel:
Ein Produktionsunternehmen lässt Mitarbeitende aus der Qualitätskontrolle mitentscheiden, welche Funktionen die KI zur Fehlererkennung haben soll.

3. Ethik-Richtlinien definieren

Warum wichtig: Klare ethische Standards gewährleisten, dass KI-Systeme verantwortungsvoll eingesetzt werden und keine unbeabsichtigten negativen Konsequenzen entstehen.

Maßnahmen:

Ethische Richtlinien entwickeln, die Themen wie Datenschutz, Nicht-Diskriminierung und menschliche Kontrolle regeln.

Diese Standards transparent kommunizieren und intern sowie extern zugänglich machen.

Regelmäßige Audits durchführen, um die Einhaltung der Richtlinien zu überprüfen.

Beispiel:

Ein Unternehmen im Recruiting-Bereich verpflichtet sich schriftlich, dass seine KI-Systeme keine geschlechts- oder altersbedingten Diskriminierungen durchführen.

4. Schulungsprogramme anbieten

Warum wichtig: Schulungen reduzieren Unsicherheiten, indem sie Mitarbeitende mit der Funktionsweise und den Einsatzmöglichkeiten der KI vertraut machen.

Maßnahmen:

Interaktive Trainings, die die Nutzung und Interpretation der KI-Ergebnisse vermitteln.

Praxisnahe Übungen, um Mitarbeitenden Sicherheit im Umgang mit der neuen Technologie zu geben.

Regelmäßige Schulungen, um neue Funktionen oder Updates der KI-Systeme vorzustellen.

Beispiel:

Ein mittelständisches Unternehmen in der Logistik bietet Workshops an, in denen die Mitarbeitenden lernen, wie eine neue KI-basierte Routenoptimierung funktioniert und wie sie diese in ihren Arbeitsalltag integrieren können.

5. Feedback-Kanäle einrichten

Warum wichtig: Mitarbeitende, die ihre Sorgen, Erfahrungen und Verbesserungsvorschläge einbringen können, fühlen sich gehört und ernst genommen. Dies stärkt die Akzeptanz.

Maßnahmen:

Regelmäßige Umfragen zur Akzeptanz und Nutzung der KI-Tools durchführen.

Plattformen oder digitale Feedback-Kanäle einrichten, um Rückmeldungen kontinuierlich zu sammeln.

Ergebnisse des Feedbacks transparent machen und zeigen, wie darauf reagiert wird.

Beispiel:
Ein Unternehmen führt monatliche Feedback-Runden ein, in denen Mitarbeitende ihre Erfahrungen mit der KI berichten und Vorschläge zur Verbesserung machen können.

6. Erfolge teilen

Warum wichtig: Erfolgsgeschichten und positive Ergebnisse zeigen den Nutzen der KI auf und schaffen Vertrauen in ihre Anwendung.

Maßnahmen:

Erfolgreiche Projekte oder Ergebnisse intern und extern kommunizieren.

Persönliche Erfahrungsberichte von Mitarbeitenden einholen und teilen.

Daten und Fakten nutzen, um die Vorteile der KI nachvollziehbar darzustellen.

Beispiel:
Nach der Einführung einer KI zur Lagerbestandsoptimierung teilt ein Unternehmen die Ergebnisse: 20 % weniger Lagerkosten und 98 % Verfügbarkeit der Produkte.

7. Pilotprojekte durchführen

Warum wichtig: Pilotprojekte ermöglichen es, die Akzeptanz und Funktionalität der KI in einem kontrollierten Umfeld zu testen und anzupassen.

Maßnahmen:

Die KI zunächst in einem kleinen Team oder Bereich implementieren, bevor sie unternehmensweit ausgerollt wird.

Erste Ergebnisse analysieren und Verbesserungen vornehmen.

Erfolgreiche Pilotprojekte als Grundlage für die Skalierung der KI nutzen.

Beispiel:
Ein Unternehmen testet eine KI-basierte Lösung zur Fehlererkennung zunächst an einer einzigen Produktionslinie, bevor es das System auf alle Linien ausweitet.

8. Langfristige Betreuung sicherstellen

Warum wichtig: Eine kontinuierliche Betreuung stellt sicher, dass Mitarbeitende bei Fragen oder Problemen Unterstützung erhalten und die KI optimal genutzt wird.

Maßnahmen:

Fachliche Ansprechpartner benennen, die bei technischen oder inhaltlichen Fragen helfen.

Regelmäßige Updates und Verbesserungen der KI bereitstellen.

Fortlaufende Schulungen und Feedback-Runden organisieren, um die Nutzung der KI zu optimieren.

Beispiel:
Ein Unternehmen richtet eine interne „KI-Hotline" ein, bei der Mitarbeitende Fragen stellen oder Probleme melden können.

Zusammenfassung der Checkliste

Zusammenfassung der Checkliste

Maßnahme und Ziel

1. Transparenz schaffen

Verständnis der KI fördern und Misstrauen abbauen.

2. Partizipation ermöglichen

Mitarbeitende aktiv einbinden und Akzeptanz stärken.

3. Ethik-Richtlinien definieren

Verantwortungsvollen Einsatz der KI sichern.

4. Schulungsprogramme anbieten

Unsicherheiten abbauen und Nutzerkompetenz fördern.

5. Feedback-Kanäle einrichten

Kontinuierliche Verbesserung und Mitarbeitereinbindung gewährleisten.

6. Erfolge teilen

Vorteile der KI sichtbar machen und Vertrauen aufbauen.

7. Pilotprojekte durchführen

Akzeptanz und Funktionalität der KI in kleinem Rahmen testen.

8. Langfristige Betreuung sicherstellen

Nachhaltigkeit der KI-Nutzung fördern und Unterstützung gewährleisten.

Fazit: Ein systematischer Ansatz für Vertrauen und Akzeptanz

Die Einführung von KI ist ein komplexer Prozess, der weit über die reine Implementierung von Technologien hinausgeht. Vertrauen und Akzeptanz sind entscheidende Faktoren, um das volle Potenzial der KI zu nutzen. Unternehmen, die die oben genannten Maßnahmen umsetzen, schaffen eine solide Grundlage für eine erfolgreiche und nachhaltige Integration von KI-Systemen.

Nimm-das-mit-Box: Kapitel 4

1. Kernbotschaften

Vertrauen ist die zentrale Voraussetzung für eine erfolgreiche Einführung und Nutzung von KI.

Transparenz und Nachvollziehbarkeit erhöhen die Akzeptanz und reduzieren Vorbehalte.

Ethische Prinzipien ermöglichen einen verantwortungsvollen Einsatz von KI und stärken das Vertrauen aller Beteiligten.

2. Praktische Tipps

Offene Kommunikation: Erklären Sie klar und verständlich, wie KI-Systeme funktionieren und welche Vorteile sie bieten.

Ethische Richtlinien: Entwickeln und implementieren Sie verbindliche Standards für den verantwortungsvollen Umgang mit KI.

Schulungen: Bieten Sie Mitarbeitenden regelmäßige Trainings an, um den kritischen Umgang mit KI-Ergebnissen zu fördern und Unsicherheiten abzubauen.

3. Inspirierende Zitate oder Beispiele

Zitat: „Vertrauen entsteht, wenn Mitarbeitende sehen, dass Technologie ihre Arbeit erleichtert und nicht ersetzt."

Beispiel: Ein Holzproduzent führte interaktive Workshops ein, in denen die Mitarbeitenden die Funktionsweise der KI kennenlernen konnten. Neben einer signifikanten Steigerung der Akzeptanz der Technologie verbesserte sich die Fehlererkennungsrate um **40 %**.

Kapitel 5: Führungskräfte als Coaches: Potenzialentfaltung im KI-Zeitalter

Die rasante Entwicklung und Integration von Künstlicher Intelligenz (KI) in Unternehmen verändert nicht nur Arbeitsprozesse, sondern auch die Anforderungen an Führungskräfte tiefgreifend. Während technologische Kompetenzen eine größere Rolle einnehmen, wird die Fähigkeit, Mitarbeitende zu motivieren, zu coachen und in ihrer Weiterentwicklung zu unterstützen, immer wichtiger. Führung im KI-Zeitalter bedeutet, eine Brücke zwischen technologischen Möglichkeiten und menschlicher Zusammenarbeit zu schlagen.

5.1 Neue Anforderungen an Leadership in der Ära der Künstlichen Intelligenz

Die Einführung von KI bringt erhebliche Veränderungen für die Rolle von Führungskräften mit sich. In einer Arbeitswelt, die zunehmend von datenbasierten Entscheidungen und automatisierten Prozessen geprägt ist, müssen Führungskräfte neue Kompetenzen entwickeln, um erfolgreich zu bleiben.

Neue Schlüsselkompetenzen für Führungskräfte

Neue Schlüsselkompetenzen für Führungskräfte

1. Technologische Kompetenz

Die zunehmende Verbreitung von KI-gestützten Tools macht es notwendig, dass Führungskräfte ein grundlegendes Verständnis für diese Technologien entwickeln. Dabei geht es nicht darum, selbst technische Expert*innen zu werden, sondern:

Einsatzmöglichkeiten erkennen: Wissen, welche KI-Technologien verfügbar sind und wie sie strategisch genutzt werden können.

Daten kritisch interpretieren: Die Fähigkeit, Ergebnisse aus KI-Systemen zu analysieren und in den Kontext der Unternehmensziele zu setzen.

Praxisbeispiel:
Ein Vertriebsleiter nutzt KI-Analysen, um Kaufverhalten zu verstehen und individuelle Vertriebsstrategien für Kund*innen zu entwickeln. Gleichzeitig überprüft er die Daten auf Plausibilität, um blinde Abhängigkeit von Algorithmen zu vermeiden.

2. Empathie und emotionale Intelligenz
Technologische Fortschritte allein reichen nicht aus, um den Erfolg von Unternehmen sicherzustellen. Führungskräfte müssen verstärkt auf die emotionalen Bedürfnisse ihrer Mitarbeitenden eingehen, insbesondere im Umgang mit Ängsten und Unsicherheiten gegenüber KI.

Wichtige Fähigkeiten:

Aktives Zuhören: Sorgen der Mitarbeitenden ernst nehmen und darauf eingehen.

Förderung des Dialogs: Einen offenen Raum für Diskussionen und Feedback schaffen.

Emotionale Unterstützung: Mitarbeitende ermutigen, Veränderungen als Chance zu betrachten.

Zitat:
„Führung im KI-Zeitalter erfordert mehr als technisches Wissen. Es geht darum, Technologie und Menschlichkeit zu verbinden." – Satya Nadella, CEO von Microsoft

3. Agilität und Anpassungsfähigkeit
Die Geschwindigkeit, mit der sich Technologien entwickeln, verlangt von Führungskräften eine hohe Flexibilität und die Bereitschaft, sich ständig weiterzuentwickeln.

Fokusbereiche:

Schnelle Entscheidungsfindung: Führungskräfte müssen in der Lage sein, kurzfristig auf Veränderungen zu reagieren.

Förderung von Innovation: Mitarbeitende dazu motivieren, neue Technologien und Arbeitsweisen zu erproben.

4. Fokus auf Coaching

Die Rolle der Führungskraft wandelt sich zunehmend von einer hierarchischen Kontrollinstanz hin zu einer unterstützenden und beratenden Funktion. Als Coaches begleiten sie ihre Teams dabei, eigenständig zu lernen, ihre Fähigkeiten auszubauen und Verantwortung zu übernehmen.

Wichtige Coaching-Fähigkeiten:

Ziele gemeinsam definieren: Teams in die Entscheidungsfindung einbinden und individuelle Entwicklungspläne erstellen.

Feedbackkultur etablieren: Regelmäßiges konstruktives Feedback geben, um Mitarbeitende zu motivieren und Wachstum zu fördern.

Beispiel:
Ein Teamleiter in der Produktentwicklung arbeitet eng mit seinen Mitarbeitenden zusammen, um deren Fähigkeiten im Umgang mit neuen KI-Werkzeugen zu stärken. Er bietet Schulungen an, gibt individuelles Feedback und lässt die Mitarbeitenden eigenständig Lösungen testen.

Herausforderungen für Führungskräfte

Die neuen Anforderungen an Leadership bringen auch Herausforderungen mit sich, die Führungskräfte bewältigen müssen, um im KI-Zeitalter erfolgreich zu sein.

1. Veränderung der Rollenbilder

Der Wandel von der klassischen hierarchischen Führung hin zu einer unterstützenden Rolle erfordert einen grundlegenden Paradigmenwechsel. Führungskräfte müssen lernen, Macht und Kontrolle loszulassen und stattdessen auf Empowerment und Vertrauen zu setzen.

Beispiel:
Ein Abteilungsleiter, der bislang Entscheidungen alleine traf, bindet sein

Team aktiv in strategische Diskussionen ein und delegiert mehr
Verantwortung.

2. Umgang mit Daten

Die Fähigkeit, datenbasierte Entscheidungen zu treffen, ist eine zentrale
Kompetenz im KI-Zeitalter. Dabei dürfen Führungskräfte jedoch den
menschlichen Faktor nicht aus den Augen verlieren.

Herausforderung:

Vermeidung von „Blindem Vertrauen" in KI: Führungskräfte müssen lernen,
Daten kritisch zu hinterfragen und nicht alle Entscheidungen ausschließlich
auf KI-Analysen zu stützen.

Kombination von Daten und Intuition: Datenbasierte Erkenntnisse mit
menschlichem Urteilsvermögen verbinden.

3. Sicherstellung von Vertrauen

Die Einführung von KI-Systemen erfordert, dass Mitarbeitende diesen
Technologien vertrauen. Führungskräfte spielen eine Schlüsselrolle dabei,
dieses Vertrauen durch Transparenz und Nachvollziehbarkeit zu fördern.

Maßnahmen:

Offene Kommunikation: Mitarbeitende über die Funktionsweise und
Vorteile von KI aufklären.

Einbindung der Teams: Mitarbeitende in die Auswahl und
Implementierung von KI-Systemen einbinden.

Beispiel:

Ein Produktionsleiter erklärt seinem Team, wie eine KI zur Fehlererkennung
in der Fertigung arbeitet, und holt deren Feedback ein, bevor die Technologie
eingeführt wird.

Zusammenfassung: Führung im Zeitalter der KI

Die Ära der Künstlichen Intelligenz erfordert ein neues Führungsverständnis.
Technologische Kompetenzen, emotionale Intelligenz und die Fähigkeit, als
Coach zu agieren, sind entscheidend für die erfolgreiche Integration von KI
in Unternehmen.

Führungskräfte müssen sich nicht nur auf neue Technologien einlassen, sondern auch bereit sein, ihre Rolle neu zu definieren. Der Fokus verschiebt sich von Kontrolle hin zu Empathie, von Anweisung hin zu Empowerment und von traditioneller Entscheidungsfindung hin zu datenbasiertem, aber menschlich reflektiertem Handeln.

Spezifische Coaching-Ansätze und Programme für Führungskräfte im KI-Zeitalter

Um Führungskräfte optimal auf die Herausforderungen und Chancen des KI-Zeitalters vorzubereiten, sind gezielte Coaching-Ansätze und Programme notwendig. Diese Maßnahmen sollen Führungskräften nicht nur technologische und methodische Kompetenzen vermitteln, sondern auch ihre Fähigkeit stärken, empathisch zu führen, flexibel zu reagieren und ihre Teams zu coachen. Im Folgenden werden konkrete Ansätze vorgestellt, die Führungskräfte in ihrer Entwicklung unterstützen können.

1. Technologische Kompetenz entwickeln: KI verstehen und nutzen

Ansatz: „Technologie-Bootcamps für Führungskräfte"

In speziell für Führungskräfte entwickelten Technologie-Bootcamps lernen Teilnehmende die Grundlagen von KI, deren Einsatzmöglichkeiten und Grenzen kennen.

Inhalt:

Einführung in die Funktionsweise von KI und maschinellem Lernen.

Praxisbeispiele aus der Branche des Unternehmens.

Verstehen von KI-gestützten Tools und deren strategischer Nutzen.

Ziel:

Führungskräfte entwickeln ein Grundverständnis für KI und fühlen sich sicherer im Umgang mit datenbasierten Entscheidungen.

Sie lernen, wie sie KI-Ergebnisse kritisch hinterfragen und in die Unternehmensstrategie einbetten können.

Format:

2–3-tägige Intensiv-Workshops mit Praxisteilen.

Kombination aus Theorie, Gruppenarbeit und Simulationen.

Ansatz: „Datenkompetenz-Coaching"

Individuelle Coachings, die Führungskräfte im Umgang mit Daten und deren Interpretation unterstützen.

Inhalt:

Kritisches Hinterfragen von KI-Analysen.

Methoden zur Vermeidung von Bias in Daten.

Einsatz von Tools zur Visualisierung und Interpretation von Daten.

Ziel:

Führungskräfte können datenbasierte Entscheidungen treffen, ohne den menschlichen Faktor aus den Augen zu verlieren.

2. Emotionale Intelligenz stärken: Menschliche Führung im Fokus

Ansatz: „Empathie-Simulationen"

Praktische Simulationen, bei denen Führungskräfte in realitätsnahen Situationen ihre empathische Führungskompetenz trainieren.

Inhalt:

Szenarien, in denen Mitarbeitende Sorgen oder Ängste äußern (z. B. Jobunsicherheit durch KI).

Rollenspiele mit professionellen Schauspieler*innen oder in Peer-Gruppen.

Feedback durch Coaches und Teilnehmende.

Ziel:

Führungskräfte lernen, aktiv zuzuhören, auf Emotionen einzugehen und Vertrauen zu stärken.

Beispiel-Situation:
Eine Mitarbeitende äußert die Angst, durch die Einführung von KI überflüssig zu werden. Die Führungskraft übt, die Bedenken ernst zu nehmen, Transparenz zu schaffen und positive Perspektiven aufzuzeigen.

Ansatz: „Emotionale Intelligenz-Workshops"

Workshops, die auf die Entwicklung und Stärkung emotionaler Intelligenz abzielen.

Themen:

Selbstwahrnehmung: Die eigene emotionale Reaktion auf Veränderungen erkennen und steuern.

Empathie: Die Bedürfnisse und Emotionen von Mitarbeitenden besser verstehen.

Konfliktmanagement: Umgang mit Widerständen und Auseinandersetzungen im Team.

Ziel:

Führungskräfte entwickeln ein tieferes Verständnis für die emotionalen Dynamiken in ihren Teams und werden sicherer im Umgang mit zwischenmenschlichen Herausforderungen.

3. Agilität und Anpassungsfähigkeit fördern: Flexibel auf Veränderungen reagieren

Ansatz: „Agile Leadership-Programme"

Ein umfassendes Programm, das Führungskräfte mit agilen Methoden vertraut macht und sie auf die dynamischen Anforderungen des KI-Zeitalters vorbereitet.

Inhalt:

Einführung in agile Prinzipien und Methoden wie Scrum, Kanban und Design Thinking.

Praktische Übungen zur Anwendung agiler Tools in Führungsaufgaben.

Fallstudien, die zeigen, wie Agilität in der Führung positive Veränderungen bewirken kann.

Ziel:

Führungskräfte lernen, ihre Teams flexibel und effizient durch Veränderungsprozesse zu führen.

Sie können Innovation fördern und schnell auf neue Herausforderungen reagieren.

Ansatz: „Change-Management-Coaching"

Individuelles Coaching, das Führungskräfte bei der Steuerung von Veränderungsprozessen unterstützt.

Inhalt:

Strategien zur Kommunikation von Veränderungen.

Umgang mit Widerständen und Unsicherheiten im Team.

Methoden zur Sicherstellung von Kontinuität und Motivation während des Wandels.

Ziel:

Führungskräfte entwickeln die Fähigkeit, ihre Teams erfolgreich durch Phasen der Unsicherheit zu führen und dabei Innovation und Stabilität zu gewährleisten.

4. Coaching-Kompetenzen ausbauen: Mitarbeitende befähigen und fördern

Ansatz: „Train-the-Coach-Programme"

Ein strukturiertes Programm, das Führungskräfte dabei unterstützt, Coaching-Fähigkeiten zu entwickeln und in ihrer täglichen Arbeit anzuwenden.

Inhalt:

Grundlagen des Coaching: Fragetechniken, aktives Zuhören und lösungsorientiertes Denken.

Aufbau einer Feedbackkultur: Wie konstruktives Feedback gegeben und empfangen wird.

Förderung der Selbstreflexion bei Mitarbeitenden.

Ziel:

Führungskräfte können Mitarbeitende motivieren, eigenständige Lösungen zu finden und ihre Potenziale zu entfalten.

Format:

Mehrtägige Workshops mit anschließenden Peer-Coaching-Sessions.

Ansatz: „Shadowing und Feedback"

Ein erfahrener Coach begleitet die Führungskraft in ihrem Arbeitsalltag, beobachtet deren Interaktionen mit dem Team und gibt individuelles Feedback.

Inhalt:

Direkte Beobachtung von Führungs- und Coaching-Situationen.

Feedback zu Stärken und Verbesserungspotenzialen.

Entwicklung individueller Handlungsstrategien.

Ziel:

Führungskräfte erhalten praxisnahe Unterstützung und können ihre Coaching-Fähigkeiten gezielt verbessern.

5. Vertrauen in KI aufbauen: Mitarbeitende mitnehmen

Ansatz: „Kommunikations-Coaching für KI-Projekte"

Führungskräfte lernen, wie sie die Einführung von KI-Systemen transparent und verständlich kommunizieren.

Inhalt:

Vermittlung der Vorteile und Funktionsweise von KI.

Umgang mit typischen Ängsten und Vorbehalten gegenüber KI.

Aufbau einer positiven Erzählung (Narrativ) rund um die Einführung von KI.

Ziel:

Führungskräfte können Vertrauen schaffen und die Akzeptanz der Mitarbeitenden für KI-Projekte erhöhen.

Ansatz: „Storytelling-Workshops"

Workshops, die Führungskräfte darin schulen, Geschichten zu erzählen, die die positiven Auswirkungen von KI aufzeigen.

Inhalt:

Entwicklung von Erzählungen, die Ängste nehmen und Chancen aufzeigen.

Einbindung von Erfolgsgeschichten aus der Praxis.

Ziel:

Mitarbeitende verstehen die Vorteile von KI und erkennen die Möglichkeiten, die sich für sie persönlich ergeben.

Zusammenfassung: Coaching als Schlüssel zur Potenzialentfaltung

Die vorgestellten Coaching-Ansätze bieten Führungskräften die Möglichkeit, sich gezielt auf die Herausforderungen und Chancen des KI-Zeitalters vorzubereiten. Durch die Kombination von technologischen, emotionalen und methodischen Kompetenzen können sie nicht nur ihre eigene Entwicklung vorantreiben, sondern auch ihre Teams erfolgreich in eine von KI geprägte Zukunft führen.

Führungskräfte-Coaching ist keine einmalige Maßnahme, sondern ein kontinuierlicher Prozess, der auf die individuellen Bedürfnisse und Herausforderungen jeder Führungskraft abgestimmt werden sollte. So wird nicht nur die technische Einführung von KI erfolgreich, sondern auch die kulturelle und zwischenmenschliche Integration gestärkt.

Ausarbeitung spezifischer Coaching-Ansätze und zusätzliche Materialien für Führungskräfte im KI-Zeitalter

Um Führungskräfte umfassend auf die Herausforderungen der KI-Integration vorzubereiten, können detaillierte Coaching-Ansätze mit begleitenden Materialien wie Workbooks, Flipbooks und digitalen Ressourcen entwickelt werden. Diese Ansätze bieten eine strukturierte Unterstützung, die nicht nur Wissen vermittelt, sondern auch praktische Anleitungen und Reflexionsmöglichkeiten bietet. Im Folgenden skizziere ich spezifischere Programme und Ideen, die als Grundlage für weitergehende Materialien dienen können.

1. Coaching-Ansätze: Vertiefung und Spezialisierung

1.1 „KI-Ready Leadership" Programm

Ein modulares Coaching-Programm, das Führungskräfte Schritt für Schritt auf die technologischen, emotionalen und organisatorischen Anforderungen vorbereitet.

Modul 1: Technologische Kompetenz – „KI verstehen und nutzen"

Ziel: Führungskräfte entwickeln ein Grundverständnis für KI-Technologien, deren Nutzen und die kritische Bewertung von Ergebnissen.

Inhalte:

Einführung in KI: Was ist KI, maschinelles Lernen, Datenanalyse?

Praxisworkshops zur Bewertung von KI-Ergebnissen: „Wie lese ich einen KI-Auswertungsbericht?"

Interaktive Fallstudien: Führungskräfte arbeiten an realistischen Szenarien, z. B. „Wie KI-Verkäufe steigern kann, ohne Kund*innen zu verunsichern".

Materialien:

Workbook: „KI für Führungskräfte: Grundlagen und strategische Anwendung". Enthält Checklisten, Reflexionsfragen und Mini-Übungen für den Alltag.

Flipbook: Visuelle Darstellungen von KI-Architekturen und Prozessen, um komplexe Inhalte einfach zu erklären.

Modul 2: Empathisches Leadership – „Technologie mit Menschlichkeit verbinden"

Ziel: Führungskräfte lernen, wie sie Mitarbeitende emotional begleiten und deren Ängste sowie Vorbehalte gegenüber KI abbauen.

Inhalte:

Rollenspiele: „Wie reagiere ich auf Ängste meiner Mitarbeitenden?"

Techniken des aktiven Zuhörens und der empathischen Kommunikation.

Strategien zur Förderung offener Diskussionen über KI im Team.

Materialien:

Workbook: „Empathie in der Führung: Leitfaden für das KI-Zeitalter". Enthält Beispielgespräche, Reflexionsfragen und Übungen.

Flipbook: „Emotionale Intelligenz in 5 Schritten" – Kompakte Tipps für den Führungsalltag.

Modul 3: Agilität und Change-Management – „Flexibel und innovativ führen"

Ziel: Führungskräfte erwerben Werkzeuge, um flexibel auf Veränderungen zu reagieren und Innovation zu fördern.

Inhalte:

Einführung in agile Methoden (Scrum, Kanban) mit Fokus auf Führung.

Change-Management-Strategien: „Wie begleite ich mein Team durch Unsicherheiten?"

Praxisübungen: „Wie plane ich eine agile Teambesprechung?"

Materialien:

Workbook: „Agiles Führen im KI-Zeitalter". Enthält Vorlagen für agile Arbeitsmethoden und Tipps zur Teamentwicklung.

Flipbook: „Der agile Werkzeugkasten: Methoden für Veränderung und Innovation".

2. Erweiterte Materialien: Unterstützung für selbstständiges Lernen

2.1 Workbooks: Interaktive Leitfäden für Führungskräfte

Workbooks bieten eine Mischung aus Theorie, Reflexion und praktischen Übungen. Diese können auf spezifische Themen oder Module abgestimmt werden.

Beispiel: Workbook „KI als Führungswerkzeug"
Kapitelstruktur:

Kapitel 1: Einführung in KI und ihre Anwendung im Unternehmen.

Kapitel 2: Reflexionsfragen: „Wie beeinflusst KI meine Führungsarbeit?"

Kapitel 3: Praxisübungen: „Entwickeln Sie einen Plan zur Einführung von KI in Ihrem Team."

Kapitel 4: Checklisten: „Wie beurteile ich die Qualität von KI-Ergebnissen?"

Zusatz: QR-Codes für digitale Inhalte, z. B. Verlinkung zu Fallstudienvideos.

2.2 Flipbooks: Kompakte und visuelle Ressourcen

Flipbooks sind ideal für schnelle Einblicke und als Nachschlagewerk. Sie bieten visuell ansprechende Darstellungen von Prozessen, Konzepten und Methoden.

Beispiel: Flipbook „Mensch-Maschine-Teams aufbauen"

Inhalte:

Die drei Phasen der Teamzusammenarbeit: Mensch, Maschine und hybride Teams.

Visuelle Darstellung: „Wie delegiere ich Aufgaben zwischen Mensch und KI?"

Schnelle Tipps: „5 Fragen, die Sie stellen sollten, bevor Sie KI-Ergebnisse nutzen."

3. Digitale Ressourcen und Tools

3.1 Interaktive E-Learning-Module

Digitale Kurse, die Führungskräfte flexibel absolvieren können, um spezifische Kompetenzen zu entwickeln.

Beispiel:

Modul: „Kritische Fragen an KI-Systeme stellen".

Inhalte: Videos, Quizfragen und Simulationen, z. B. „Bewerten Sie die Ergebnisse eines KI-Tools."

Interaktion: Führungskräfte können Fragen stellen, die von KI-Expert*innen beantwortet werden.

3.2 Online-Coaching-Plattformen

Plattformen, die Führungskräfte mit Coaches verbinden, um individuelles Feedback zu erhalten.

Funktionen:

Live-Coaching-Sessions zu spezifischen Themen.

Upload von Fallstudien oder Herausforderungen aus dem Arbeitsalltag für personalisierte Beratung.

Gruppen-Coaching-Formate, um von anderen Führungskräften zu lernen.

4. Beispiele für innovative Coaching-Programme

4.1 „KI-Coaching-Lab": Experimentieren und Lernen in einem sicheren Raum

Ein interaktives Coaching-Format, das Führungskräften die Möglichkeit gibt, KI-Technologien in einem geschützten Umfeld zu testen.

Ablauf:

Einführung in ein KI-Tool (z. B. zur Datenanalyse oder Entscheidungsfindung).

Praktische Übung: Führungskräfte verwenden das Tool in einer simulierten Situation, z. B. zur Optimierung eines Prozesses.

Reflexion: Diskussion der Erfahrungen und Erkenntnisse mit einem Coach.

Ziel:

Führungskräfte lernen durch praktisches Ausprobieren.

4.2 „Empowerment Days": Coaching für Coaching-Fähigkeiten

Ein intensives Programm, das sich ausschließlich auf die Entwicklung von Coaching-Kompetenzen konzentriert.

Inhalte:

Grundlagen des Coachings: Fragetechniken, aktives Zuhören, Lösungsorientierung.

Live-Coachings: Führungskräfte coachen Kolleg*innen in realen Szenarien und erhalten Feedback.

Peer-Coaching: Austausch und gegenseitige Unterstützung in kleinen Gruppen.

Material:

Workbook: „Ihr persönlicher Coaching-Leitfaden".

Flipbook: „10 Fragen, die jedes Coaching-Gespräch voranbringen."

5. Inspiration: Einzigartige Elemente für Materialien und Programme

Interaktive Checklisten: Führungskräfte können ihre Fortschritte tracken, z. B. „Habe ich heute ein konstruktives Feedback gegeben?"

Storytelling-Ansätze: Erfolgsgeschichten von „KI-Ready Leaders" zeigen, wie andere Unternehmen und Führungskräfte Herausforderungen gemeistert haben.

Gamification: Punkte und Badges für absolvierte Module oder Übungen, um Motivation zu fördern.

Praktische Tools:

Vorlagen für Meetings, z. B. „So gestalten Sie eine KI-Strategie-Sitzung."

Visuelle Karten zur Entscheidungsfindung: „Wann sollten Sie KI nutzen – und wann nicht?"

Schluss: Materialien als Schlüssel zur Transformation

Die Einführung von Workbooks, Flipbooks und digitalen Ressourcen kann Führungskräften dabei helfen, die neuen Anforderungen im KI-Zeitalter nicht nur zu verstehen, sondern auch aktiv zu meistern. Diese Materialien sind nicht nur Lernhilfen, sondern auch Werkzeuge, die Führungskräfte in ihrem Arbeitsalltag begleiten und unterstützen.

5.2 KI-unterstütztes Coaching und individuelle Kompetenzentwicklung

Die Integration von Künstlicher Intelligenz (KI) in den Bereich des Coachings eröffnet neue Perspektiven für die Entwicklung von Mitarbeitenden und Führungskräften. KI-gestützte Tools und Analysen bieten eine personalisierte, datenbasierte und kontinuierliche Unterstützung, die traditionelle Coaching-Ansätze ergänzt und erweitert. Führungskräfte können mithilfe dieser Technologien nicht nur ihre Teams effizienter fördern, sondern auch ihre eigenen Kompetenzen gezielter weiterentwickeln.

Dieser Abschnitt beleuchtet, wie KI im Coaching eingesetzt werden kann, welche Vorteile sich daraus ergeben und welche konkreten Tools und Methoden bereits erfolgreich angewendet werden.

Wie KI Coaching unterstützt

KI-gestütztes Coaching lässt sich in drei zentrale Bereiche unterteilen: die Entwicklung personalisierter Lernpläne, die Bereitstellung von Feedback in Echtzeit und die Vorhersage zukünftiger Kompetenzen. Jeder dieser Bereiche bringt spezifische Vorteile mit sich, die die klassische Führungskompetenz auf eine neue Ebene heben.

1. Personalisierte Lernpläne: Individuelle Förderung durch KI

Einer der größten Vorteile von KI im Coaching ist die Fähigkeit, große Datenmengen zu analysieren und daraus maßgeschneiderte Entwicklungspläne zu erstellen.

Wie funktioniert das?

Analyse von Stärken und Schwächen: KI-Tools wie Eightfold AI oder Workday Learning analysieren berufliche Leistungen, Feedbackdaten und persönliche Präferenzen, um individuelle Kompetenzprofile zu erstellen.

Lernpräferenzen berücksichtigen: Anhand von Daten wie der bevorzugten Lernmethode (z. B. visuell, auditiv oder durch praktische Übungen) entwickelt die KI personalisierte Lernstrategien.

Langfristige Planung: Die Tools identifizieren Kompetenzlücken und schlagen gezielte Schulungsangebote vor, die Mitarbeitende auf das nächste Karrierestadium vorbereiten.

Praxisbeispiel:

Eine Führungskraft nutzt ein KI-Tool, das die Leistung der Mitarbeitenden hinsichtlich Projektmanagementfähigkeiten analysiert. Die KI empfiehlt spezifische Online-Kurse und Inhouse-Workshops, die sowohl auf die Schwächen der Mitarbeitenden als auch auf zukünftige Anforderungen der Branche zugeschnitten sind.

Vorteile für Führungskräfte:

Effizienz: Die automatisierte Analyse spart Zeit, die für manuelle Evaluierungen und Planung benötigt würde.

Individualisierung: Jeder Mitarbeitende erhält einen Plan, der perfekt auf seine Bedürfnisse abgestimmt ist.

2. Feedback in Echtzeit: Datenbasierte Unterstützung für Gespräche

Traditionelle Feedbackgespräche basieren oft auf subjektiven Wahrnehmungen und wenigen Momentaufnahmen. KI-gestützte Tools bieten eine objektive und kontinuierliche Grundlage, die Führungskräften hilft, fundierter zu agieren.

Wie funktioniert das?

Datenquellen: Plattformen wie CultureAmp oder Glint sammeln und analysieren Rückmeldungen aus Umfragen, Leistungsbeurteilungen und Teaminteraktionen.

Echtzeitanalysen: Diese Tools stellen Führungskräften in Echtzeit Feedback zur Verfügung, das auf quantitativen Daten basiert.

Empfehlungen: Die KI gibt Hinweise darauf, wie Führungskräfte Gespräche strukturieren und spezifisches Feedback formulieren können.

Praxisbeispiel:

Ein Teamleiter plant ein Feedbackgespräch mit einem Mitarbeitenden. Das KI-Tool zeigt an, dass der Mitarbeitende in den letzten Wochen eine hohe Arbeitsbelastung hatte, aber gleichzeitig eine Verbesserung in der Zusammenarbeit mit Kolleg*innen erzielt hat. Basierend auf diesen Daten kann die Führungskraft das Gespräch positiv und zielgerichtet gestalten.

Vorteile für Führungskräfte:

Objektivität: Daten minimieren persönliche Vorurteile, die Feedbackgespräche beeinflussen könnten.

Präzision: Führungskräfte können auf konkrete Fakten eingehen, was die Akzeptanz des Feedbacks steigert.

3. Vorhersage zukünftiger Kompetenzen: Proaktiv statt reaktiv handeln

Ein weiterer innovativer Aspekt von KI im Coaching ist die prädiktive Analytik. Diese Funktion ermöglicht es, Kompetenzen zu identifizieren, die in Zukunft wichtig sein werden, und Mitarbeitende darauf vorzubereiten.

Wie funktioniert das?

Markt- und Branchenanalysen: KI-Tools wie Eightfold AI oder LinkedIn Learning analysieren Trends und Entwicklungen in der jeweiligen Branche.

Skill-Gap-Analysen: Die Tools vergleichen die aktuellen Fähigkeiten der Mitarbeitenden mit den Anforderungen zukünftiger Stellenprofile.

Empfehlungen: Basierend auf den Analysen schlägt die KI gezielte Entwicklungsmaßnahmen vor, um diese Lücken zu schließen.

Praxisbeispiel:

Ein Unternehmen plant, in den nächsten zwei Jahren stärker auf datengetriebene Entscheidungsfindung zu setzen. Die KI empfiehlt spezifische Schulungen in Datenanalyse und Visualisierung für Führungskräfte, um sie auf diese Anforderungen vorzubereiten.

Vorteile für Führungskräfte:

Zukunftssicherheit: Teams sind bereits auf neue Herausforderungen vorbereitet, bevor diese akut werden.

Wettbewerbsvorteil: Mitarbeitende verfügen über Kompetenzen, die in der Branche selten sind, was das Unternehmen innovativer macht.

Praktische Beispiele für KI-unterstütztes Coaching

Es gibt bereits eine Vielzahl von Tools und Plattformen, die KI im Coaching erfolgreich nutzen. Zwei herausragende Beispiele sind LinkedIn Learning und Eightfold AI.

1. LinkedIn Learning: Maßgeschneiderte Lerninhalte

Wie funktioniert es?
LinkedIn Learning nutzt KI, um basierend auf den Karrieredaten und Interessen der Nutzenden passende Schulungsinhalte vorzuschlagen.

Besonderheit:
Die Plattform stellt personalisierte Lernpfade bereit, die sich an den beruflichen Zielen der Nutzenden orientieren.

Beispiel:
Ein Mitarbeitender, der eine Beförderung anstrebt, erhält Kursempfehlungen zu Führungskompetenzen und strategischem Denken.

2. Eightfold AI: Karrierepfade und Kompetenzentwicklung

Wie funktioniert es?
Eightfold AI analysiert Lebensläufe, Leistungsdaten und Marktanforderungen, um individuelle Karrierepläne zu erstellen.

Besonderheit:

Die Plattform hilft Führungskräften, Talente zu identifizieren und gezielt zu fördern.

Beispiel:

Eine Führungskraft erhält Vorschläge, wie ein Mitarbeitender durch gezielte Weiterbildungen und Projekte auf künftige Führungsaufgaben vorbereitet werden kann.

Vorteile von KI-unterstütztem Coaching

1. Zeitersparnis

Wie es funktioniert:

Automatisierte Analysen und Empfehlungen reduzieren den administrativen Aufwand für Führungskräfte erheblich.

Beispiel:

Anstatt Stunden mit der Auswertung von Leistungsberichten zu verbringen, liefert die KI innerhalb von Minuten eine detaillierte Analyse.

2. Objektivität

Wie es funktioniert:

Datenbasierte Empfehlungen minimieren subjektive Verzerrungen, die bei herkömmlichem Coaching auftreten können.

Beispiel:

Anstatt rein auf persönliche Einschätzungen zu vertrauen, erhalten Führungskräfte klare, evidenzbasierte Hinweise zur Förderung von Mitarbeitenden.

3. Kontinuierliche Entwicklung

Wie es funktioniert:

KI ermöglicht ein kontinuierliches Feedback, das Mitarbeitende in ihrer täglichen Arbeit unterstützt und langfristige Fortschritte fördert.

Beispiel:

Ein Mitarbeitender erhält wöchentlich Feedback zu seiner Leistung und kann gezielt an Schwächen arbeiten.

4. Frühzeitige Identifikation von Potenzialen

Wie es funktioniert:

KI erkennt Potenziale in Mitarbeitenden, die möglicherweise nicht sofort offensichtlich sind, und hilft, diese gezielt zu fördern.

Beispiel:

Eine Mitarbeitende mit bisher geringer Sichtbarkeit im Team wird durch ihre analytischen Fähigkeiten identifiziert und für ein datengetriebenes Projekt vorgeschlagen.

Herausforderungen und ethische Aspekte

Trotz der vielen Vorteile von KI-unterstütztem Coaching gibt es auch Herausforderungen, die bedacht werden müssen:

Datenschutz: Die Analyse persönlicher Daten erfordert sorgfältigen Umgang und transparente Kommunikation.

Verlust der Menschlichkeit: KI darf den menschlichen Aspekt im Coaching nicht vollständig ersetzen.

Bias in Algorithmen: Die Qualität der Ergebnisse hängt von der Datenbasis ab, die die KI nutzt. Verzerrte oder unvollständige Daten können zu unfairen Empfehlungen führen.

Fazit: Eine neue Ära des Coachings

KI-unterstütztes Coaching revolutioniert die Art und Weise, wie Führungskräfte ihre Teams fördern und entwickeln können. Durch personalisierte Lernpläne, präzises Feedback und die Möglichkeit, zukünftige Kompetenzen vorherzusagen, wird Coaching effizienter, objektiver und zielgerichteter.

Führungskräfte sollten diese Technologien jedoch nicht als Ersatz, sondern als Ergänzung zu ihren eigenen Fähigkeiten sehen. Die Kombination aus datenbasierten Erkenntnissen und menschlicher Intuition ist der Schlüssel, um das Potenzial von Mitarbeitenden und Teams vollständig zu entfalten.

Detaillierte Beschreibung spezifischer Coaching-Tools und datenschutzkonformer Implementierungen

Wenn KI-unterstütztes Coaching als Dienstleistung angeboten wird, ist es entscheidend, die richtigen Tools auszuwählen, datenschutzkonforme Prozesse zu integrieren und diese für Kund*innen *verständlich und zugänglich zu machen. Führungskräfte profitieren von Tools, die nicht nur robust und effizient sind, sondern auch ethisch und rechtlich einwandfrei arbeiten. Im Folgenden stelle ich einige führende Tools und Plattformen vor, erläutere ihre Funktionen und gebe konkrete Vorschläge, wie sie datenschutzkonform eingesetzt werden können. Zudem zeige ich, wie diese Tools in digitale und schriftliche Angebote integriert werden können, um sie gezielt Kund*innen anzubieten.

1. Spezifische Coaching-Tools: Funktionen und Einsatzmöglichkeiten

1.1 Eightfold AI: Karriereentwicklung und Talentförderung

Eightfold AI ist eine Plattform, die auf KI basiert und Unternehmen hilft, Talente zu identifizieren, zu fördern und gezielt weiterzuentwickeln.

Funktionen:

Skill-Matching: Analyse der vorhandenen Fähigkeiten der Mitarbeitenden und Abgleich mit zukünftigen Stellenanforderungen.

Karrierepfade: Vorschläge für individuelle Entwicklungs- und Karrierepläne basierend auf bisherigen Leistungen und Interessen.

Prädiktive Analytik: Identifikation von Kompetenzen, die in der Zukunft für spezifische Rollen benötigt werden.

Praxisbeispiel:

Eine Führungskraft möchte eine Mitarbeitende auf eine Führungsposition vorbereiten. Eightfold AI analysiert die aktuellen Fähigkeiten der Mitarbeitenden und schlägt Schulungen und Projekte vor, die ihre Vorbereitung beschleunigen.

Integration in schriftliche/digitale Angebote:

Workbook-Kapitel: „Wie Sie mit Eightfold AI Potenziale erkennen und fördern".

Digitales Modul: Eine Schritt-für-Schritt-Anleitung zur Nutzung der Plattform, ergänzt durch Videos und Simulationen.

Datenschutzkonforme Implementierung:

Datensparsamkeit: Nur die für die Analyse notwendigen Daten erheben (z. B. berufliche Fähigkeiten, keine privaten Informationen).

Transparenz: Mitarbeitende über den Zweck der Datennutzung informieren und ihre Zustimmung einholen.

Datenanonymisierung: Persönliche Identifikatoren entfernen, um Risiken zu minimieren.

1.2 LinkedIn Learning: Maßgeschneiderte Weiterbildung

LinkedIn Learning ist eine bekannte Plattform, die maßgeschneiderte Lerninhalte anbietet. Sie nutzt KI, um Inhalte basierend auf den Interessen und beruflichen Zielen der Nutzenden vorzuschlagen.

Funktionen:

Personalisierte Empfehlungen: Die Plattform schlägt Kurse vor, die auf den individuellen Karrierezielen basieren.

Lernpfade: Erstellung strukturierter Lernpläne, die auf spezifische Kompetenzen abzielen.

Fortschrittsanalyse: Nachverfolgung des Lernfortschritts und Anpassung der Empfehlungen.

Praxisbeispiel:

Ein Teamleiter möchte die Datenkompetenz seiner Mitarbeitenden verbessern. LinkedIn Learning schlägt passende Kurse wie „Grundlagen der Datenvisualisierung" oder „Einführung in maschinelles Lernen" vor.

Integration in schriftliche/digitale Angebote:

Visual Guide (Flipbook): „Effektive Nutzung von LinkedIn Learning für teamorientierte Weiterbildung".

Digitaler Leitfaden: Interaktive Tools, die Führungskräften helfen, individuelle Lernpfade für ihre Teams zu erstellen.

Datenschutzkonforme Implementierung:

Einwilligung: Mitarbeitende aktiv nach ihrer Zustimmung zur Nutzung ihrer LinkedIn-Daten fragen.

Einschränkungen: Keine sensiblen Daten (z. B. Gehalt oder persönliche Interessen außerhalb des Berufs) in die Empfehlungen einfließen lassen.

Richtlinien einhalten: Sicherstellen, dass die Plattform DSGVO- und CCPA-konform ist.

1.3 Workday Skills Cloud: Kompetenzmanagement und Entwicklung

Workday Skills Cloud ist ein Tool, das Unternehmen hilft, Kompetenzen ihrer Mitarbeitenden zu identifizieren, zu verwalten und gezielt auszubauen.

Funktionen:

Kompetenzdatenbank: Aufbau einer zentralen Übersicht über die Fähigkeiten der Mitarbeitenden.

Kompetenzlücken-Analyse: Identifikation von Bereichen, in denen Weiterbildungsbedarf besteht.

Integration: Verknüpfung mit Schulungsprogrammen und Lernplattformen.

Praxisbeispiel:

Eine Abteilungsleiterin möchte die Digitalisierung in ihrem Team vorantreiben. Workday Skills Cloud identifiziert, welche Mitarbeitenden bereits über grundlegende IT-Kenntnisse verfügen und welche zusätzliche Schulungen benötigen.

Integration in schriftliche/digitale Angebote:

Workbook-Kapitel: „Mit Workday Skills Cloud Kompetenzlücken schließen".

Interaktive Übung: Simulation eines Kompetenzmanagements mit Beispieldaten.

Datenschutzkonforme Implementierung:

Datenkontrolle: Führungskräfte erhalten nur aggregierte Daten, um die Privatsphäre der Mitarbeitenden zu schützen.

Rechte der Mitarbeitenden: Mitarbeitende können einsehen, welche Daten über sie gespeichert sind, und Korrekturen anfordern.

1.4 CultureAmp: Feedback und Engagement

CultureAmp ist ein Tool, das auf datenbasiertes Feedback und Mitarbeiterengagement spezialisiert ist.

Funktionen:

Mitarbeiterbefragungen: Erhebung von Feedback zur Zufriedenheit, Arbeitsumgebung und Führung.

Engagement-Daten: Analyse der Ergebnisse zur Identifikation von Verbesserungsmöglichkeiten.

Feedback für Führungskräfte: Unterstützung bei der Umsetzung von Maßnahmen basierend auf den Ergebnissen.

Praxisbeispiel:

Ein Teamleiter führt eine Mitarbeiterbefragung durch. CultureAmp zeigt, dass das Engagement im Team durch unklare Kommunikationsprozesse beeinträchtigt wird. Mithilfe der Plattform entwickelt der Teamleiter einen Plan zur Verbesserung der Kommunikation.

Integration in schriftliche/digitale Angebote:

Flipbook: „Feedbackkultur mit CultureAmp stärken – Ein visueller Leitfaden".

Online-Tool: Vorlagen für Mitarbeiterbefragungen und Aktionspläne basierend auf den Ergebnissen.

Datenschutzkonforme Implementierung:

Anonymität: Alle Befragungen anonymisieren, um die Privatsphäre der Mitarbeitenden zu schützen.

Einschränkungen: Nur aggregierte Ergebnisse teilen, keine individuellen Antworten.

2. Datenschutzkonforme Implementierungen als Wettbewerbsvorteil

Datenschutz ist nicht nur eine rechtliche Verpflichtung, sondern auch ein zentraler Aspekt, um das Vertrauen der Kund*innen und Mitarbeitenden zu gewinnen. Unternehmen, die KI-unterstütztes Coaching anbieten, sollten klare Maßnahmen ergreifen, um Datenschutz und Datensicherheit zu gewährleisten.

2.1 Grundprinzipien der Datensicherheit

Transparenz: Die Nutzung von Daten offenlegen und in einfacher Sprache erklären, wie diese im Coaching-Prozess verwendet werden.

Datensparsamkeit: Nur die Daten erheben, die unbedingt notwendig sind.

Verschlüsselung: Alle sensiblen Daten während der Übertragung und Speicherung verschlüsseln.

Zugriffsrechte: Den Zugang zu personenbezogenen Daten strikt auf autorisierte Personen beschränken.

2.2 Datenschutzmaßnahmen konkret umgesetzt

Datenschutzerklärung: Entwickeln Sie eine klare und verständliche Datenschutzerklärung, die den Zweck und die Nutzung der Daten beschreibt.

Einwilligungsmanagement: Führen Sie eine digitale Plattform ein, auf der Mitarbeitende ihre Zustimmung zur Datennutzung geben oder widerrufen können.

Audit-Prozesse: Regelmäßige Überprüfungen der Datenverarbeitungsprozesse, um sicherzustellen, dass sie den geltenden Vorschriften entsprechen.

2.3 Integration in Ihre Angebote

Schulungsmodule: Entwickeln Sie ein Modul für Führungskräfte, das den sicheren Umgang mit KI-gestützten Tools und Daten vermittelt.

Checklisten: Bereitstellen von Datenschutz-Checklisten in Workbooks und Flipbooks.

Vertrauensbildung: Integrieren Sie Beispiele, wie Datenschutzmaßnahmen das Vertrauen der Mitarbeitenden stärken.

3. Schriftliche und digitale Integration für Kund*innen

Um Kund*innen ein vollständiges Angebot bereitzustellen, können folgende Elemente genutzt werden:

3.1 Workbooks und Flipbooks

Struktur:

Jedes Tool oder jede Plattform erhält ein eigenes Kapitel mit praktischen Anwendungsbeispielen, Checklisten und Reflexionsfragen.

Datenschutz-Tipps werden in jedem Kapitel integriert.

Design:

Attraktive, visuelle Gestaltung mit Grafiken und Diagrammen.

QR-Codes, die zu weiterführenden digitalen Inhalten führen.

3.2 Digitale Plattformen

Inhalte:

Interaktive Lernmodule zu den Tools.

Simulationen und Praxisübungen.

Downloadbare Vorlagen, z. B. für Feedbackgespräche oder Kompetenzprofile.

Funktionen:

Fortschrittsverfolgung für Führungskräfte und Teams.

Integration von Videos und Tutorials.

Zusammenfassung: Ein ganzheitlicher Ansatz für KI-unterstütztes Coaching

Durch die Integration spezifischer Tools und datenschutzkonformer Prozesse können Sie ein einzigartiges Angebot für Ihre Kund*innen schaffen. Mit klar strukturierten Workbooks, interaktiven Flipbooks und digitalen Plattformen wird das Coaching nicht nur effizienter, sondern auch nachhaltiger. Datenschutzkonformität ist dabei kein Hindernis, sondern ein zentraler Bestandteil, um Vertrauen zu schaffen und Ihre Dienstleistung von der Konkurrenz abzuheben.

5.3 Best Practices: So begleiten Führungskräfte ihre Teams zum selbstgesteuerten Lernen

Was ist selbstgesteuertes Lernen?

Selbstgesteuertes Lernen beschreibt einen Ansatz, bei dem Mitarbeitende eigenverantwortlich ihre Weiterbildung gestalten. Sie identifizieren Lernziele, wählen geeignete Lernmethoden aus und bewerten ihre Fortschritte eigenständig. Führungskräfte und moderne Technologien spielen dabei eine unterstützende Rolle, indem sie Rahmenbedingungen schaffen, die individuelles Lernen fördern.

Best Practices für Führungskräfte

1. Schaffen Sie eine Lernkultur

Führungskräfte spielen eine Schlüsselrolle bei der Etablierung einer Lernkultur.

Durch aktives Vorleben von Lernbereitschaft (z. B. Teilnahme an Weiterbildungen) und die Förderung von Lernangeboten signalisieren sie, dass Lernen einen zentralen Stellenwert hat.

Beispiel: Organisieren Sie monatliche „Lernrunden", bei denen Mitarbeitende neue Erkenntnisse oder Tools vorstellen.

2. Nutzen Sie KI-Tools für personalisiertes Lernen

Plattformen wie **Coursera for Business, edX** oder **Udemy Business** können individuelle Lernpfade erstellen und Mitarbeitende gezielt fördern.

KI-gestützte Systeme analysieren dabei die Kompetenzen und Interessen der Mitarbeitenden und schlagen relevante Kurse vor.

Praxis-Tipp: Bieten Sie Zugang zu einer Plattform an und integrieren Sie Lernziele in die Entwicklungspläne Ihrer Mitarbeitenden.

3. Führen Sie regelmäßige Feedbackgespräche

Führungskräfte sollten Fortschritte aktiv begleiten, indem sie regelmäßig Feedbackgespräche führen.

Nutzen Sie Daten aus KI-Tools, um Erfolge und Herausforderungen zu analysieren.

Beispiel: Ein KI-gestütztes Dashboard zeigt, welche Lernmodule abgeschlossen wurden und welche Bereiche noch Vertiefung benötigen. Besprechen Sie diese Ergebnisse gemeinsam mit den Mitarbeitenden.

4. Setzen Sie auf Gamification

Gamifizierte Lernplattformen wie **Duolingo for Business** oder **Kahoot!** machen Lernen interaktiver und motivierender.

Elemente wie Punktesysteme, virtuelle Abzeichen oder Ranglisten steigern die Motivation und fördern die Teilnahme.

Beispiel: Starten Sie ein internes „Lern-Champion"-Programm, bei dem Mitarbeitende für abgeschlossene Kurse belohnt werden.

Erfolgsfaktoren für selbstgesteuertes Lernen

1. Verfügbarkeit von Ressourcen

Mitarbeitende benötigen Zugang zu Lernplattformen, Materialien und ausreichend Zeit für ihre Entwicklung.

Praxis-Tipp: Blocken Sie wöchentliche „Lernzeiten" in den Kalendern Ihrer Teams, um Weiterbildung zu priorisieren.

2. Offene Kommunikation

Führungskräfte sollten transparente Lernziele und klare Erwartungen kommunizieren.

Beispiel: Stellen Sie sicher, dass Mitarbeitende wissen, wie ihre Weiterbildung mit den Unternehmenszielen verknüpft ist.

3. Anerkennung von Leistungen

Sichtbare Anerkennung von Lernerfolgen motiviert Mitarbeitende und stärkt ihr Engagement.

Praxis-Tipp: Veranstalten Sie ein vierteljährliches Team-Meeting, um abgeschlossene Lernmodule oder erworbene Kompetenzen hervorzuheben.

Zusammengefasst: Führungskräfte sind zentrale Multiplikatoren für selbstgesteuertes Lernen. Durch die Schaffung einer unterstützenden Lernkultur, den Einsatz moderner Technologien und gezielte Anerkennung können sie ihre Teams dabei unterstützen, eigenverantwortlich und motiviert ihre Kompetenzen auszubauen.

Fallstudie: Selbstgesteuertes Lernen bei einem mittelständischen Technologieunternehmen

Hintergrund

Ein mittelständisches Technologieunternehmen mit 250 Mitarbeitenden stand vor der Herausforderung, seine Teams auf die sich schnell verändernden Anforderungen der Branche vorzubereiten. Besonders im Bereich der Softwareentwicklung gab es einen hohen Bedarf an neuen Kompetenzen wie Cloud-Computing und künstliche Intelligenz. Die Geschäftsführung erkannte, dass traditionelle Schulungsprogramme nicht ausreichten, da sie oft starr und nicht individuell genug waren.

Das Ziel war, eine Kultur des selbstgesteuerten Lernens zu etablieren, bei der die Mitarbeitenden eigenverantwortlich ihre Fähigkeiten weiterentwickeln, unterstützt durch Führungskräfte und moderne Technologien.

Umsetzung: Einführung einer Lernkultur und Nutzung von KI-Tools

Schaffung einer Lernkultur durch Führungskräfte

Die Führungskräfte wurden zunächst geschult, wie sie ihre Teams beim selbstgesteuerten Lernen begleiten können.

Sie führten wöchentliche „Lernzeiten" ein, bei denen Mitarbeitende zwei Stunden pro Woche frei für Weiterbildung nutzen konnten.

Führungskräfte teilten in Team-Meetings regelmäßig ihre eigenen Lernerfahrungen, z. B. durch die Vorstellung neuer Technologien oder Bücher.

Einsatz von KI-Tools für personalisiertes Lernen

Das Unternehmen führte die Plattform **Coursera for Business** ein, die personalisierte Lernerfahrungen bietet.

Mitarbeitende erhielten Zugang zu einer breiten Auswahl an Kursen, die von KI-gestützt auf ihre beruflichen Rollen und Interessen zugeschnitten wurden.

Ein KI-gestütztes Dashboard zeigte den Mitarbeitenden ihre Fortschritte und empfahl neue Lerninhalte basierend auf abgeschlossenen Modulen.

Gamification zur Steigerung der Motivation

Um die Teilnahme zu fördern, wurde ein Punktesystem eingeführt: Mitarbeitende sammelten Punkte für abgeschlossene Kurse und erhielten Abzeichen für spezifische Lernziele.

Am Ende jedes Quartals wurden die „Lern-Champions" des Unternehmens ausgezeichnet, was die Motivation im gesamten Team steigerte.

Regelmäßige Feedbackgespräche

Führungskräfte nutzten die Daten aus der Lernplattform, um in monatlichen Gesprächen die Fortschritte der Mitarbeitenden zu besprechen.

Diese Gespräche ermöglichten es, individuelle Herausforderungen zu identifizieren und gezielte Unterstützung anzubieten.

Ergebnisse

Nach einem Jahr konnte das Unternehmen deutliche Erfolge verzeichnen:

Steigerung der Lernbeteiligung:

85 % der Mitarbeitenden nutzten regelmäßig die Lernplattform, verglichen mit 40 % bei früheren Schulungsprogrammen.

Verbesserung der Kompetenzen:

60 % der Mitarbeitenden, die an selbstgesteuerten Lernprogrammen teilnahmen, erwarben neue Zertifikate in Bereichen wie Cloud-Computing und künstlicher Intelligenz.

Motivationsschub durch Gamification:

Die Einführung von Gamification führte zu einer höheren Teilnahmequote an Kursen und einer stärkeren Identifikation der Mitarbeitenden mit den Unternehmenszielen.

Engagement-Score gestiegen:

Der Engagement-Score, gemessen durch regelmäßige Mitarbeiterbefragungen, stieg von 3,8 auf 4,4 (auf einer Skala von 5).

Effizienzsteigerung:

Teams konnten Projekte schneller umsetzen, da sie gezielt ihre Kompetenzen erweiterten. Ein konkretes Beispiel: Die durchschnittliche Dauer für das Onboarding neuer Technologien wurde von drei Monaten auf sechs Wochen reduziert.

Lerneffekte und Erfolgsfaktoren

Das Unternehmen identifizierte drei zentrale Erfolgsfaktoren:

Klare Führungskommunikation: Führungskräfte kommunizierten regelmäßig die Bedeutung von Lernen und schufen Transparenz über Ziele und Erwartungen.

Individuelle Unterstützung: KI-Tools ermöglichten es, auf die spezifischen Bedürfnisse der Mitarbeitenden einzugehen.

Anerkennung von Leistungen: Die sichtbare Würdigung von Lernerfolgen motivierte die Mitarbeitenden, kontinuierlich an ihrer Entwicklung zu arbeiten.

Schlussfolgerung: Übertragbarkeit auf andere Unternehmen

Die Fallstudie zeigt, dass selbstgesteuertes Lernen nicht nur individuell, sondern auch auf organisatorischer Ebene positive Effekte hat. Unternehmen jeder Größe können durch die Kombination aus einer unterstützenden Lernkultur, KI-Tools und gezielter Anerkennung die Eigenverantwortung der Mitarbeitenden fördern und gleichzeitig strategische Ziele erreichen.

5.4 Anwendungsbeispiel: KI-basiertes Skill-Development bei Bosch

Herausforderung

Als global agierendes Technologieunternehmen stand Bosch vor der Aufgabe, die Kompetenzen seiner Mitarbeitenden kontinuierlich weiterzuentwickeln, um auf dem wettbewerbsintensiven Markt bestehen zu können. Insbesondere in Bereichen wie künstliche Intelligenz, Automatisierung und nachhaltigen Technologien war eine schnelle Anpassung an neue Anforderungen unerlässlich.

Das Ziel bestand darin, ein skalierbares System zu schaffen, das nicht nur die individuellen Entwicklungsbedürfnisse der Mitarbeitenden berücksichtigt, sondern auch die strategischen Ziele des Unternehmens unterstützt. Gleichzeitig sollte das Engagement der Mitarbeitenden gestärkt und deren Fluktuation reduziert werden.

Lösung

Um diesen Herausforderungen zu begegnen, entschied sich Bosch für die Einführung einer KI-basierten Plattform, die es ermöglicht, die Kompetenzen der Mitarbeitenden individuell zu fördern und strategisch weiterzuentwickeln.

1. Implementierung von KI-Tools

Bosch führte eine KI-gestützte Plattform ein, die Stärken und Entwicklungsbereiche der Mitarbeitenden analysiert.

Die Plattform nutzte Daten wie bisherige Qualifikationen, Rollenbeschreibungen und individuelle Lernziele, um personalisierte Empfehlungen für Weiterbildungen und Karrierepfade zu erstellen.

Die Lerninhalte wurden dynamisch an die Bedürfnisse der Mitarbeitenden angepasst, z. B. durch Online-Kurse, Zertifizierungen und interaktive Workshops.

2. Transparente Kommunikation und Einbindung der Mitarbeitenden

Um die Akzeptanz der neuen Plattform zu fördern, bezog Bosch die Mitarbeitenden frühzeitig in den Auswahlprozess der Tools ein.

In Workshops wurden die Funktionen der Plattform vorgestellt, und Mitarbeitende konnten Feedback zu den geplanten Funktionen geben.

Führungskräfte wurden geschult, die Plattform aktiv zu nutzen, um den Fortschritt ihrer Teams zu überwachen und regelmäßiges Feedback zu geben.

3. Pilotphase und globaler Roll-out

Zunächst wurde die Plattform in einer Pilotphase getestet, die eine Abteilung mit 500 Mitarbeitenden umfasste.

Die gewonnenen Erkenntnisse, z. B. über die Benutzerfreundlichkeit und Effektivität der Lerninhalte, wurden genutzt, um das System zu optimieren.

Nach der erfolgreichen Pilotphase wurde die Plattform schrittweise in die gesamte globale Organisation eingeführt, wobei regionale Anpassungen vorgenommen wurden.

Ergebnisse

Die Einführung der KI-basierten Plattform hatte messbare positive Auswirkungen auf die Organisation:

Steigerung der Mitarbeiterzufriedenheit:
Die Zufriedenheit der Mitarbeitenden stieg um 20 %, gemessen durch interne Umfragen. Besonders positiv wurde die Möglichkeit wahrgenommen, Lerninhalte individuell zu gestalten und persönliche Entwicklungsziele zu verfolgen.

Höhere Produktivität:
Teams, die die Plattform aktiv nutzten, konnten ihre Effizienz deutlich steigern. Projekte wurden schneller abgeschlossen, da Mitarbeitende gezielt auf neue Herausforderungen vorbereitet wurden.

Reduktion der Fluktuation:
Die Fluktuationsrate sank um 15 %, da gezielte Karriereentwicklungsmaßnahmen die Bindung der Mitarbeitenden an das Unternehmen stärkten.

Langfristige Kompetenzentwicklung:
Bosch konnte strategische Kompetenzlücken in Bereichen wie KI und Automatisierung schließen, was dem Unternehmen einen Wettbewerbsvorteil verschaffte.

Learnings aus dem Anwendungsbeispiel

Mitarbeitereinbindung ist entscheidend:
Die frühzeitige Einbindung der Mitarbeitenden und transparente Kommunikation trugen wesentlich zur Akzeptanz der Plattform bei.

Pilotprojekte minimieren Risiken:
Die Durchführung einer Pilotphase ermöglichte es Bosch, wertvolle Erkenntnisse zu gewinnen und das System vor dem globalen Roll-out zu optimieren.

Führungskräfte als Multiplikatoren:
Durch die aktive Nutzung der Plattform konnten Führungskräfte sicherstellen, dass die Lernziele der Mitarbeitenden mit den strategischen Zielen des Unternehmens übereinstimmen.

Schlussfolgerung

Das Beispiel von Bosch zeigt, wie KI-gestütztes Skill-Development erfolgreich implementiert werden kann, um Mitarbeitende individuell zu fördern und gleichzeitig die strategischen Unternehmensziele zu unterstützen. Die Kombination aus moderner Technologie, transparenter Kommunikation und gezieltem Feedback hat nicht nur die Zufriedenheit der Mitarbeitenden gesteigert, sondern auch die Wettbewerbsfähigkeit des Unternehmens nachhaltig gestärkt.

5.5 Übungen: So schulen Sie Empathie und emotionale Intelligenz für das digitale Zeitalter

Im digitalen Zeitalter, in dem Technologien wie künstliche Intelligenz (KI) zunehmend in Arbeitsprozesse integriert werden, gewinnt die emotionale Intelligenz von Führungskräften eine noch größere Bedeutung. Empathie und emotionale Kompetenz sind entscheidend, um Teams zu motivieren, Vertrauen aufzubauen und Vorbehalte gegenüber Technologien wie KI abzubauen. Dieser Abschnitt stellt verschiedene Übungen, Teamaktivitäten und Schulungsmethoden vor, die darauf abzielen, emotionale Intelligenz und Empathie gezielt zu fördern.

Reflexionsübungen: Emotionale Kompetenz durch Selbstwahrnehmung stärken

1. Perspektivwechsel: Empathie durch Rollenübernahme fördern

Führungskräfte sollen sich in die Situation eines Mitarbeitenden hineinversetzen, der Schwierigkeiten hat, KI-Tools in seinen Arbeitsalltag zu integrieren. Diese Übung hilft, Barrieren zu erkennen und gezielt darauf einzugehen.

Übungsschritte:

Stellen Sie ein Szenario vor, in dem ein Mitarbeitender Widerstände oder Unsicherheit gegenüber der Einführung eines neuen KI-Tools zeigt.

Bitten Sie die Teilnehmenden, schriftlich oder in Kleingruppen zu reflektieren, wie sich die betroffene Person fühlt:

Welche Ängste könnten im Vordergrund stehen?

Welche Unterstützung würde sie sich wünschen?

Anschließend diskutieren die Führungskräfte, wie sie in dieser Situation empathisch reagieren können.

Ziel:
Diese Übung sensibilisiert Führungskräfte dafür, wie wichtig es ist, die individuellen Perspektiven ihrer Mitarbeitenden zu verstehen, um gezielte Unterstützung anzubieten.

2. Selbstreflexion: Der Einfluss von Daten und Menschlichkeit

Die Integration von KI bringt eine Vielzahl datengetriebener Entscheidungen mit sich. Führungskräfte sollten jedoch reflektieren, wie sie menschliche Werte und Empathie in diesen Prozess einbringen können.

Übungsschritte:

Bitten Sie die Teilnehmenden, zwei Listen zu erstellen:

Entscheidungen, die sie in den letzten Wochen getroffen haben und die auf KI-gestützten Daten basiert haben.

Bereiche, in denen sie bewusst menschliche Werte oder Intuition in den Entscheidungsprozess eingebracht haben.

Diskutieren Sie anschließend in Gruppen:

Gibt es eine Balance zwischen datenbasierten und menschlichen Entscheidungen?

Wo könnten Empathie und emotionale Intelligenz eine größere Rolle spielen?

Ziel:
Diese Übung fördert ein Bewusstsein für die Bedeutung menschlicher Werte in einem zunehmend datengetriebenen Arbeitsumfeld.

Teamaktivitäten: Empathie in der Praxis erleben

1. Rollenspiele: Empathische Kommunikation üben

Rollenspiele sind eine effektive Methode, um Führungskräfte auf reale Herausforderungen vorzubereiten, die sie im Umgang mit Mitarbeitenden erleben können.

Szenario-Idee:
Ein Mitarbeitender äußert Vorbehalte gegenüber einem neuen KI-Tool, da er befürchtet, seine Aufgaben könnten automatisiert und seine Position gefährdet werden.

Übungsschritte:

Teilen Sie die Gruppe in Paare auf: Eine Person übernimmt die Rolle der Führungskraft, die andere die des Mitarbeitenden.

Aufgabe der Führungskraft ist es, empathisch auf die Sorgen des Mitarbeitenden einzugehen, aktives Zuhören zu zeigen und konkrete Unterstützung anzubieten.

Anschließend tauschen die Teilnehmenden die Rollen.

Diskutieren Sie in der Gruppe:

Welche Strategien waren besonders hilfreich?

Wie fühlte sich die Person in der Mitarbeitendenrolle?

Ziel:
Die Teilnehmenden lernen, in schwierigen Gesprächen empathisch zu reagieren und Vertrauen aufzubauen.

2. Gruppendiskussion: Strategien für emotionale Intelligenz entwickeln

In einer moderierten Diskussion erarbeiten Teams gemeinsam Ansätze, wie emotionale Intelligenz in der Zusammenarbeit mit KI-gestützten Tools gefördert werden kann.

Diskussionsfragen:

Wie können Führungskräfte sicherstellen, dass sie bei datenbasierten Entscheidungen nicht die menschliche Perspektive verlieren?

Welche Kommunikationsstrategien eignen sich, um Mitarbeitende bei der Einführung neuer Technologien zu unterstützen?

Wie können Führungskräfte emotionale Intelligenz nutzen, um den Mehrwert von KI-Tools transparent zu machen?

Gruppenaufgabe:
Lassen Sie die Teilnehmenden in Kleingruppen eine Liste von „Do's and Don'ts" für den empathischen Umgang mit Mitarbeitenden erstellen.

Ziel:
Die Diskussion fördert den Austausch von Erfahrungen und zeigt praktische Ansätze für den Arbeitsalltag auf.

Schulungsmethoden: Wissen vertiefen und anwenden

1. Workshops zur emotionalen Intelligenz

Workshops bieten einen strukturierten Rahmen, um Führungskräfte systematisch in den Kernbereichen der emotionalen Intelligenz zu schulen, wie z. B. aktives Zuhören, Konfliktmanagement und Feedbackkultur.

Workshop-Inhalte:

Aktives Zuhören: Übungen, die darauf abzielen, Gespräche bewusst zu führen und auf die Bedürfnisse des Gegenübers einzugehen.

Konfliktmanagement: Simulation von Konfliktsituationen, bei denen die Teilnehmenden lernen, empathisch und lösungsorientiert zu agieren.

Feedbackkultur: Vermittlung von Techniken für konstruktives Feedback, das sowohl wertschätzend als auch zielgerichtet ist.

Praxis-Tipp:
Integrieren Sie reale Fallstudien oder Beispiele aus dem Unternehmen, um die Relevanz des Workshops zu erhöhen.

2. KI-gestützte Trainings: Emotionale Reaktionen analysieren und verbessern

Moderne Technologien können Führungskräfte dabei unterstützen, ihre emotionale Intelligenz zu schärfen. Tools wie **Receptiviti** oder **Cogito** analysieren emotionale Muster in der Kommunikation und geben gezielte Verbesserungsvorschläge.

Anwendungsbeispiele:

Receptiviti: Analysiert schriftliche Kommunikation (z. B. E-Mails) und gibt Feedback zu Tonalität, Empathie und Klarheit.

Cogito: Erkennt emotionale Signale in Telefongesprächen und bietet Echtzeit-Coaching für empathischere Kommunikation.

Übung:
Lassen Sie Führungskräfte ihre Kommunikation mit einem solchen Tool analysieren und anschließend reflektieren:

Welche Aspekte wurden als besonders empathisch bewertet?

Wo gibt es Potenzial für Verbesserungen?

Ziel:
Die Teilnehmenden erhalten konkrete Einblicke in ihre Kommunikationsmuster und lernen, diese gezielt zu verbessern.

Empfehlungen für die Umsetzung im Unternehmen

Regelmäßige Trainings einplanen:
Schulungen zur emotionalen Intelligenz sollten nicht als einmalige Maßnahme betrachtet werden. Regelmäßige Auffrischungstrainings helfen, die erlernten Fähigkeiten zu festigen.

Führungskräfte als Vorbilder positionieren:
Führungskräfte sollten ihre eigene emotionale Kompetenz aktiv einsetzen und in Teammeetings oder Feedbackgesprächen vorleben.

Technologien ergänzend einsetzen:
KI-Tools wie Receptiviti oder Cogito sind eine wertvolle Ergänzung, dürfen aber nicht den menschlichen Aspekt der Führung ersetzen.

Erfolge sichtbar machen:
Unternehmen sollten den Mehrwert von emotionaler Intelligenz betonen, indem sie Erfolge (z. B. gesteigerte Mitarbeiterzufriedenheit) kommunizieren und feiern.

Fazit:
Das digitale Zeitalter erfordert von Führungskräften nicht nur technologische Kompetenz, sondern auch ein hohes Maß an emotionaler Intelligenz. Die vorgestellten Übungen, Teamaktivitäten und Schulungsmethoden bieten praxisnahe Ansätze, um Empathie und emotionale Kompetenz gezielt zu fördern und in den Arbeitsalltag zu integrieren.

„Nimm-das-mit"-Box: Kapitel 5

Kernbotschaften

Führung im KI-Zeitalter erfordert Coaching und Empowerment:
Führungskräfte müssen nicht nur Technologien verstehen, sondern auch ihre Teams durch gezieltes Coaching und Unterstützung stärken.

KI kann individuelle Kompetenzentwicklung unterstützen:
KI-Tools ermöglichen es, Lern- und Entwicklungsbedarfe präzise zu analysieren und maßgeschneiderte Lernpläne zu erstellen.

Emotionale Intelligenz bleibt eine Schlüsselkompetenz:
Trotz aller technologischen Fortschritte bleibt die Fähigkeit, empathisch und menschlich zu führen, ein unverzichtbarer Erfolgsfaktor.

Praktische Tipps

Nutzen Sie KI-Tools:
Integrieren Sie Plattformen wie Coursera for Business oder Receptiviti, um personalisierte Lern- und Entwicklungspläne zu erstellen.

Fördern Sie regelmäßige Feedbackgespräche:
Verwenden Sie KI-gestützte Daten, um Fortschritte messbar zu machen und
konstruktives Feedback zu geben.

Schulen Sie Führungskräfte in emotionaler Intelligenz:
Bieten Sie regelmäßige Workshops und Schulungen an, um Kompetenzen wie
aktives Zuhören, Konfliktmanagement und Feedbackkultur zu stärken.

Übungen

Reflexion:
Überlegen Sie, wie Sie aktuell datenbasierte Ansätze nutzen, um die
Entwicklung Ihrer Mitarbeitenden zu fördern. Wo gibt es Potenzial für
Verbesserungen?

Teamaktivität:
Organisieren Sie eine Diskussion mit Ihrem Führungsteam. Ziel: Erarbeiten
Sie konkrete Maßnahmen, um KI-gestützte Tools in den Coaching-Prozess
zu integrieren.

Inspirierende Zitate oder Beispiele

Zitat:
„Gute Führung verbindet Technologie mit Menschlichkeit."

Beispiel:
Bosch setzte erfolgreich KI-Tools ein, um individuelle Entwicklungspläne für
Mitarbeitende zu erstellen. Das Ergebnis: Eine 20-prozentige Steigerung der
Mitarbeiterzufriedenheit und eine stärkere Bindung der Mitarbeitenden an das
Unternehmen.

Kapitel 6: Kultur der Veränderung: KI als Treiber für stetige Weiterentwicklung

Die rasante Entwicklung der Künstlichen Intelligenz (KI) hat nicht nur technologische Paradigmen verschoben, sondern auch die Anforderungen an Unternehmen und Mitarbeitende grundlegend verändert. In dieser Ära des Wandels ist eine Kultur des lebenslangen Lernens nicht länger eine Option, sondern eine Notwendigkeit. Unternehmen, die lebenslanges Lernen fördern, sichern langfristig ihre Wettbewerbsfähigkeit und ermöglichen es ihren Mitarbeitenden, in einer dynamischen Arbeitswelt nicht nur Schritt zu halten, sondern aktiv mitzuwirken.

6.1.1 Die Rolle des lebenslangen Lernens in der KI-Ära

Lebenslanges Lernen ist ein Konzept, das weit über die Teilnahme an gelegentlichen Schulungen hinausgeht. Es beschreibt eine Haltung der ständigen Weiterentwicklung, bei der Lernen integraler Bestandteil der beruflichen und persönlichen Identität ist. In der KI-Ära wird diese Haltung zur Überlebensstrategie, da sich die Anforderungen an Kompetenzen und Fähigkeiten kontinuierlich verändern.

Warum lebenslanges Lernen im KI-Zeitalter unerlässlich ist

Die Geschwindigkeit, mit der sich KI-Technologien entwickeln, hat dazu geführt, dass sich Anforderungen an Mitarbeitende kontinuierlich ändern. Fähigkeiten, die heute als unverzichtbar gelten – wie Datenanalyse oder Programmierung –, könnten in wenigen Jahren durch Automatisierung oder neue Anforderungen ersetzt werden. Ein Beispiel hierfür ist die Automatisierung von Routineaufgaben: Viele Tätigkeiten, die früher manuelle Eingriffe erforderten, werden heute von KI-Systemen übernommen. Mitarbeitende müssen sich daher auf höherwertige Aufgaben konzentrieren, die Kreativität, Problemlösungsfähigkeiten und zwischenmenschliche Kompetenzen erfordern.

Neue Rollen und Kompetenzen in der KI-Ära

Lebenslanges Lernen unterstützt Mitarbeitende dabei, sich neuen Rollen anzupassen und Kompetenzen zu entwickeln, die KI nicht ersetzen kann:

Kritisches Denken: Die Fähigkeit, KI-generierte Daten und Entscheidungen zu analysieren und zu hinterfragen.

Zwischenmenschliche Kompetenz: Empathie und Teamführung, die für KI unerreichbar bleibt.

Technologische Kompetenz: Das Verständnis und der Einsatz von KI-Tools, um diese effektiv in den Arbeitsalltag zu integrieren.

Mit anderen Worten: Lebenslanges Lernen befähigt Mitarbeitende, sich nicht von technologischen Entwicklungen überrollen zu lassen, sondern diese aktiv mitzugestalten.

6.1.2 Theoretische Grundlagen: Organisationspsychologie und Innovationsforschung

Organisationspsychologie: Lernen als Teil der Unternehmenskultur

Aus der Organisationspsychologie wissen wir, dass Mitarbeitende dann am effektivsten lernen, wenn Lernen als Wert in der Unternehmenskultur verankert ist. Dies bedeutet:

Psychologische Sicherheit: Mitarbeitende müssen sich sicher fühlen, neue Kompetenzen auszuprobieren und dabei auch Fehler zu machen.

Motivationsmechanismen: Intrinsische (z. B. Neugier) und extrinsische (z. B. Anerkennung) Motivationen fördern den Lernprozess.

Führung als Vorbild: Führungskräfte müssen selbst Lernbereitschaft zeigen und diese Einstellung aktiv fördern.

Ein Beispiel aus der Praxis ist Google, das das Konzept der "20%-Zeit" eingeführt hat, bei dem Mitarbeitende 20 % ihrer Arbeitszeit für eigene Projekte oder Weiterbildung nutzen können. Diese Freiheit motiviert Mitarbeitende, innovative Ideen zu entwickeln und neue Fähigkeiten zu erlernen.

Innovationsforschung: Lernen als Basis für Anpassungsfähigkeit

Die Innovationsforschung zeigt, dass Organisationen, die kontinuierlich lernen und experimentieren, besser auf disruptive Veränderungen reagieren können. Zwei zentrale Konzepte sind hierbei:

Exploration vs. Exploitation: Unternehmen müssen ein Gleichgewicht zwischen der Nutzung bestehender Kompetenzen (Exploitation) und der Erforschung neuer Möglichkeiten (Exploration) finden.

Iteratives Lernen: Kleine, kontinuierliche Experimente fördern Kreativität und Anpassungsfähigkeit.

Fazit: Organisationen, die eine Lernkultur verinnerlichen, schaffen die Grundlage für nachhaltige Innovationen und langfristigen Erfolg.

6.1.3 Herausforderungen und Chancen

Die Einführung einer Kultur des lebenslangen Lernens ist ein ambitioniertes Ziel, das mit Herausforderungen verbunden ist, aber auch immense Chancen bietet.

Herausforderungen

Motivationsprobleme:
Nicht alle Mitarbeitenden sind von Natur aus motiviert, sich kontinuierlich weiterzubilden. Veränderungen können Ängste auslösen, insbesondere wenn neue Technologien als Bedrohung wahrgenommen werden.

Zeitliche Ressourcen:
Der Arbeitsalltag vieler Mitarbeitender ist bereits stark ausgelastet. Regelmäßige Weiterbildung kann daher als zusätzliche Belastung empfunden werden.

Ungleicher Zugang zu Lernressourcen:
Nicht alle Mitarbeitenden haben denselben Zugang zu digitalen
Lernplattformen oder verfügen über die Technologie- und
Medienkompetenzen, die für moderne Lernmethoden erforderlich sind.

Chancen

Personalisierung durch KI:
KI ermöglicht es, personalisierte Lernpfade zu erstellen, die auf den
individuellen Bedürfnissen und Interessen der Mitarbeitenden basieren. Dies
macht Lernen effizienter und attraktiver.

Förderung von Innovation:
Lebenslanges Lernen ermutigt Mitarbeitende, neue Ideen zu entwickeln und
kreative Lösungen für bestehende Probleme zu finden.

Stärkung der Mitarbeiterbindung:
Eine Lernkultur signalisiert Mitarbeitenden, dass ihre Entwicklung geschätzt
wird. Dies kann die Mitarbeiterzufriedenheit und -bindung erhöhen.

6.1.4 Best Practices für lebenslanges Lernen

Um die Herausforderungen zu meistern und die Chancen zu nutzen, können
Unternehmen eine Reihe von Maßnahmen ergreifen, um lebenslanges Lernen
zu fördern.

1. Lernressourcen bereitstellen

Digitale Plattformen: Investieren Sie in Lernplattformen wie LinkedIn
Learning, Coursera oder unternehmensinterne Tools, die Mitarbeitenden
Zugang zu einer Vielzahl von Kursen und Materialien bieten.

Blended Learning: Kombinieren Sie Online- und Präsenzschulungen, um
unterschiedliche Lernstile zu berücksichtigen.

2. Lernziele setzen

Individuelle Entwicklungspläne: Arbeiten Sie gemeinsam mit
Mitarbeitenden an klaren Lernzielen, die auf ihre Karriereziele abgestimmt
sind.

Unternehmensweite Ziele: Verknüpfen Sie Lernziele mit den strategischen
Zielen des Unternehmens, z. B. der Einführung neuer Technologien.

3. Feedback und Anerkennung

Regelmäßiges Feedback: Nutzen Sie Daten aus KI-Tools, um Lernfortschritte zu messen und konstruktives Feedback zu geben.

Anerkennung: Belohnen Sie Mitarbeitende für ihre Bemühungen, z. B. durch Zertifikate, Prämien oder öffentliche Anerkennung.

4. Führungskräfte einbinden

Training für Führungskräfte: Schulen Sie Führungskräfte darin, als Lern-Coaches für ihre Teams zu agieren.

Vorbildfunktion: Führungskräfte sollten selbst Lernbereitschaft zeigen und aktiv an Weiterbildungen teilnehmen.

6.1.5 Fallstudien und Beispiele

Fallstudie 1: Siemens und die Lernkultur

Siemens hat eine umfassende Lernkultur etabliert, die auf kontinuierlicher Weiterbildung und der Nutzung von KI-basierten Lernplattformen basiert. Das Unternehmen bietet seinen Mitarbeitenden Zugang zu einer Vielzahl von Online-Kursen und nutzt KI, um personalisierte Lernpfade zu erstellen. Dies hat nicht nur die Kompetenzen der Mitarbeitenden verbessert, sondern auch die Innovationskraft des Unternehmens gesteigert.

Fallstudie 2: Amazon und die „Upskilling 2025"-Initiative

Amazon hat die „Upskilling 2025"-Initiative ins Leben gerufen, mit dem Ziel, bis 2025 über 100.000 Mitarbeitende weiterzubilden. Das Programm umfasst eine Vielzahl von Schulungen, von technischen Fähigkeiten bis hin zu Führungskompetenzen. Durch die Nutzung von KI-basierten Lernplattformen konnte Amazon den Lernprozess personalisieren und effizienter gestalten.

6.1.6 Potenzielle Hindernisse und Lösungsansätze

Hindernis 1: Widerstände seitens der Mitarbeitenden

Lösungsansatz: Schaffen Sie eine Kultur der psychologischen Sicherheit, in der Mitarbeitende sich trauen, neue Kompetenzen auszuprobieren und Fehler zu machen. Kommunizieren Sie klar die Vorteile des lebenslangen Lernens und bieten Sie Unterstützung an.

Hindernis 2: Zeitliche Ressourcen

Lösungsansatz: Integrieren Sie Lernaktivitäten in den Arbeitsalltag, z. B. durch Microlearning-Einheiten, die in kurzen Pausen absolviert werden können. Nutzen Sie KI, um den Lernprozess effizienter zu gestalten und Zeit zu sparen.

Hindernis 3: Ungleicher Zugang zu Lernressourcen

Lösungsansatz: Stellen Sie sicher, dass alle Mitarbeitenden Zugang zu den notwendigen Technologien und Lernressourcen haben. Bieten Sie Schulungen an, um die Medienkompetenz der Mitarbeitenden zu verbessern.

6.1.7 Ethische Aspekte des lebenslangen Lernens

Die Einführung einer Kultur des lebenslangen Lernens wirft auch ethische Fragen auf. Unternehmen müssen sicherstellen, dass der Lernprozess fair und inklusiv gestaltet wird. Dies bedeutet:

Datenschutz: Die Nutzung von KI-basierten Lernplattformen erfordert die Sammlung und Analyse von Daten. Unternehmen müssen sicherstellen, dass die Privatsphäre der Mitarbeitenden geschützt wird.

Algorithmen-Bias: KI-Systeme können unbewusste Vorurteile enthalten, die den Lernprozess beeinflussen. Unternehmen müssen sicherstellen, dass ihre KI-Systeme fair und transparent sind.

Transparenz: Mitarbeitende sollten verstehen, wie ihre Daten genutzt werden und welche Auswirkungen dies auf ihren Lernprozess hat.

6.1.8 Fazit

Lebenslanges Lernen ist die Basis für Unternehmen, die die Herausforderungen und Chancen der KI-Ära erfolgreich bewältigen wollen. Eine Lernkultur erfordert jedoch mehr als nur den Zugang zu Ressourcen – sie muss in der Unternehmenskultur verankert und durch Führungskräfte aktiv gefördert werden. Mithilfe von KI können Unternehmen den Lernprozess personalisieren und effizienter gestalten, während sie gleichzeitig die Innovationskraft und Anpassungsfähigkeit ihrer Organisation stärken. Unternehmen, die lebenslanges Lernen fördern, sichern nicht nur ihre

Wettbewerbsfähigkeit, sondern schaffen auch eine Arbeitsumgebung, in der Mitarbeitende sich kontinuierlich weiterentwickeln und ihr volles Potenzial entfalten können.

6.2 Fail Fast, Learn Fast: Mit KI zu mehr Risikobereitschaft und Agilität

In einer Geschäftswelt, die sich durch technologische Innovationen und Marktveränderungen immer schneller wandelt, ist starres Festhalten an traditionellen Strukturen ein Rezept für den Misserfolg. Die Fähigkeit, schnell zu scheitern und daraus ebenso schnell zu lernen, ist zu einem entscheidenden Wettbewerbsvorteil geworden, insbesondere in der Ära der Künstlichen Intelligenz (KI). Die „Fail Fast, Learn Fast"-Mentalität bietet Unternehmen einen methodischen Ansatz, um Risiken einzugehen, Experimente durchzuführen und ihre Agilität zu steigern. KI spielt dabei eine Schlüsselrolle, da sie die Geschwindigkeit und Präzision von Entscheidungsprozessen erhöht und den Weg für Innovationen ebnet.

6.2.1 Die Bedeutung von Agilität und Risikobereitschaft

Warum Agilität und Risikobereitschaft heute unverzichtbar sind

Die KI-Ära ist geprägt von Unsicherheit, Komplexität und schnellem Wandel. Unternehmen, die nicht in der Lage sind, flexibel auf Veränderungen zu reagieren, riskieren, von agileren Wettbewerbern überholt zu werden. Traditionelle Ansätze, die auf langfristige Planung und Minimalisierung von Risiken setzen, sind in einem Umfeld, das ständige Anpassung erfordert, nicht mehr ausreichend.

Agilität und Risikobereitschaft ermöglichen es Unternehmen, frühzeitig neue Chancen zu erkennen, proaktiv zu handeln und sich kontinuierlich weiterzuentwickeln. Diese Mentalität erfordert jedoch eine grundlegende Veränderung in der Unternehmenskultur. Mitarbeitende müssen ermutigt werden, innovative Ideen zu entwickeln und auszuprobieren – auch auf die Gefahr hin, dass diese scheitern.

Ein Beispiel aus der Praxis:
Amazon ist bekannt für seine „Day 1"-Philosophie, die darauf abzielt, ein

Start-up-Mindset in einem riesigen Unternehmen zu erhalten. Durch die Förderung von Experimenten und die Akzeptanz von Fehlschlägen konnte Amazon Innovationen wie Alexa oder den Amazon Web Services (AWS) entwickeln.

Scheitern als Teil des Lernprozesses

Der Kern der „Fail Fast, Learn Fast"-Mentalität liegt in der Erkenntnis, dass Scheitern kein Endpunkt ist, sondern ein notwendiger Schritt auf dem Weg zu Erfolg und Innovation. Studien aus der Organisationspsychologie zeigen, dass Menschen und Teams, die Fehler als Lerngelegenheit betrachten, offener für neue Ideen und experimentierfreudiger sind.

Vorteile dieser Mentalität:

Förderung von Kreativität: Mitarbeitende fühlen sich ermutigt, neue Ansätze auszuprobieren, ohne Angst vor negativen Konsequenzen.

Schnellere Anpassung: Teams können aus Fehlern lernen und ihre Ansätze in kürzester Zeit optimieren.

Stärkere Innovationskraft: Durch iteratives Lernen entstehen oft unerwartete, bahnbrechende Lösungen.

Barrieren:

Angst vor negativen Konsequenzen, wie Kritik oder Karriereeinbußen.

Eine Unternehmenskultur, die Perfektionismus über Lernen stellt.

Mangelnde Mechanismen zur strukturierten Analyse von Fehlschlägen.

6.2.2 KI als Enabler für Agilität

KI ist nicht nur ein Werkzeug, sondern ein wesentlicher Unterstützer, um Agilität und Risikobereitschaft in Unternehmen zu fördern. Sie bietet die Möglichkeit, Daten schneller und effizienter zu analysieren, Entscheidungsprozesse zu beschleunigen und durch Simulationen Risiken zu minimieren, ohne die Innovationsfreude zu ersticken.

Echtzeit-Datenanalyse für schnellere Entscheidungen

Eine der größten Stärken von KI ist die Fähigkeit, große Datenmengen in Echtzeit zu analysieren und daraus Handlungsempfehlungen abzuleiten. Dies ermöglicht Unternehmen, frühzeitig auf Marktveränderungen zu reagieren und fundierte Entscheidungen zu treffen.

Beispiel:

Ein Handelsunternehmen kann KI nutzen, um Kundenpräferenzen in Echtzeit zu analysieren. Wenn ein Produkt nicht wie erwartet verkauft wird, liefert die KI Empfehlungen für Anpassungen, z. B. Preisänderungen oder gezielte Marketingmaßnahmen.

Simulation und Risikomanagement

KI-Tools ermöglichen es Unternehmen, neue Ideen oder Strategien zunächst in virtuellen Umgebungen zu testen, bevor sie real umgesetzt werden. Diese Simulationen helfen, potenzielle Risiken zu erkennen und zu bewerten, ohne die eigentlichen Geschäftsprozesse zu beeinträchtigen.

Beispiel:

In der Automobilindustrie werden KI-gestützte Simulationen genutzt, um neue Designs oder Produktionsmethoden zu testen. Fehler können identifiziert und behoben werden, bevor sie reale Kosten verursachen.

Automatisierung und Iteration

Durch Automatisierung können Unternehmen Routineaufgaben delegieren und sich auf kreative sowie strategische Arbeiten konzentrieren. KI kann iterativen Prozessen Struktur verleihen, indem sie Erkenntnisse aus Experimenten schneller verarbeitet und Teams direktes Feedback liefert.

6.2.3 Umsetzung der „Fail Fast, Learn Fast"-Mentalität

Die Implementierung dieser Mentalität erfordert einen systematischen Ansatz, der sowohl die Unternehmenskultur als auch die eingesetzten Technologien einbezieht. Folgende Schritte haben sich in der Praxis bewährt:

1. Experimentierfreudigkeit fördern

Wie?

Fehler als akzeptierten Bestandteil des Lernens kommunizieren: Führungskräfte sollten offen über eigene Fehlschläge sprechen und zeigen, wie sie daraus gelernt haben.

Freiräume für Experimente schaffen: Mitarbeitende brauchen Zeit und Ressourcen, um neue Ansätze auszuprobieren.

Beispiel:
Ein Finanzdienstleister führte ein internes Innovationsprogramm ein, bei dem Mitarbeitende ihre Ideen für neue Produkte präsentieren konnten. Die besten Vorschläge wurden getestet, selbst wenn sie ein hohes Risiko bargen.

2. Schnelles Feedback etablieren
Wie?

Feedback-Schleifen definieren: Iterative Prozesse einführen, bei denen nach jedem Experiment eine schnelle Auswertung erfolgt.

KI-gestützte Analysetools nutzen: Diese liefern präzise Daten, die Teams helfen, Stärken und Schwächen ihrer Ansätze zu erkennen.

Beispiel:
Ein Softwareunternehmen setzt KI ein, um die Leistung neuer Funktionen in Echtzeit zu analysieren. Auf Basis dieser Analysen können Entwickler innerhalb weniger Stunden Anpassungen vornehmen.

3. Risikomanagement integrieren
Wie?

Risiken identifizieren und priorisieren: KI-Tools können potenzielle Risiken frühzeitig aufzeigen und bewerten.

Balance zwischen Innovation und Stabilität finden: Während Risiken akzeptiert werden, sollten Kernprozesse des Unternehmens geschützt bleiben.

Beispiel:
Ein Pharmaunternehmen verwendet KI, um klinische Studien zu simulieren und Risiken neuer Medikamente zu bewerten. Dies beschleunigt den Innovationsprozess, ohne die Sicherheit zu gefährden.

6.2.4 Visualisierung: Der Prozess der „Fail Fast, Learn Fast"-Mentalität

Der folgende Prozess zeigt, wie Unternehmen die „Fail Fast, Learn Fast"-Mentalität in die Praxis umsetzen können:

Ideengenerierung:
Mitarbeitende und Teams entwickeln neue Ideen oder Ansätze.

Experimentieren:
Mithilfe von KI-Tools werden Experimente durchgeführt.

Feedback einholen:
KI analysiert die Ergebnisse und liefert präzises Feedback.

Anpassung:
Teams lernen aus den Ergebnissen und optimieren ihre Ansätze.

Skalierung:
Erfolgreiche Ansätze werden auf größere Projekte oder Prozesse angewendet.

Wiederholung:
Der Prozess wird kontinuierlich wiederholt, um eine Kultur des iterativen Lernens zu etablieren.

Zusammenfassung: Warum „Fail Fast, Learn Fast" die Zukunft ist

Die „Fail Fast, Learn Fast"-Mentalität ist kein kurzfristiger Trend, sondern eine langfristige Strategie, um Unternehmen in einer dynamischen Welt erfolgreich zu machen. KI spielt dabei eine entscheidende Rolle, indem sie die Geschwindigkeit und Präzision von Experimenten und Entscheidungen erhöht.

Unternehmen, die bereit sind, Risiken einzugehen, aus ihren Fehlern zu lernen und kontinuierlich zu iterieren, schaffen eine Kultur der Agilität und Innovation, die sie langfristig wettbewerbsfähig macht.

6.3 Experimente und Pilotprojekte als Katalysatoren der Innovationskultur

In einer zunehmend dynamischen und technologiegetriebenen Welt, in der künstliche Intelligenz (KI) maßgeblich Geschäftsprozesse, Entscheidungsfindung und Produktentwicklung beeinflusst, stehen Unternehmen vor der Herausforderung, Innovationen nicht nur zu fördern, sondern sie auch effizient und risikoarm zu testen. Experimente und Pilotprojekte spielen hierbei eine Schlüsselrolle. Sie bieten Unternehmen die Möglichkeit, neue Ideen und Technologien in einer kontrollierten Umgebung zu erproben, wertvolle Erkenntnisse zu gewinnen und diese in die strategische Ausrichtung zu integrieren.

Dieser Abschnitt beleuchtet die Bedeutung von Experimenten und Pilotprojekten, analysiert deren Erfolgsfaktoren und zeigt anhand von praxisnahen Beispielen, wie Unternehmen eine solche Innovationskultur etablieren können.

6.3.1 Die Rolle von Experimenten in der Innovationskultur

Definition und Zielsetzung von Experimenten

Experimente in einem unternehmerischen Kontext beziehen sich auf gezielte, zeitlich begrenzte Tests von neuen Konzepten, Technologien oder Geschäftsmodellen. Ziel ist es, Hypothesen zu überprüfen, Unsicherheiten zu reduzieren und Erkenntnisse zu gewinnen, die als Grundlage für Entscheidungen oder Weiterentwicklungen dienen können. Besonders im Bereich der KI, wo technologische Fortschritte rasant voranschreiten, sind Experimente essenziell, um die Machbarkeit und den Nutzen neuer Ansätze zu bewerten.

Wichtige Ziele von Experimenten:

Risiko minimieren: Durch kleine, kontrollierte Tests können potenzielle Schwachstellen identifiziert werden, bevor größere Investitionen getätigt werden.

Wissen generieren: Experimente liefern Daten und Erkenntnisse, die für die Weiterentwicklung erforderlich sind.

Kultur des Lernens fördern: Sie schaffen ein Umfeld, in dem Scheitern als Teil des Innovationsprozesses akzeptiert wird.

Experimente und der Zusammenhang mit der Innovationskultur

Innovationskultur bedeutet, ein Umfeld zu schaffen, das Kreativität, Risikobereitschaft und kontinuierliches Lernen fördert. Experimente sind integraler Bestandteil dieser Kultur, da sie Mitarbeitenden und Teams die Möglichkeit geben, neue Ideen zu testen und dadurch einen Beitrag zur Weiterentwicklung des Unternehmens zu leisten.

Ein Beispiel aus der Praxis:

Das Konzept „Rapid Prototyping", das häufig in der Design Thinking-Methodik verwendet wird, zeigt, wie Experimente Innovationen beschleunigen können. Unternehmen wie IDEO oder Tesla nutzen Prototypen, um Konzepte schnell und kostengünstig zu testen, bevor sie in die Produktion gehen.

6.3.2 Pilotprojekte als Testumgebung

Was macht ein Pilotprojekt aus?

Pilotprojekte sind spezifische, praxisorientierte Tests, die auf einer kleinen Skala durchgeführt werden, um die Auswirkungen neuer Technologien oder Strategien zu bewerten. Sie unterscheiden sich von Experimenten insofern, als sie häufig bereits in einer realen Geschäftsumgebung stattfinden und somit repräsentativere Ergebnisse liefern.

Ziele eines Pilotprojekts:

Bewertung der technischen Machbarkeit.

Analyse der Auswirkungen auf Geschäftsprozesse.

Identifikation von Herausforderungen und potenziellen Hindernissen.

Validierung des Mehrwerts für das Unternehmen.

Anwendungsfälle von Pilotprojekten in der KI-Entwicklung

Im Kontext der KI sind Pilotprojekte besonders wertvoll, um die Implementierung neuer Technologien zu testen. Beispiele sind:

Predictive Maintenance: Ein Fertigungsunternehmen testet KI-Modelle, um Maschinenausfälle vorherzusagen und Wartungsprozesse zu optimieren.

Personalisierte Kundenansprache: Ein Einzelhändler führt ein Pilotprojekt durch, bei dem KI-Algorithmen genutzt werden, um personalisierte Produktempfehlungen in einer ausgewählten Filiale anzubieten.

Automatisierung im HR-Bereich: Ein Unternehmen erprobt KI-gestützte Rekrutierungstools, um die Effizienz und Objektivität des Bewerbungsprozesses zu steigern.

Vorteile von Pilotprojekten

Realitätsnähe: Pilotprojekte liefern praxisnahe Erkenntnisse, da sie unter realen Bedingungen durchgeführt werden.

Flexibilität: Anpassungen und Optimierungen können während des Projekts vorgenommen werden.

Geringeres Risiko: Durch die Begrenzung des Projekts auf eine spezifische Abteilung oder Region können potenzielle Probleme isoliert und behoben werden.

Limitierungen von Pilotprojekten

Skalierungsprobleme: Ergebnisse aus einem Pilotprojekt lassen sich nicht immer eins zu eins auf das gesamte Unternehmen übertragen.

Interne Widerstände: Mitarbeitende könnten die Einführung neuer Technologien skeptisch betrachten, was die Akzeptanz erschwert.

Komplexität: Der Erfolg eines Pilotprojekts hängt von der sorgfältigen Planung und Durchführung ab.

6.3.3 Erfolgsfaktoren für Experimente und Pilotprojekte

1. Klar definierte Ziele

Der Erfolg eines Experiments oder Pilotprojekts hängt maßgeblich davon ab, dass die Ziele im Vorfeld klar definiert werden. Diese Ziele sollten spezifisch, messbar, erreichbar, relevant und zeitgebunden (SMART) sein.
Beispiele:

Reduzierung der Fertigungsausfälle durch Predictive Maintenance um 10 % innerhalb von sechs Monaten.

Verbesserung der Kundenzufriedenheit durch personalisierte Empfehlungen um 15 % in einer Pilotfiliale.

2. Ressourcen bereitstellen

Experimente und Pilotprojekte benötigen nicht nur finanzielle, sondern auch personelle Ressourcen. Teams sollten ausreichend Zeit und Unterstützung erhalten, um sich auf das Projekt zu konzentrieren.

3. Erkenntnisse dokumentieren

Eine systematische Dokumentation der Ergebnisse ist essenziell, um aus den gewonnenen Erkenntnissen zu lernen und diese für zukünftige Projekte nutzbar zu machen. Dies umfasst:

Daten zur technischen Performance.

Feedback von Anwendern.

Analyse von Herausforderungen und Verbesserungsvorschlägen.

4. Iteratives Vorgehen

Erfolgreiche Projekte nutzen einen iterativen Ansatz, bei dem Ergebnisse in regelmäßigen Abständen überprüft und das Projekt entsprechend angepasst wird. Dies minimiert Risiken und erhöht die Erfolgswahrscheinlichkeit.

6.3.4 Fallstudie: Google's „20% Time"

Hintergrund und Konzept

Google's „20% Time"-Policy erlaubt es Mitarbeitenden, 20 % ihrer Arbeitszeit für eigene Projekte und Experimente zu nutzen. Ziel ist es, eine Kultur der Kreativität und Innovation zu fördern, in der Mitarbeitende aktiv dazu beitragen, neue Produkte und Lösungen zu entwickeln.

Erfolge und Ergebnisse

Gmail: Ursprünglich ein Nebenprojekt eines Google-Ingenieurs, entwickelte sich Gmail zum weltweit führenden E-Mail-Dienst.

Google News: Ein weiteres Ergebnis der „20% Time"-Policy, das heute Millionen Nutzer weltweit informiert.

Kritik und Herausforderungen

Obwohl die „20% Time"-Policy viele Innovationen hervorgebracht hat, ist sie nicht frei von Herausforderungen:

Einige Mitarbeitende berichten von Schwierigkeiten, die zusätzlichen 20 % in ihren regulären Arbeitsalltag zu integrieren.

Ohne klare Zielvorgaben kann die Effektivität solcher Projekte variieren.

6.3.5 Deep Dive: KI-gestützte Experimente

Wie KI Experimente verbessert

KI kann Experimente und Pilotprojekte auf verschiedene Weise unterstützen:

Datenanalyse: KI-Algorithmen analysieren große Datensätze, um Muster und Trends zu erkennen.

Simulationen: Virtuelle Experimente können in einer Simulation durchgeführt werden, bevor sie in der realen Welt getestet werden.

Automatisierung: Routineaufgaben im Rahmen von Experimenten können automatisiert werden, sodass sich Teams auf kreative und strategische Aspekte konzentrieren können.

Beispiel: AB-Testing mit KI

AB-Testing ist eine Methode, bei der zwei Versionen einer Anwendung oder eines Produkts miteinander verglichen werden. KI kann den Prozess beschleunigen, indem sie:

Benutzerpräferenzen in Echtzeit analysiert.

Statistisch signifikante Ergebnisse schneller liefert.

Fallstudie:

Ein Online-Händler nutzte KI für AB-Tests, um die optimale Gestaltung seines Checkout-Prozesses zu finden. Die Ergebnisse führten zu einer 25%igen Steigerung der Conversion-Rate.

Zusammenfassung und Reflexion

Experimente und Pilotprojekte sind unverzichtbare Werkzeuge, um Innovationen in Unternehmen voranzutreiben. Sie bieten die Möglichkeit, neue Technologien wie KI risikoarm zu testen und wertvolle Erkenntnisse zu gewinnen. Erfolgreiche Experimente und Pilotprojekte erfordern jedoch eine sorgfältige Planung, eine klare Zielsetzung und die Bereitschaft, aus Fehlern zu lernen.

Reflexionsfragen:

Wie fördert Ihr Unternehmen Experimente und Pilotprojekte?

Welche Ressourcen könnten bereitgestellt werden, um die Innovationskultur weiterzuentwickeln?

Wie können Ergebnisse aus Pilotprojekten effektiv dokumentiert und skaliert werden?

Weiterführende Ressourcen:

Eric Ries: *The Lean Startup* (2011).

Tim Brown: *Change by Design* (2009).

Artikel: „AI-Driven Experimentation in Business" (*Harvard Business Review*, 2022).

6.4 Rollenmodell: Wie Microsoft KI in die DNA seiner Lernkultur einwebt

In einer Zeit, in der technologische Fortschritte die Art und Weise, wie Unternehmen arbeiten und lernen, radikal verändern, hat Microsoft eine Vorreiterrolle übernommen. Das Unternehmen hat es geschafft, KI nicht nur als Werkzeug für Innovation und Effizienz zu nutzen, sondern auch als integralen Bestandteil seiner Unternehmenskultur zu verankern. Microsofts Ansatz zeigt, wie der Einsatz von Künstlicher Intelligenz eine Lernkultur fördern und gleichzeitig die Wettbewerbsfähigkeit eines Unternehmens stärken kann.

Dieses Kapitel untersucht, wie Microsoft KI in seine Lernkultur einbindet, analysiert die Erfolgsfaktoren und beleuchtet die Herausforderungen sowie die Vorteile einer solchen Transformation. Es dient zugleich als Inspirationsquelle für Unternehmen, die ähnliche Strategien umsetzen möchten.

6.4.1 Die Lernkultur bei Microsoft

Eine Kultur des lebenslangen Lernens

Microsofts heutige Lernkultur ist das Ergebnis eines tiefgreifenden Wandels, der vor allem durch die Führungsphilosophie von CEO Satya Nadella geprägt wurde. Er hat das Unternehmen von einer „Know-it-all"- zu einer „Learn-it-all"-Mentalität geführt. Diese neue Haltung spiegelt sich in der Art wider, wie Microsoft seine Mitarbeitenden ermutigt, sich kontinuierlich weiterzuentwickeln und offen für Veränderungen zu sein.

„Learn-it-all"-Mentalität:

Statt auf statisches Wissen zu setzen, fördert Microsoft eine Kultur, die auf kontinuierliches Lernen und Experimentieren abzielt.

Fehler werden nicht als Misserfolge, sondern als Lernchancen betrachtet.

Werte, die die Lernkultur prägen

Offenheit und Neugier: Mitarbeitende werden ermutigt, neue Technologien und Ansätze zu erkunden.

Psychologische Sicherheit: Teams fühlen sich sicher, Fragen zu stellen und Risiken einzugehen, ohne Angst vor negativen Konsequenzen.

Verantwortung für eigenes Lernen: Jede:r Mitarbeitende wird als aktiver Gestalter:in seines/ihres Lernprozesses gesehen.

Verbindung zu Kapitel 6.1:
Dieser Fokus auf lebenslanges Lernen setzt die Prinzipien um, die in Kapitel 6.1 beschrieben werden: Eine Lernkultur ist der Schlüssel, um Mitarbeitende auf die Herausforderungen der KI-Ära vorzubereiten.

6.4.2 KI-gestützte Lernplattformen

Technologie als Enabler

Microsoft nutzt KI-gestützte Plattformen, um den Lernprozess zu personalisieren und effizienter zu gestalten. Diese Plattformen analysieren Daten zu Lernverhalten und -präferenzen, um Mitarbeitenden maßgeschneiderte Inhalte anzubieten.

Beispiel: Microsoft Viva Learning
Microsoft Viva Learning ist eine zentrale Plattform, die KI nutzt, um:

Personalisierte Lernempfehlungen zu geben, basierend auf der Rolle, den Interessen und dem bisherigen Lernverhalten der Mitarbeitenden.

Lerninhalte zu kuratieren, die aus internen Schulungsressourcen, externen Partnern (z. B. LinkedIn Learning) und individuellen Kursen stammen.

Fortschrittsanalysen bereitzustellen, die Führungskräften helfen, den Wissensstand ihrer Teams zu bewerten und gezielte Unterstützung anzubieten.

Wie funktioniert die KI in diesen Lernplattformen?

Die KI-Algorithmen hinter Plattformen wie Viva Learning basieren auf Techniken wie:

Natural Language Processing (NLP): KI analysiert Textdaten, z. B. die Beschreibung von Kursinhalten oder Feedback der Nutzenden, um passende Inhalte vorzuschlagen.

Recommender Systems: Ähnlich wie bei Streaming-Diensten (z. B. Netflix) nutzt die Plattform Kollaboratives Filtern, um Inhalte basierend auf den Präferenzen anderer Nutzender mit ähnlichen Interessen zu empfehlen.

Adaptive Learning: Die Plattform passt ihre Empfehlungen dynamisch an den Fortschritt und die Leistung der Nutzenden an.

Praxisbeispiel: Onboarding neuer Mitarbeitender

Ein konkreter Anwendungsfall für KI-gestützte Lernplattformen bei Microsoft ist das Onboarding. Neue Mitarbeitende erhalten:

Einen personalisierten Lernplan, der auf ihre Rolle abgestimmt ist.

Zugriff auf Ressourcen, die ihren individuellen Wissensstand berücksichtigen.

Echtzeit-Feedback zu ihrem Fortschritt, um sicherzustellen, dass sie schnell produktiv werden können.

Vorteile von KI-gestützten Lernplattformen

Personalisierung:

Mitarbeitende erhalten Lerninhalte, die speziell auf ihre Rolle, Interessen und Karriereziele abgestimmt sind.

KI analysiert individuelle Lernpräferenzen und bietet maßgeschneiderte Empfehlungen.

Effizienz:

Zeitersparnis durch gezielte Vorschläge für relevante Kurse und Lernmaterialien.

Automatisierte Prozesse eliminieren den Aufwand für manuelle Auswahl oder Verwaltung von Lernressourcen.

Skalierbarkeit:

Lernplattformen können problemlos an die Anforderungen von Unternehmen jeder Größe angepasst werden.

Tausende Nutzende können gleichzeitig personalisierten Zugang zu Inhalten erhalten, unabhängig von Standort oder Abteilung.

Messbarkeit:

Führungskräfte können den Erfolg von Lerninitiativen anhand von datenbasierten KPIs wie Abschlussraten, Fortschritt oder Wissenszuwachs bewerten.

Analysen ermöglichen es, den ROI (Return on Investment) von Weiterbildungsmaßnahmen präzise zu berechnen und Strategien zu optimieren.

6.4.3 Erfolgsfaktoren für die Integration von KI in die Lernkultur

1. Führungskräfte als Vorbilder

Führungskräfte spielen eine zentrale Rolle bei der Förderung einer Lernkultur. Microsoft hat dies erkannt und setzt auf Führungskräfte, die:

Lernbereitschaft vorleben: Führungskräfte nehmen selbst aktiv an Weiterbildungen teil.

Lernziele setzen: Sie fördern die kontinuierliche Entwicklung ihrer Teams durch klare Lernziele.

Feedback geben: Regelmäßige Gespräche über Lernfortschritte gehören zum Führungsalltag.

Inspirierendes Beispiel:
Satya Nadella selbst ist bekannt dafür, regelmäßig Zeit für persönliches Lernen zu investieren. Er liest Bücher, hört Podcasts und teilt seine Erkenntnisse offen mit Mitarbeitenden.

2. Robuste technologische Infrastruktur

Die Nutzung von KI in der Lernkultur erfordert eine Infrastruktur, die:

Daten sicher und effizient verarbeitet: Datenschutz und Datensicherheit sind entscheidend, insbesondere bei sensiblen Lerndaten.

Integration ermöglicht: Plattformen wie Viva Learning arbeiten nahtlos mit anderen Tools (z. B. Microsoft Teams) zusammen.

Skalierbar ist: Die Infrastruktur muss wachsen können, um den Bedarf eines globalen Unternehmens zu decken.

3. Kontinuierliche Verbesserung

Microsoft betrachtet die Implementierung von KI in der Lernkultur als iterative Reise. Feedback von Nutzenden wird genutzt, um die Plattformen kontinuierlich zu verbessern. Dies umfasst:

A/B-Tests: Neue Funktionen werden getestet, bevor sie global ausgerollt werden.

Datenanalyse: Nutzungsmetriken helfen, Schwachstellen zu identifizieren und Anpassungen vorzunehmen.

Community-Feedback: Mitarbeitende können direkt Vorschläge für neue Inhalte oder Funktionen einreichen.

6.4.4 Herausforderungen und Limitationen

1. Technologische Herausforderungen

Bias in KI-Systemen: KI-Algorithmen spiegeln oft die Verzerrungen der Daten wider, auf denen sie trainiert wurden. Beispielsweise könnten Lernempfehlungen ungewollt Geschlechterstereotypen verstärken.

Komplexität der Implementierung: Die Integration einer KI-gestützten Plattform erfordert erhebliche Investitionen in Technologie und Fachwissen.

2. Kulturelle Barrieren

Widerstand gegen Veränderung: Nicht alle Mitarbeitenden sind bereit, neue Technologien zu nutzen oder ihre Arbeitsweise anzupassen.

Ungleicher Zugang: Mitarbeitende in unterschiedlichen Regionen oder Rollen haben möglicherweise nicht denselben Zugang zu Lernressourcen.

6.4.5 Fallstudie: Microsoft und LinkedIn Learning

Microsofts Übernahme von LinkedIn im Jahr 2016 war ein entscheidender Schritt, um KI-gestützte Lernplattformen zu stärken. Die Integration von LinkedIn Learning in Microsofts Ökosystem hat:

Den Zugang zu hochwertigen Inhalten erweitert: Mitarbeitende können auf eine Vielzahl von Kursen zugreifen, die von Branchenexperten entwickelt wurden.

Die Personalisierung verbessert: LinkedIn-Daten helfen, Lernempfehlungen noch genauer auf die Bedürfnisse der Nutzenden zuzuschneiden.

Die Zusammenarbeit gefördert: Inhalte von LinkedIn Learning sind direkt in Microsoft Teams integrierbar, was die Nutzung erleichtert.

Zusammenfassung und Reflexion

Microsoft zeigt eindrucksvoll, wie KI nicht nur ein Werkzeug, sondern ein Treiber für eine transformative Lernkultur sein kann. Durch die Kombination aus technologischer Exzellenz, visionärer Führung und einer klaren strategischen Ausrichtung hat das Unternehmen ein Modell geschaffen, das als Vorbild für andere Organisationen dienen kann.

Reflexionsfragen:

Wie könnte Ihr Unternehmen KI nutzen, um eine Lernkultur zu fördern?

Welche Herausforderungen könnten bei der Implementierung auftreten, und wie könnten diese überwunden werden?

Welche Rolle spielen Führungskräfte in der Transformation zu einer „Learn-it-all"-Mentalität?

Weiterführende Ressourcen:

Satya Nadella: *Hit Refresh* (2017).

LinkedIn Learning: Ressourcen für die Integration in Unternehmen.

Microsoft Viva Learning: Offizielle Website und Dokumentation.

6.5 Fahrplan: 6 Stellhebel zur Etablierung einer KI-freundlichen Unternehmenskultur

Die Einführung von KI in Unternehmen erfordert weit mehr als lediglich die Implementierung neuer Technologien. Eine KI-freundliche Unternehmenskultur entsteht durch das Zusammenspiel von Vision, Führung, Technologie, Mitarbeitereinbindung und ethischem Bewusstsein. In diesem Kapitel werden sechs zentrale Stellhebel vorgestellt, die Unternehmen nutzen können, um eine solche Kultur erfolgreich zu etablieren. Jedes dieser Elemente wird detailliert beleuchtet, ergänzt durch praxisnahe Beispiele, aktuelle Forschungsergebnisse und die Auseinandersetzung mit potenziellen Herausforderungen.

6.5.1 Stellhebel 1: Führung und Vision

Die Rolle der Führung in der KI-Transformation

Führungskräfte spielen eine Schlüsselrolle bei der Gestaltung einer KI-freundlichen Unternehmenskultur. Ihre Aufgabe ist es, eine klare Vision zu entwickeln, die die strategische Bedeutung von KI für das Unternehmen verdeutlicht, und diese Vision effektiv zu kommunizieren.

Wichtige Aufgaben von Führungskräften:

Kommunikation: Führungskräfte müssen den Mitarbeitenden die Bedeutung und die Ziele der KI-Implementierung verständlich machen.

Vorbildfunktion: Sie sollten selbst offen für KI-basierte Innovationen sein und diese aktiv nutzen.

Strategische Planung: Führungskräfte müssen eine langfristige Strategie entwickeln, die sowohl die technologische als auch die kulturelle Transformation umfasst.

Praxisbeispiel: Satya Nadella und Microsoft

Satya Nadella, CEO von Microsoft, hat durch seine visionäre Führung bewiesen, wie entscheidend eine klare Vision für den Erfolg ist. Unter seiner Leitung hat Microsoft KI in den Mittelpunkt seiner Strategie gestellt und gleichzeitig eine Kultur des Lernens und der Offenheit etabliert.

Deep Dive:
Nadella betont regelmäßig die Bedeutung einer „Growth Mindset"-Kultur, die Mitarbeitende dazu ermutigt, neue Technologien zu erlernen und sich kontinuierlich weiterzuentwickeln.

6.5.2 Stellhebel 2: Mitarbeiterengagement und -schulung

Warum Mitarbeitende im Fokus stehen

Die Einführung von KI kann bei Mitarbeitenden Ängste und Unsicherheiten auslösen, insbesondere wenn sie befürchten, dass ihre Aufgaben automatisiert werden könnten. Um diese Bedenken zu adressieren und die Akzeptanz zu fördern, ist eine aktive Einbindung und Schulung der Mitarbeitenden unverzichtbar.

Schlüsselaspekte für erfolgreiches Mitarbeiterengagement:

Transparente Kommunikation: Erklären Sie, wie KI die Arbeit ergänzt, anstatt sie zu ersetzen.

Gezielte Schulungen: Bieten Sie Weiterbildungsprogramme an, die den Mitarbeitenden die Fähigkeiten vermitteln, die sie für den Umgang mit KI benötigen.

Partizipation: Beziehen Sie Mitarbeitende in Entscheidungsprozesse ein, insbesondere bei der Auswahl und Implementierung von KI-Technologien.

Beispiel: Amazon und KI-Schulungsinitiativen

Amazon hat ein umfangreiches Weiterbildungsprogramm namens „Upskilling 2025" ins Leben gerufen, um seinen Mitarbeitenden Fähigkeiten im Bereich KI und maschinelles Lernen zu vermitteln. Ziel ist es, alle Mitarbeitenden – von Lagerarbeitern bis hin zu Führungskräften – auf die Herausforderungen der KI-Ära vorzubereiten.

Vorteile gezielter Schulungen:

Höhere Akzeptanz neuer Technologien.

Förderung von Innovationsfähigkeit und Kreativität.

Steigerung der Mitarbeiterzufriedenheit und -bindung.

6.5.3 Stellhebel 3: Experimentierfreudigkeit und Innovation

Die Bedeutung von Experimenten

Wie bereits in Kapitel 6.3 beschrieben, sind Experimente und Pilotprojekte essenziell, um die Vorteile von KI zu maximieren. Sie ermöglichen es Unternehmen, neue Ideen und Technologien in einem kontrollierten Umfeld zu testen und daraus zu lernen.

Wie Unternehmen Experimentierfreudigkeit fördern können:

Freiräume schaffen: Mitarbeitenden Zeit und Ressourcen für Experimente bereitstellen.

Fehlerkultur etablieren: Fehler als Lernchancen betrachten, anstatt sie zu sanktionieren.

Schnelle Iterationen: Ergebnisse regelmäßig überprüfen und Anpassungen vornehmen.

Praxisbeispiel: Google's KI-Experimente

Google nutzt KI-gestützte Experimente, um Produkte wie Google Translate oder Google Photos kontinuierlich zu verbessern. Diese Projekte basieren auf einer Kultur der Innovation, die es Teams ermöglicht, Risiken einzugehen und kreative Lösungen zu entwickeln.

6.5.4 Stellhebel 4: Datengetriebene Entscheidungsfindung

Warum Daten im Mittelpunkt stehen

Eine KI-freundliche Unternehmenskultur ist untrennbar mit datengetriebener Entscheidungsfindung verbunden. Daten sind die Grundlage, auf der KI-Systeme trainiert und optimiert werden. Unternehmen müssen sicherstellen, dass sie über qualitativ hochwertige und relevante Daten verfügen, um fundierte Entscheidungen treffen zu können.

Wichtige Schritte:

Dateninfrastruktur aufbauen: Investieren Sie in Systeme, die Daten effizient sammeln, speichern und analysieren können.

Datenkompetenz fördern: Mitarbeitende sollten geschult werden, um datenbasierte Erkenntnisse zu interpretieren und anzuwenden.

Transparenz sicherstellen: Datenquellen und -methoden sollten nachvollziehbar sein, um Vertrauen zu schaffen.

Fallstudie: Netflix

Netflix nutzt datengetriebene Entscheidungsfindung, um personalisierte Empfehlungen für seine Nutzer zu erstellen. Mithilfe von KI analysiert das Unternehmen das Sehverhalten seiner Nutzer, um Inhalte zu empfehlen, die deren Interessen entsprechen.

Vorteile:

Höhere Genauigkeit bei der Entscheidungsfindung.

Effizienzsteigerung durch Automatisierung.

Verbesserung der Kundenerfahrung.

6.5.5 Stellhebel 5: Agilität und Anpassungsfähigkeit

Die Rolle von Agilität in der KI-Ära

Agilität ermöglicht es Unternehmen, schnell auf Veränderungen zu reagieren und neue Technologien effizient zu implementieren. Flexible Strukturen und Prozesse sind entscheidend, um in der dynamischen KI-Welt wettbewerbsfähig zu bleiben.

Merkmale agiler Organisationen:

Kleine, autonome Teams: Teams können eigenständig Entscheidungen treffen und schnell reagieren.

Iterative Prozesse: Regelmäßige Überprüfung und Anpassung von Strategien und Projekten.

Offenheit für Veränderungen: Bereitschaft, bestehende Strukturen und Prozesse zu hinterfragen.

Beispiel: Spotify und agile Arbeitsmethoden

Spotify hat ein agiles Arbeitsmodell entwickelt, das es Teams ermöglicht, flexibel auf neue Technologien und Marktanforderungen zu reagieren. Dieses Modell hat dazu beigetragen, dass das Unternehmen KI erfolgreich in seine Plattform integriert hat.

6.5.6 Stellhebel 6: Ethik und Verantwortung

Warum Ethik eine zentrale Rolle spielt

Die ethische Nutzung von KI ist ein entscheidender Faktor für den langfristigen Erfolg. Unternehmen müssen sicherstellen, dass ihre KI-Systeme fair, transparent und verantwortungsbewusst eingesetzt werden.

Herausforderungen:

Algorithmen-Bias: Verzerrungen in den Trainingsdaten können zu unfairen Ergebnissen führen.

Datenschutz: Sicherstellung, dass Nutzerdaten vertraulich behandelt werden.

Transparenz: Nutzer sollten nachvollziehen können, wie KI-Entscheidungen getroffen werden.

Maßnahmen zur Förderung ethischer KI-Nutzung:

Entwicklung klarer ethischer Richtlinien.

Schulung von Mitarbeitenden zu ethischen Aspekten der KI.

Einführung von Mechanismen zur Überprüfung und Kontrolle von KI-Systemen.

Fallstudie: IBM und ethische KI

IBM hat sich dazu verpflichtet, KI-Systeme zu entwickeln, die erklärbar und verantwortungsbewusst sind. Das Unternehmen hat Richtlinien eingeführt, die sicherstellen, dass KI-Modelle fair und transparent sind.

6.5.7 Diskussion potenzieller Hindernisse

Widerstände seitens der Mitarbeitenden
Angst vor Arbeitsplatzverlust.

Skepsis gegenüber neuen Technologien.

Technologische Hürden
Mangel an qualitativ hochwertigen Daten.

Hohe Kosten für die Implementierung von KI-Systemen.

Ethische Herausforderungen
Schwierigkeit, Algorithmen-Bias zu eliminieren.

Konflikte zwischen Datenschutz und datengetriebener Entscheidungsfindung.

6.5.8 Erweiterung der ethischen Aspekte

Vertiefung: Algorithmen-Bias
Bias in Algorithmen ist eines der zentralen ethischen Probleme in der KI. Es entsteht, wenn die Trainingsdaten Verzerrungen enthalten, die das Modell übernimmt und verstärkt.

Beispiel:
Ein KI-System, das Bewerbungen bewertet, könnte unbewusst Geschlechter- oder Rassenvorurteile reproduzieren, wenn die Trainingsdaten nicht divers genug sind.

Lösungsansätze:
Nutzung diverser und repräsentativer Trainingsdaten.

Regelmäßige Audits von KI-Systemen.

Entwicklung von Algorithmen, die Bias aktiv minimieren.

Zusammenfassung und Reflexion

Die Etablierung einer KI-freundlichen Unternehmenskultur erfordert die Integration technologischer, kultureller und ethischer Aspekte. Die sechs Stellhebel bieten Unternehmen einen klaren Fahrplan, um KI erfolgreich in ihre Organisation zu integrieren und langfristig von den Vorteilen zu profitieren.

Reflexionsfragen:

Welche Rolle spielt Führung in Ihrem Unternehmen bei der Einführung von KI?

Wie können Mitarbeitende besser in den KI-Transformationsprozess eingebunden werden?

Welche ethischen Herausforderungen könnten in Ihrem Kontext auftreten, und wie könnten diese adressiert werden?

Weiterführende Ressourcen:

Buch: *Hello World: How to be Human in the Age of the Machine* von Hannah Fry.

Artikel: „AI Ethics Guidelines Globally" (*Harvard Business Review*, 2022).

Online-Kurse: Einführung in KI und Ethik auf Plattformen wie Coursera oder edX.

Kapitel 6: „Nimm-das-mit"-Box – Handlungsempfehlungen für eine erfolgreiche KI-Kultur

In der Ära der Künstlichen Intelligenz (KI) ist die Fähigkeit von Unternehmen, sich anzupassen, zu lernen und innovativ zu bleiben, entscheidend für den langfristigen Erfolg. Dieses Kapitel fasst die Kernbotschaften, praktischen Tipps und Methoden zusammen, die in den vorhergehenden Kapiteln behandelt wurden, und bietet ein praxisorientiertes Toolkit, um eine KI-freundliche Unternehmenskultur zu etablieren.

Die „Nimm-das-mit"-Box dient als Leitfaden für Führungskräfte, HR-Experten und Teams, die konkrete Schritte unternehmen möchten, um die

Potenziale von KI zu nutzen und gleichzeitig die Herausforderungen dieser Technologie zu meistern.

6.1 Kernbotschaften: Was wir aus Kapitel 6 mitnehmen

Die zentralen Erkenntnisse aus diesem Kapitel lassen sich in drei Hauptpunkten zusammenfassen. Diese Botschaften bilden die Grundlage für eine erfolgreiche Transformation hin zu einer KI-freundlichen Unternehmenskultur:

6.1.1 Eine Kultur des lebenslangen Lernens ist entscheidend

Warum wichtig? Die Geschwindigkeit der technologischen Entwicklungen, insbesondere im Bereich KI, macht es unabdingbar, dass Mitarbeitende kontinuierlich neue Fähigkeiten erlernen.

Verknüpfung zu Kapitel 6.1: Wie bereits im Abschnitt über lebenslanges Lernen beschrieben, ist die Bereitschaft, sich kontinuierlich weiterzuentwickeln, ein Schlüsselfaktor, um in der KI-Ära wettbewerbsfähig zu bleiben.

Beispiel:
Microsoft hat durch die Einführung personalisierter, KI-gestützter Lernplattformen das Lernen für Mitarbeitende revolutioniert, indem relevante Inhalte auf die individuellen Bedürfnisse zugeschnitten wurden.

6.1.2 Experimente und Pilotprojekte fördern Innovationsbereitschaft

Warum wichtig? Pilotprojekte und Experimente ermöglichen es Unternehmen, neue Ideen zu testen und Erkenntnisse zu gewinnen, ohne große Risiken einzugehen.

Verknüpfung zu Kapitel 6.3: Wie im Abschnitt über Experimente erläutert, sind Pilotprojekte eine hervorragende Möglichkeit, die Machbarkeit neuer Technologien zu bewerten.

Beispiel:
Google's „20% Time"-Policy, bei der Mitarbeitende 20 % ihrer Arbeitszeit

für eigene Projekte aufwenden können, hat zu bahnbrechenden Innovationen wie Gmail und Google News geführt.

6.1.3 Agilität und Risikobereitschaft als Erfolgsfaktoren

Warum wichtig? Unternehmen müssen flexibel bleiben und schnelle Entscheidungen treffen können, um von den Möglichkeiten der KI zu profitieren.

Verknüpfung zu Kapitel 6.2: Die „Fail Fast, Learn Fast"-Mentalität, die Agilität und Risikobereitschaft fördert, ist ein entscheidender Wettbewerbsvorteil.

Beispiel:
Start-ups wie OpenAI demonstrieren, wie Agilität und iterative Entwicklungsprozesse die Grundlage für bahnbrechende Innovationen schaffen können.

6.2 Praktische Tipps: Umsetzung im Unternehmensalltag

6.2.1 Förderung einer „Fail Fast, Learn Fast"-Mentalität

Schaffen Sie psychologische Sicherheit: Mitarbeitende sollten keine Angst vor Fehlern haben, sondern diese als Teil des Lernprozesses verstehen.

Nutzen Sie KI-Tools: KI-gestützte Analysen können dabei helfen, Fehler schnell zu erkennen und aus ihnen zu lernen.

6.2.2 Pilotprojekte gezielt einsetzen

Wählen Sie die richtigen Geschäftsbereiche: Pilotprojekte sollten dort durchgeführt werden, wo sie den höchsten Mehrwert liefern können.

Nutzen Sie Simulationen: KI-gestützte Simulationen reduzieren Risiken und ermöglichen präzisere Vorhersagen.

6.2.3 Regelmäßige Schulungen in neuen Technologien

Setzen Sie auf Blended Learning: Kombinieren Sie Online-Schulungen und Präsenztrainings, um unterschiedliche Lernstile zu berücksichtigen.

Nutzen Sie Plattformen wie LinkedIn Learning: Diese bieten personalisierte Lernpfade und fördern die kontinuierliche Weiterbildung.

Beispiel:
Ein Automobilhersteller schulte seine Ingenieure mithilfe von KI-gestützten Lernplattformen in der Anwendung von Predictive-Maintenance-Technologien, was zu einer 15%igen Reduktion von Produktionsausfällen führte.

6.3 Übungen: Praktische Aktivitäten zur Vertiefung

6.3.1 Reflexion: Pilotprojekte in Ihrem Unternehmen

Frage: In welchen Bereichen könnte Ihr Unternehmen von Pilotprojekten profitieren?

Vorgehen: Analysieren Sie bestehende Geschäftsprozesse und identifizieren Sie Bereiche, die durch KI optimiert werden könnten.

6.3.2 Teamaktivität: Strategieentwicklung für eine Lernkultur

Ziel: Entwickeln Sie gemeinsam mit Ihrem Team eine Strategie, um lebenslanges Lernen zu fördern.

Schritte:

Identifizieren Sie bestehende Lücken im Wissen und in den Kompetenzen.

Entwickeln Sie einen Plan, um diese Lücken zu schließen.

Definieren Sie messbare Ziele, z. B. die Anzahl von Schulungen pro Jahr.

6.3.3 Interaktive Übung: Analyse aktueller Projekte

Ziel: Erhöhen Sie die Agilität und Risikobereitschaft in Ihrem Unternehmen.

Vorgehen:

Wählen Sie ein aktuelles Projekt aus.

Bewerten Sie die Entscheidungsprozesse und identifizieren Sie potenzielle Engpässe.

Entwickeln Sie Maßnahmen, um flexiblere Strukturen zu schaffen.

6.4 Checkliste: Erfolgsfaktoren für eine KI-Kultur

Lernkultur

Bereitstellung von Lernressourcen.

Setzen klarer Lernziele.

Förderung von Feedback und Anerkennung.

Innovation

Förderung von Experimentierfreudigkeit.

Einrichtung schneller Feedback-Schleifen.

Implementierung eines effektiven Risikomanagements.

Pilotprojekte

Festlegen klarer Ziele für jedes Projekt.

Bereitstellung ausreichender Ressourcen.

Dokumentation und Analyse der gewonnenen Erkenntnisse.

Führung

Führungskräfte als Vorbilder für eine KI-freundliche Kultur etablieren.

Entwicklung und Kommunikation einer klaren Vision und Strategie.

Technologie

Aufbau einer robusten technologischen Infrastruktur.

Kontinuierliche Verbesserung der Systeme und Prozesse.

Ethik und Verantwortung

Entwicklung und Implementierung ethischer Richtlinien.

Minimierung von Algorithmen-Bias.

Sicherstellung des Datenschutzes und der Transparenz.

6.5 Inspirierende Zitate und Beispiele

Zitat: „Innovation entsteht durch Mut, zu scheitern." – Unbekannt

Beispiel 1:
Microsoft integrierte eine „Learn Fast"-Kultur in ihre Teams, was die Geschwindigkeit der Produktentwicklung um 30 % steigerte.

Beispiel 2:
Google's „20% Time"-Policy führte zur Entwicklung von Gmail und Google News – beides Produkte, die das Leben von Millionen Menschen weltweit beeinflussen.

6.6 Vertiefung: Deep Dive für Fortgeschrittene

6.6.1 Datengetriebene Entscheidungsfindung optimieren

Technische Details:

Nutzen Sie KI-gestützte Analysen, um Entscheidungsprozesse zu automatisieren.

Integrieren Sie Recommender-Systeme, um datenbasierte Empfehlungen für strategische Entscheidungen zu erhalten.

6.6.2 Ethische Herausforderungen meistern

Algorithmen-Bias:

Bias entsteht, wenn Trainingsdaten nicht divers genug sind.

Verwenden Sie Techniken wie „Fairness Constraints", um Verzerrungen zu minimieren.

Beispiel:
Ein KI-System zur Kreditbewertung wurde angepasst, um Geschlechter- und Rassenvorurteile zu vermeiden, indem die Trainingsdaten diversifiziert wurden.

Zusammenfassung und Denkanstöße

Die erfolgreiche Integration von KI erfordert mehr als nur den Einsatz neuer Technologien. Sie erfordert eine gezielte Veränderung der Unternehmenskultur, die auf Lernen, Experimentieren und Verantwortung aufbaut.

Denkanstöße:

Wie könnte Ihr Unternehmen eine „Fail Fast, Learn Fast"-Mentalität fördern?

Welche Maßnahmen könnten ergriffen werden, um die Mitarbeitenden besser auf die KI-Ära vorzubereiten?

Wie können Sie ethische Aspekte in Ihren KI-Strategien integrieren?

Weiterführende Ressourcen:

Eric Ries: *The Lean Startup* (2011).

Hannah Fry: *Hello World: How to Be Human in the Age of the Machine* (2018).

Microsoft Viva Learning: Offizielle Plattformdokumentation

Kapitel 7: Ausblick 2030: Die nächste Stufe der Mensch-Maschine-Kollaboration

7.1: Der Workplace der Zukunft – Vernetzt, intelligent, adaptiv

Der Arbeitsplatz der Zukunft ist kein statisches Konzept, sondern ein dynamisches System, das sich kontinuierlich weiterentwickelt. Angetrieben von technologischen Innovationen wie Künstlicher Intelligenz (KI), dem Internet der Dinge (IoT) und adaptiven Systemen, wird der Workplace der Zukunft zu einem vernetzten, intelligenten und anpassungsfähigen Ökosystem. Diese Transformation verändert nicht nur die Art und Weise, wie Menschen arbeiten, sondern auch, wie Unternehmen Produktivität, Zusammenarbeit und Innovation fördern.

In diesem Kapitel werfen wir einen detaillierten Blick auf die Merkmale, Technologien und Auswirkungen des Arbeitsplatzes der Zukunft und beleuchten praxisnahe Anwendungsfälle, aktuelle Forschungsergebnisse sowie mögliche Herausforderungen.

7.1.1 Merkmale des zukünftigen Arbeitsplatzes

Die Arbeitsumgebung von morgen zeichnet sich durch drei wesentliche Merkmale aus: **Vernetzung**, **Intelligenz** und **Adaptivität**. Diese Merkmale bilden das Fundament für eine flexible, produktive und effiziente Arbeitsweise.

Vernetzung

Definition

Vernetzung beschreibt die Integration von IoT-Geräten, Sensoren und digitalen Plattformen, die eine nahtlose Kommunikation zwischen Maschinen, Räumen und Mitarbeitenden ermöglichen.

Anwendungsfälle der Vernetzung

Smarte Büros: Intelligente Gebäude nutzen IoT-Sensoren, um den Energieverbrauch zu optimieren, indem sie beispielsweise Licht und Heizung automatisch an die Nutzung des Raumes anpassen.

Prozessoptimierung: Echtzeitdaten aus vernetzten Geräten ermöglichen eine präzise Analyse und Optimierung von Arbeitsabläufen.

Praxisbeispiel:
Ein globaler IT-Konzern implementierte IoT-Sensoren in seinen Besprechungsräumen, um die Raumnutzung zu analysieren. Diese Daten führten zu einer 25%igen Reduktion nicht genutzter Flächen, was die Effizienz der Büroorganisation erheblich steigerte.

Vorteile der Vernetzung

Effizienzsteigerung: Echtzeitdaten reduzieren Verzögerungen und verbessern die Entscheidungsfindung.

Kostensenkung: Optimierungen wie die Anpassung des Energieverbrauchs senken Betriebskosten.

Verbesserte Zusammenarbeit: Vernetzte Plattformen fördern den Wissensaustausch und die Teamarbeit.

Herausforderungen

Datenschutz: Die Vernetzung bringt erhöhte Anforderungen an die Datensicherheit mit sich.

Technologische Komplexität: Die Integration unterschiedlicher Systeme erfordert eine durchdachte Infrastruktur.

Intelligenz

Definition

Intelligenz am Arbeitsplatz bezieht sich auf die Anwendung von KI und maschinellem Lernen (ML), um Prozesse zu automatisieren, Muster in Daten zu erkennen und proaktive Entscheidungen zu ermöglichen.

KI-gestützte Assistenten

Digitale Coaches: KI-Programme wie CoachHub analysieren individuelle Arbeitsmuster und bieten personalisierte Ratschläge zur Effizienzsteigerung.

Chatbots: Tools wie Microsoft Power Virtual Agents übernehmen Routineaufgaben wie Terminvereinbarungen oder das Beantworten von Anfragen.

Praxisbeispiel:
Ein Finanzdienstleister setzte KI-gestützte Assistenten ein, um Mitarbeitende bei der Datenanalyse zu unterstützen. Innerhalb eines Jahres führte dies zu einer 40%igen Reduktion der Bearbeitungszeit von Anträgen.

Datenanalyse und Entscheidungsfindung

KI analysiert große Datenmengen, um Trends und Anomalien zu identifizieren. Beispielsweise kann ein KI-System in der Personalabteilung die Fluktuationsrate vorhersagen und proaktive Maßnahmen vorschlagen, um die Mitarbeiterbindung zu verbessern.

Vorteile von Intelligenz

Zeiteinsparung: Automatisierte Prozesse reduzieren Routineaufgaben.

Bessere Entscheidungen: KI liefert datengestützte Einblicke und Empfehlungen.

Skalierbarkeit: Intelligente Systeme können flexibel an wachsende Anforderungen angepasst werden.

Herausforderungen

Erklärbarkeit (Explainable AI): Mitarbeitende müssen verstehen können, wie KI-Systeme zu ihren Ergebnissen kommen.

Ethik: Der Einsatz von KI erfordert klare Richtlinien, um unethische Anwendungen wie Diskriminierung durch Algorithmen zu vermeiden.

Deep Dive:
Die Erklärbarkeit von KI ist ein zentrales Forschungsfeld. Methoden wie LIME (Local Interpretable Model-agnostic Explanations) oder SHAP (SHapley Additive exPlanations) helfen dabei, die Entscheidungsprozesse von KI-Systemen transparenter zu machen.

Adaptivität

Definition

Adaptivität bedeutet, dass Arbeitsumgebungen und Systeme flexibel auf die individuellen Bedürfnisse und Vorlieben der Mitarbeitenden reagieren können.

Adaptive Technologien

Smarte Lernplattformen: Systeme wie Degreed passen die Lerninhalte in Echtzeit an den Fortschritt und die Interessen der Nutzenden an.

Personalisierte Arbeitsumgebungen: Vernetzte Schreibtische und Beleuchtungssysteme können automatisch die bevorzugten Einstellungen der Mitarbeitenden aktivieren.

Praxisbeispiel:
Ein Technologieunternehmen setzte adaptive Lernplattformen ein, um Schulungen für Mitarbeitende zu personalisieren. Dies führte zu einer 30%igen Steigerung der Lernabschlussquote.

Vorteile der Adaptivität

Höhere Produktivität: Mitarbeitende arbeiten effizienter in Umgebungen, die auf ihre Bedürfnisse zugeschnitten sind.

Mitarbeiterzufriedenheit: Individuelle Anpassungen fördern das Wohlbefinden und die Motivation.

Herausforderungen

Technologische Umsetzung: Die Entwicklung adaptiver Systeme erfordert hohe Investitionen in Forschung und Entwicklung.

Datenintegrität: Systeme benötigen präzise Daten, um effektiv zu arbeiten.

7.1.2 Technologien im Workplace der Zukunft

Die technologische Basis des Arbeitsplatzes der Zukunft umfasst eine Vielzahl von Innovationen, die zusammenarbeiten, um Mitarbeitende und Unternehmen produktiver zu machen.

Wearables

Definition

Wearables sind tragbare Technologien wie Smartwatches, Augmented-Reality-(AR)-Brillen oder Sensoren, die Mitarbeitenden kontextuelle Informationen direkt am Arbeitsplatz liefern.

Anwendungsfälle

AR-Brillen: In der Fertigungsindustrie zeigen AR-Brillen den Arbeitenden Anleitungen in Echtzeit an, wodurch Fehler reduziert werden.

Gesundheitsüberwachung: Sensoren überwachen die Gesundheit der Mitarbeitenden und warnen vor Überlastung.

Beispiel:

Ein Automobilhersteller führte AR-Brillen ein, um die Montageprozesse zu unterstützen. Dies reduzierte die Fehlerrate um 20 % und verkürzte die Schulungszeit neuer Mitarbeitender um 50 %.

Sprachgesteuerte Assistenten

Definition

Sprachassistenten wie Alexa for Business oder Google Assistant ermöglichen eine intuitive Interaktion mit digitalen Systemen durch Sprachbefehle.

Anwendungsfälle

Organisation: Sprachassistenten erstellen automatisch Kalendertermine und Erinnerungen.

Projektmanagement: Mitarbeitende können Projekte per Spracheingabe verwalten und aktualisieren.

Beispiel:

Ein mittelständisches Unternehmen implementierte Alexa for Business, um Besprechungsräume zu buchen und Präsentationen zu starten. Dies führte zu einer Zeitersparnis von 15 % bei der Organisation von Meetings.

Digitale Zwillinge

Definition

Ein digitaler Zwilling ist ein virtuelles Modell eines physischen Objekts oder Systems, das dessen Verhalten simuliert und analysiert.

Anwendungsfälle

Prozessoptimierung: Digitale Zwillinge von Arbeitsumgebungen helfen dabei, Layouts und Arbeitsabläufe zu optimieren.

Simulation: Unternehmen können verschiedene Szenarien testen, bevor sie Änderungen implementieren.

Beispiel:
Ein Logistikunternehmen nutzte digitale Zwillinge, um die Lagerorganisation zu simulieren. Infolgedessen konnte die Effizienz der Lagerverwaltung um 35 % gesteigert werden.

Zusammenfassung der Technologien

Wearables

Hauptvorteile: Echtzeitinformationen, Fehlerreduktion

Beispielanwendung: AR-Brillen in der Fertigungsindustrie

Sprachassistenten

Hauptvorteile: Zeitersparnis, intuitive Bedienung

Beispielanwendung: Alexa for Business in der Meetingorganisation

Digitale Zwillinge

Hauptvorteile: Prozessoptimierung, Simulation

Beispielanwendung: Lageroptimierung durch digitale Modelle

7.1.3 Reflexionsfragen und Denkanstöße

Welche Technologien könnten in Ihrem Unternehmen die größten Effizienzgewinne bringen?

Wie können Mitarbeitende in die Auswahl und Implementierung neuer Technologien einbezogen werden?

Welche ethischen Aspekte sollten bei der Einführung von KI und adaptiven Systemen beachtet werden?

7.1.4 Weiterführende Ressourcen

Buch: *The Fourth Industrial Revolution* von Klaus Schwab.

Artikel: „Future of Work: Beyond Automation" (*Harvard Business Review*, 2018).

Online-Kurs: „AI and the Workplace" auf Coursera.

7.2 Generative KI und Augmented Creativity als Game-Changer

Generative Künstliche Intelligenz (KI) revolutioniert die kreative Industrie und gestaltet künstlerische Prozesse, Designentwicklungen und Content-Erstellung grundlegend neu. Durch den Einsatz moderner Technologien wie **Generative Adversarial Networks (GANs)** oder multimodaler Modelle wie **Stable Diffusion** und **DALL-E** wird nicht nur die Effizienz gesteigert, sondern auch die Bandbreite kreativer Möglichkeiten erheblich erweitert. Diese Technologien, die oft unter dem Begriff „Augmented Creativity" subsumiert werden, ermöglichen eine symbiotische Zusammenarbeit zwischen Mensch und Maschine, bei der KI Werkzeuge bereitstellt, die den kreativen Prozess unterstützen, ohne die menschliche Kreativität zu ersetzen.

Technische Grundlagen der Generativen KI

Generative KI basiert auf Algorithmen, die eigenständig Inhalte wie Bilder, Texte, Musik oder Videos erstellen können. Diese Inhalte sind nicht einfach Kopien bestehender Daten, sondern neue, synthetische Werke, die aus den in Trainingsdaten erlernten Mustern generiert werden.

1. Generative Adversarial Networks (GANs)

GANs sind ein zentraler Baustein der Generativen KI. Sie bestehen aus zwei neuronalen Netzwerken, die in einem Wettbewerb zueinander stehen:

Generator: Erstellt synthetische Daten (z. B. Bilder oder Musik).

Diskriminator: Bewertet, ob die generierten Daten echt oder künstlich sind.

Dieser iterative Prozess führt dazu, dass der Generator zunehmend realistischere Inhalte erstellt, die vom Diskriminator nicht mehr von echten Daten unterschieden werden können.

Anwendungen von GANs in der Kreativwirtschaft:

Design: Erstellung von Prototypen für Produktdesigns oder Architektur.

Musik: Generierung neuer Musikstücke, die von bestimmten Genres oder Künstlern inspiriert sind.

Kunst: Entwicklung von digitalen Gemälden oder Skulpturen, die künstlerische Stile nachahmen oder neu interpretieren.

Beispiel:
Das Projekt „AI Portraits" von NVIDIA nutzt GANs, um Porträts im Stil berühmter Künstler zu generieren. Diese Werke sind nicht nur visuell beeindruckend, sondern zeigen auch das Potenzial von KI zur kreativen Inspiration.

2. Stable Diffusion und MidJourney: Bildgenerierung durch multimodale Modelle

Stable Diffusion und **MidJourney** gehören zu den fortschrittlichsten Technologien im Bereich der KI-gestützten Bildgenerierung. Beide Modelle arbeiten mit tiefen neuronalen Netzen, die in der Lage sind, Text-Eingaben (sogenannte „Prompts") in hochauflösende Bilder umzuwandeln.

Stable Diffusion:

Nutzt ein Diffusionsmodell, das schrittweise Rauschen aus einem Bild entfernt, um eine realistische Darstellung zu erzeugen.

Anwendung: Erstellung von Marketingmaterialien, Konzeptkunst oder visuellen Prototypen in Sekunden.

MidJourney:

Ein KI-Tool, das sich auf künstlerische und illustrative Bildstile spezialisiert hat.

Anwendung: Unterstützung von Künstlern und Designern bei der Ideenfindung oder der Visualisierung abstrakter Konzepte.

Beispiel:

Ein Unternehmen im Bereich Modedesign könnte Stable Diffusion verwenden, um neue Kollektionen zu visualisieren, bevor physische Muster produziert werden. Die Geschwindigkeit und Vielseitigkeit dieser Tools beschleunigen den kreativen Prozess erheblich.

3. Text-zu-Bild-Modelle wie DALL-E

DALL-E, entwickelt von OpenAI, ist ein weiteres bahnbrechendes Modell, das Textbeschreibungen in detaillierte Bilder umwandelt. Es nutzt eine Kombination aus **Transformer-Architekturen** und **CLIP (Contrastive Language–Image Pretraining)**, um den Kontext zwischen Text und Bild zu verstehen.

Anwendungsbeispiele:

Content Creation: Erstellung von Illustrationen für Artikel, ohne auf externe Künstler angewiesen zu sein.

Werbung: Generierung einzigartiger Bildwelten für Kampagnen.

Bildung: Visualisierung komplexer Konzepte für Lehrmaterialien.

Augmented Creativity: Die Zusammenarbeit von Mensch und Maschine

Der Begriff **Augmented Creativity** beschreibt die Unterstützung menschlicher Kreativität durch KI, ohne diese zu substituieren. Während die KI repetitive oder datenintensive Aufgaben übernimmt, bleibt der Mensch als schöpferische Instanz im Mittelpunkt. Beispiele für diese Zusammenarbeit sind:

Co-Kreation:

Ein Designer gibt einem KI-Tool wie MidJourney eine grobe Idee (z. B. „Futuristisches Stadtbild bei Sonnenuntergang"), und die KI liefert mehrere visuelle Optionen. Der Designer verfeinert diese dann weiter.

Iterative Prozesse:

Kreative können mit KI-Tools wie DALL-E oder Stable Diffusion experimentieren, um schnell verschiedene Ideen zu generieren und die beste auszuwählen.

Personalisierung:

Unternehmen können KI nutzen, um Inhalte auf individuelle Kundenbedürfnisse zuzuschneiden, z. B. im Bereich Marketing oder Produktdesign.

Forschung und Quellen

1. CVPR (2023): Generative KI in der kreativen Wirtschaft

Die Konferenz für Computer Vision and Pattern Recognition (CVPR) betonte in ihrem 2023er Bericht, dass Generative KI eine Schlüsseltechnologie für die kreative Wirtschaft ist. Sie bietet insbesondere in den Bereichen Design, Animation und Content-Erstellung signifikante Vorteile.

2. OpenAI-Studien zu DALL-E

OpenAI hat mehrere Studien zu DALL-E veröffentlicht, die zeigen, wie Text-Eingaben in hochqualitative Bilder übersetzt werden können. Die Studien heben hervor, dass DALL-E in der Lage ist, nicht nur einfache Objekte, sondern auch komplexe Szenen mit mehreren Konzepten zu generieren.

3. Adobe (2023): Beschleunigte Kreativitätsprozesse

Laut einer Studie von Adobe hat der Einsatz generativer KI die Kreativitätsprozesse in Unternehmen um durchschnittlich 50 % beschleunigt. Besonders in der Werbung und im Content-Marketing konnten Unternehmen durch den Einsatz von KI-gestützten Tools wie Adobe Firefly erhebliche Effizienzsteigerungen erzielen.

Vorteile von Generativer KI und Augmented Creativity

Zeiteinsparung:

Kreative Prozesse, die früher Tage oder Wochen in Anspruch nahmen, können mit Generativer KI in Minuten abgeschlossen werden.

Erweiterung der kreativen Möglichkeiten:

KI-Tools liefern Inspirationen, die Menschen möglicherweise nicht in Betracht gezogen hätten.

Kostensenkung:

Unternehmen können auf teure externe Ressourcen verzichten, da KI viele Aufgaben automatisiert.

Zugänglichkeit:

Kreativität wird demokratisiert, da auch Menschen ohne künstlerische oder technische Ausbildung beeindruckende Ergebnisse erzielen können.

Herausforderungen und ethische Aspekte

Urheberrecht:

Wer besitzt die Rechte an Inhalten, die von KI generiert wurden? Dies ist eine der drängendsten Fragen im Bereich der Generativen KI.

Qualitätskontrolle:

KI-generierte Inhalte können fehlerhaft oder unangemessen sein. Eine menschliche Überprüfung bleibt unerlässlich.

Abhängigkeit:

Übermäßige Nutzung von KI könnte die Fähigkeit zur eigenständigen kreativen Problemlösung beeinträchtigen.

Bias:

Generative Modelle können Vorurteile aus ihren Trainingsdaten übernehmen, was zu problematischen Ergebnissen führen kann.

Zusammenfassung

Generative KI und Augmented Creativity sind transformative Kräfte, die die kreative Wirtschaft neu definieren. Technologien wie GANs, Stable Diffusion, MidJourney und DALL-E haben das Potenzial, kreative Prozesse zu beschleunigen, neue Möglichkeiten zu erschließen und die Zusammenarbeit zwischen Mensch und Maschine auf ein neues Niveau zu heben. Trotz ihrer immensen Vorteile müssen Unternehmen sorgfältig mit den Herausforderungen und ethischen Fragen umgehen, die mit der Nutzung dieser Technologien einhergehen.

Reflexionsfrage:
Wie könnte Generative KI in Ihrem beruflichen Kontext eingesetzt werden, um kreative Prozesse zu unterstützen oder zu erweitern?

7.2.1 Was ist generative KI?

Generative KI beschreibt KI-Systeme, die in der Lage sind, eigenständig Inhalte wie Texte, Bilder, Videos oder Musik zu erstellen. Im Gegensatz zu traditionellen KI-Technologien, die auf vorgefertigte Regeln und Muster angewiesen sind, nutzen generative Modelle neuronale Netzwerke, insbesondere Techniken wie **Deep Learning** und **Transformer-Architekturen**, um kreative Outputs zu generieren.

Technische Grundlagen

Transformer-Modelle:
Generative KI basiert häufig auf Transformer-Architekturen, wie sie in OpenAI's GPT (Generative Pre-trained Transformer) oder Googles BERT verwendet werden. Diese Modelle analysieren riesige Datenmengen und lernen, Muster und Zusammenhänge zu erkennen, die sie nutzen, um neue Inhalte zu generieren.

Training durch große Datensätze:
Generative KI wird auf gigantischen Datensätzen trainiert, die aus Texten, Bildern oder anderen Medien bestehen. Dadurch kann sie kontextbezogene Inhalte erschaffen, die oft überraschend menschlich wirken.

Beispiele für generative KI

GPT-4 von OpenAI: Erzeugt menschenähnliche Texte und kann für Aufgaben wie Content-Erstellung, Übersetzungen oder Kundeninteraktionen eingesetzt werden.

DALL·E: Erstellt realistische oder künstlerische Bilder basierend auf textlichen Beschreibungen.

Synthesia: Generiert KI-gestützte Videoinhalte, z. B. für Schulungen oder Marketingvideos.

7.2.2 Vorteile generativer KI für Unternehmen

Generative KI ist weit mehr als ein technisches Spielzeug – sie bietet handfeste Vorteile, die Unternehmen helfen, Prozesse zu optimieren, Kosten zu senken und neue Innovationspotenziale zu erschließen.

Effizienzsteigerung

Automatisierte Content-Erstellung:
Generative KI kann Texte, Bilder oder Videos in einem Bruchteil der Zeit erstellen, die ein Mensch benötigen würde.
Beispiel: Ein Medienunternehmen setzte GPT-4 ein, um Werbekampagnen zu entwickeln. Dadurch konnte der Produktionszyklus um 40 % verkürzt werden.

Skalierbarkeit:
Unternehmen können Inhalte in großem Umfang erstellen, ohne zusätzliche personelle Ressourcen einzusetzen.

Neue kreative Ansätze

Inspiration durch KI:
Generative KI schlägt Ideen, Designs oder Konzepte vor, die Menschen möglicherweise übersehen würden. So entstehen völlig neue kreative Möglichkeiten.
Beispiel: Ein Architekturbüro nutzte DALL·E, um alternative Entwürfe für ein Bauprojekt zu generieren, die dann als Grundlage für die endgültige Gestaltung dienten.

Ungewöhnliche Kombinationen:
KI kann Muster und Verbindungen erkennen, die für Menschen nicht intuitiv sind, und so originelle Ergebnisse schaffen.

Individualisierte Inhalte

Personalisierung in Echtzeit:
Generative KI kann basierend auf Nutzer- oder Kundendaten hochgradig personalisierte Inhalte erstellen, z. B. für Marketingkampagnen oder Produktempfehlungen.
Beispiel: Ein E-Commerce-Unternehmen nutzte generative KI, um Produktbeschreibungen individuell anzupassen, was die Conversion-Rate um 25 % erhöhte.

Hyperpersonalisierung:
Im Gegensatz zu statischen Content-Strategien ermöglicht KI die Erstellung dynamischer Inhalte, die sich an die Vorlieben der Zielgruppe anpassen.

7.2.3 Beispiele für Augmented Creativity

Augmented Creativity, die Synergie aus menschlicher Kreativität und KI-Unterstützung, eröffnet in vielen Branchen neue Möglichkeiten. Nachfolgend werden einige zentrale Anwendungsbereiche vorgestellt.

Design

KI-gestützte Tools:
Plattformen wie Canva oder Adobe Firefly ermöglichen es auch technisch weniger versierten Nutzenden, professionelle Designs zu erstellen.
Beispiel: Ein kleines Start-up nutzte Adobe Firefly, um innerhalb weniger Stunden ein vollständiges Branding inklusive Logo, Broschüren und Social-Media-Grafiken zu entwickeln.

Iterative Prozesse:
KI hilft Designteams, durch schnelle Prototypen und Feedback-Schleifen effizienter zu arbeiten.

Filmindustrie

Einsatz von Deepfake-Technologie:
Deepfakes ermöglichen die Erstellung realistischer visueller Effekte, die früher aufwendige und teure Filmproduktionen erforderten.

Beispiel: In einer Filmproduktion wurde ein KI-generiertes Gesicht verwendet, um einen Schauspieler zu verjüngen, was die Produktionskosten erheblich senkte.

Skripterstellung und Szenenplanung:
Generative KI-Modelle können Drehbücher vorschlagen oder alternative Szenenentwürfe erstellen.

Pharmaforschung

Hypothesengenerierung:
Generative KI wird genutzt, um neue Hypothesen für die Entwicklung von Medikamenten zu erstellen, indem sie Daten aus früheren Studien analysiert.
Beispiel: Ein Pharmaunternehmen setzte KI ein, um mögliche Molekülstrukturen für ein neues Antibiotikum zu identifizieren. Dies beschleunigte den Forschungsprozess um mehrere Monate.

Simulationen:
KI-Modelle simulieren die Wirkung neuer Wirkstoffe, bevor physische Tests erforderlich sind.

7.2.4 Herausforderungen und Limitationen

Trotz ihrer beeindruckenden Möglichkeiten bringt generative KI auch Herausforderungen mit sich, die Unternehmen berücksichtigen müssen.

Ethische Herausforderungen

Urheberrechte:
Generative KI wird oft mit urheberrechtlich geschützten Daten trainiert, was rechtliche Konflikte auslösen kann.
Beispiel: Künstler kritisieren KI-Tools wie DALL·E dafür, dass sie ihre Werke ohne Zustimmung nutzen könnten.

Manipulation und Missbrauch:
Deepfake-Technologie kann für Desinformation oder Betrug verwendet werden, z. B. um gefälschte Videos von Personen zu erstellen.

Technologische Grenzen

Qualität der Ergebnisse:
Während generative KI beeindruckende Inhalte erstellen kann, sind diese nicht immer fehlerfrei oder von hoher Qualität.

Beispiel: GPT-Modelle können faktische Fehler machen, die bei sensiblen Themen problematisch sein können.

Rechenleistung und Kosten:
Die Entwicklung und der Betrieb generativer KI-Systeme erfordern immense Rechenressourcen, die nicht für alle Unternehmen erschwinglich sind.

Menschliche Akzeptanz

Vertrauen:
Mitarbeitende könnten skeptisch sein, generative KI in kreativen Prozessen einzusetzen, aus Angst, dass ihre Arbeit ersetzt wird.

Komplexität:
Die Bedienung und Integration generativer KI erfordert technisches Know-how, das nicht in allen Teams vorhanden ist.

7.2.5 Die Zukunft der Augmented Creativity

Die Zukunft generativer KI und Augmented Creativity wird durch die Weiterentwicklung von Algorithmen, die Integration in neue Anwendungsbereiche und die Verbesserung der Benutzerfreundlichkeit geprägt sein.

Mögliche Entwicklungen

Bessere Erklärbarkeit:
Zukünftige Systeme werden transparenter agieren und die Entscheidungsprozesse von KI besser erklären können.

Integration in hybride Teams:
Mensch und Maschine werden enger zusammenarbeiten, wobei KI als kreativer Partner agiert.

Zusammenfassung der Potenziale

Anwendungsbereich**Nutzen****Beispiel****Marketing**Personalisierte KampagnenAutomatisierte Erstellung von Werbetexten**Design**Hochwertige Ergebnisse ohne FachkenntnisseCanva für Markenentwicklung**Pharmaforschung**Beschleunigte Entwicklung neuer MedikamenteSimulation von Molekülstrukturen

7.2.6 Reflexionsfragen und Denkanstöße

Wie könnte generative KI in Ihrem Unternehmen eingesetzt werden, um Kreativität und Effizienz zu steigern?

Welche ethischen Herausforderungen sind für Ihre Branche besonders relevant?

Wie können Mitarbeitende geschult werden, um generative KI effektiv zu nutzen?

7.2.7 Weiterführende Ressourcen

Buch: *The Creativity Code: How AI Is Learning to Write, Paint and Think* von Marcus du Sautoy.

Artikel: „The Promise and Peril of Generative AI" (*MIT Technology Review*, 2023).

Online-Kurs: „Generative AI for Business" auf Coursera.

7.3 Emotionale KI: Wenn Algorithmen Gefühle verstehen

Emotionale Künstliche Intelligenz (auch als **Affective Computing** bezeichnet) ist ein faszinierender Bereich der KI-Forschung, der darauf abzielt, menschliche Emotionen zu erkennen, zu analysieren und darauf zu reagieren. Durch die Kombination aus **Sprach-, Gesichts- und Verhaltensanalyse** können KI-Systeme emotionale Zustände wie Freude, Ärger, Trauer oder Überraschung interpretieren und darauf abgestimmte Handlungen vorschlagen. Diese Technologie wird zunehmend in Bereichen wie Gesundheitswesen, Marketing, Kundenservice und sogar im Bildungssektor eingesetzt, wo das Verständnis von Emotionen eine wichtige Rolle spielt.

Technische Grundlagen von Emotion AI

Emotionale KI basiert auf einer Vielzahl von Technologien, die miteinander kombiniert werden, um menschliche Emotionen präzise zu erkennen. Zentral sind hierbei die Analyse von Gesichtsausdrücken, Sprachmustern und physiologischen Signalen.

1. Affective Computing: Emotionserkennung durch multimodale Analysen

Affective Computing ist die Disziplin, die sich mit der Entwicklung von Systemen und Geräten befasst, die menschliche emotionale Zustände erkennen, interpretieren und simulieren können. Der Ansatz ist multimodal, d. h., er kombiniert verschiedene Datenquellen wie Sprache, Mimik und Körpersprache, um ein umfassendes Bild des emotionalen Zustands zu erstellen.

a. Sprachanalyse

Technologie: Emotionen in der Stimme werden durch die Analyse von Sprachton, Lautstärke, Pausendauer und Modulation erkannt.

Anwendung: KI-Systeme können erkennen, ob eine Person gestresst, aufgeregt oder entspannt ist, indem sie die prosodischen Merkmale der Sprache analysieren.

Beispiel: Call-Center verwenden KI-basierte Sprachanalyse, um die Zufriedenheit oder Frustration von Kunden während eines Gesprächs zu messen.

b. Gesichtsanalyse

Technologie: Hier kommen insbesondere **Convolutional Neural Networks (CNNs)** zum Einsatz, die auf die Erkennung von Mikroausdrücken und Gesichtsbewegungen spezialisiert sind.

Anwendung: Analyse von Gesichtsausdrücken wie Lächeln, Stirnrunzeln oder Augenbrauenbewegungen, um auf Emotionen zu schließen.

Beispiel: Amazon Rekognition bietet eine API, die Gesichter analysiert und Emotionen wie „glücklich", „traurig" oder „überrascht" identifiziert.

c. Körpersprache

Technologie: Deep Learning-Modelle analysieren Bewegungen und Haltungen.

Anwendung: Körpersprache wird genutzt, um emotionale Zustände wie Nervosität oder Selbstbewusstsein zu erkennen.

d. Physiologische Signale

Technologie: Wearables messen Herzfrequenz, Hautleitfähigkeit und andere physiologische Parameter, um Stress oder Entspannung zu erkennen.

Anwendung: Solche Signale werden oft in Verbindung mit anderen Modalitäten genutzt, um die emotionale Analyse zu verfeinern.

2. Deep Learning in Emotion AI

Die Fähigkeit von KI-Systemen, Emotionen präzise zu erkennen, hat sich durch Fortschritte im Bereich **Deep Learning** erheblich verbessert. Zwei zentrale Architekturen spielen hier eine Rolle:

a. Convolutional Neural Networks (CNNs)

Einsatzgebiet: CNNs sind besonders effektiv bei der Verarbeitung visueller Daten wie Gesichtsausdrücken. Sie erkennen Muster in Bilddaten, die bestimmten Emotionen zugeordnet werden können.

Beispiel: Das Projekt „DeepFeel" vom MIT Media Lab nutzt CNNs, um affektive Zustände in Videokonferenzen zu analysieren. Es erkennt Mikroausdrücke wie ein leichtes Stirnrunzeln oder ein erzwungenes Lächeln, die auf Stress oder Überforderung hinweisen könnten.

b. Recurrent Neural Networks (RNNs)

Einsatzgebiet: RNNs sind für die Analyse von Sequenzen geeignet, z. B. Sprachdaten oder zeitliche Veränderungen in Gesichtsausdrücken. Sie können Muster in Stimmmodulationen oder aufeinanderfolgenden Gesichtsausdrücken erkennen.

Beispiel: „DeepFeel" kombiniert CNNs mit RNNs, um emotionale Zustände aus Videos in Echtzeit zu analysieren und darauf abgestimmte Interaktionsstrategien vorzuschlagen.

Forschung und Praxisbeispiele

1. MIT Media Lab (2023): Fortschritte in Affective Computing

Das MIT Media Lab hat bedeutende Fortschritte im Bereich der Emotionserkennung erzielt, insbesondere durch die Entwicklung multimodaler KI-Modelle. Diese Modelle kombinieren die Analyse von **Sprachton, Mimik** und **Körpersprache**, um Emotionen präziser zu interpretieren.

Projektbeispiel:
Das Projekt „DeepFeel" nutzt eine Kombination aus CNNs und RNNs, um affektive Zustände in Videokonferenzen zu analysieren. Es schlägt personalisierte Interaktionsstrategien vor, z. B. eine Pause einzulegen, wenn ein Teilnehmer Anzeichen von Überforderung zeigt.

Anwendung im Gesundheitswesen:
Diese Technologie wird auch in der psychischen Gesundheitsanalyse eingesetzt, um Stimmungsveränderungen bei Patienten zu erkennen und frühzeitig auf Depressionen oder Angstzustände hinzuweisen.

2. Amazon Rekognition: KI-gestützte Emotionserkennung

Amazon Rekognition bietet eine umfangreiche API, die Emotionserkennung auf Basis von Gesichtsanalyse ermöglicht. Diese Technologie wird in verschiedenen Anwendungsbereichen eingesetzt:

Marketing: Erkennen von Kundenreaktionen auf Werbematerialien.

Sicherheit: Analyse von Emotionen in Überwachungsvideos.

Bildung: Erkennung von Schüleremotionen, um den Unterricht individuell anzupassen.

3. Anwendung in der Praxis: Gesundheitswesen und Kundenservice

a. Gesundheitswesen

Emotionale KI wird zunehmend zur Unterstützung der psychischen Gesundheit eingesetzt:

Anwendung: KI-gestützte Chatbots können emotionale Zustände von Patienten erkennen und personalisierte Antworten geben.

Beispiel: Ein Chatbot könnte erkennen, dass ein Patient Anzeichen von Depressionen zeigt, und ihn an einen Therapeuten weiterleiten.

b. Kundenservice

Emotionale KI verbessert die Interaktion zwischen Unternehmen und Kunden:

Anwendung: Analyse von Kundenanrufen, um Frustration oder Zufriedenheit zu erkennen.

Beispiel: Ein Call-Center könnte bei Anzeichen von Frustration automatisch einen Supervisor hinzuziehen.

Vorteile von Emotion AI

Verbesserte Mensch-Maschine-Interaktion:
Emotionale KI ermöglicht es Maschinen, sich auf die emotionale Verfassung des Nutzers einzustellen, z. B. durch anpassbare Antworten oder Empfehlungen.

Frühzeitige Erkennung von Problemen:
Im Gesundheitswesen kann Emotion AI helfen, psychische Probleme frühzeitig zu erkennen und zu behandeln.

Effizienzsteigerung:
In Bereichen wie Kundenservice oder Marketing können Unternehmen schneller und gezielter auf Kundenbedürfnisse reagieren.

Personalisierung:
Emotionale KI kann Inhalte und Interaktionen an die emotionale Verfassung des Nutzers anpassen, z. B. durch die Auswahl beruhigender Musik oder motivierender Botschaften.

Herausforderungen und ethische Aspekte

Datenschutz:
Die Erfassung und Analyse emotionaler Daten wirft erhebliche Datenschutzbedenken auf. Unternehmen müssen sicherstellen, dass sie die gesetzlichen Vorgaben, wie die DSGVO, einhalten.

Fehlinterpretation:
Emotion AI ist nicht perfekt und kann Emotionen falsch interpretieren, was zu unangemessenen Reaktionen führen könnte.

Bias:
Emotionale KI kann durch voreingenommene Trainingsdaten beeinflusst werden, z. B. durch kulturelle Unterschiede in der Mimik oder Sprache.

Ethische Fragen:
Sollte eine Maschine Emotionen erkennen dürfen? Die Frage nach der ethischen Vertretbarkeit solcher Systeme, insbesondere in sensiblen Bereichen wie der psychischen Gesundheit, bleibt offen.

Zusammenfassung

Emotionale KI ist ein aufstrebendes Feld, das das Potenzial hat, Mensch-Maschine-Interaktionen auf eine neue Ebene zu heben. Von der Verbesserung des Kundenservice bis zur Unterstützung im Gesundheitswesen bietet Emotion AI zahlreiche Anwendungsmöglichkeiten. Dennoch ist ein verantwortungsvoller Umgang mit den damit verbundenen Herausforderungen und ethischen Fragen essenziell.

Reflexionsfrage:
Wie könnte emotionale KI in Ihrem Arbeitsumfeld eingesetzt werden, um Interaktionen zu verbessern oder neue Erkenntnisse zu gewinnen?

7.3.1 Was ist emotionale KI?

Emotionale KI umfasst Systeme, die in der Lage sind, menschliche Emotionen zu erkennen, zu analysieren und darauf zu reagieren. Dies geschieht durch die Kombination von Technologien wie **Natural Language Processing (NLP)**, **Gesichtserkennung** und **Stimmtonanalyse**.

Technische Grundlagen

Emotion AI nutzt **künstliche neuronale Netzwerke**, um Emotionen zu identifizieren und zu interpretieren. Dabei greifen diese Technologien auf folgende Methoden zurück:

Natural Language Processing (NLP): Analysiert die Wortwahl, Satzstruktur und den Kontext, um emotionale Nuancen in Texten und Sprache zu erkennen.

Gesichtsausdrucksanalyse: Mithilfe von Computer Vision analysieren Algorithmen Mikroexpressionen, Gesichtsmuskeln und Bewegungen, um Emotionen wie Freude, Wut oder Traurigkeit zu identifizieren.

Stimmtonanalyse: Bewertet Parameter wie Tonfall, Lautstärke, Sprachtempo und Pausen, um emotionale Zustände wie Nervosität oder Frustration zu bestimmen.

Deep Dive: NLP und emotionale Analyse

NLP, ein zentraler Bestandteil der emotionalen KI, basiert auf Transformer-Modellen wie BERT oder GPT. Diese Modelle analysieren nicht nur die semantische Bedeutung von Wörtern, sondern auch deren emotionalen Kontext. Zum Beispiel kann ein Satz wie „Ich bin wirklich enttäuscht von diesem Service" als Ausdruck von Frustration interpretiert werden.

Beispielanwendung:

Ein Kundenservice-Chatbot könnte auf Basis von NLP die Emotion des Kunden erkennen und eine beruhigende Antwort formulieren: „Es tut mir leid, dass Sie enttäuscht sind. Wie kann ich Ihnen helfen, das Problem zu lösen?"

7.3.2 Wie emotionale KI funktioniert

Um Emotionen zu erkennen, arbeitet emotionale KI mit einer Vielzahl von Datenquellen und Algorithmen. Der Prozess lässt sich in drei Hauptschritte unterteilen:

Datenerfassung:

Sensoren, Mikrofone und Kameras sammeln Daten über Sprache, Gesichtsausdrücke und Körpersprache.

Merkmalserkennung:

Algorithmen extrahieren spezifische Merkmale, die auf emotionale Zustände hinweisen, z. B. eine erhöhte Stimmlage oder ein Lächeln.

Emotionale Interpretation:

Die erkannten Merkmale werden mithilfe von Modellen mit bekannten Mustern abgeglichen, um die Emotion zu klassifizieren.

Technische Illustration:

Datenquelle & Parameter:
• Gesichtserkennung

Augenbewegungen

Lächeln

Erkannte Emotion: Freude

Tracking von Gesichtsmuskeln

Mimik-Analyse

• Sprachanalyse

Lautstärke

Tonfall

Erkannte Emotion: Frustration

Sprechgeschwindigkeit

Stimmmodulation

• Textanalyse (NLP)

Wortwahl

Satzbau

Erkannte Emotion: Traurigkeit

Sentiment-Analyse

Linguistische Muster

Zusätzliche Metriken:
• Biometrische Daten

Herzfrequenz

Hautleitfähigkeit

Körpertemperatur

• Verhaltensanalyse

Bewegungsmuster

Gestik

Körperhaltung

• Kontextuelle Daten

Umgebungsfaktoren

Tageszeit

Situativer Kontext

7.3.3 Anwendungsbereiche emotionaler KI

Emotionale KI hat bereits Einzug in verschiedene Branchen gehalten und ermöglicht innovative Anwendungen, die sowohl die Effizienz als auch die Qualität von Dienstleistungen verbessern können.

Kundensupport

Emotion AI revolutioniert den Kundenservice, indem sie Chatbots und Support-Systeme emotional intelligenter macht.

Empathische Chatbots: KI-gestützte Chatbots können emotionale Zustände der Kunden erkennen und darauf reagieren.
Beispiel: Ein Telekommunikationsunternehmen implementierte emotionale KI, um den Frustrationsgrad von Kundenanrufen zu messen. Bei erhöhter Frustration wurde der Kunde automatisch an einen menschlichen Supportmitarbeiter weitergeleitet.

Stimmungsanalyse in Echtzeit: Callcenter nutzen KI, um die Stimmung der Kunden während eines Gesprächs zu analysieren und Mitarbeitenden Hinweise zur Gesprächsführung zu geben.

Vorteile:

Erhöhte Kundenzufriedenheit durch personalisierte Interaktionen.

Schnellere Problemlösungen durch gezielte Eskalationen.

Mitarbeiterbindung und HR-Management

Emotionale KI kann auch in der Personalabteilung eingesetzt werden, um die Zufriedenheit und das Engagement der Mitarbeitenden zu fördern.

Analyse von Mitarbeiterfeedback: Tools wie Humanyze analysieren Umfragedaten und Feedback, um emotionale Trends innerhalb eines Unternehmens zu erkennen.
Beispiel: Ein Softwareunternehmen nutzte emotionale KI, um Anzeichen von Unzufriedenheit in Teams zu identifizieren und rechtzeitig Maßnahmen zu ergreifen.

Emotionale Analyse in Vorstellungsgesprächen: KI-Systeme können während eines Bewerbungsgesprächs die Körpersprache und den Tonfall der Kandidaten analysieren, um deren emotionale Intelligenz zu bewerten.

Vorteile:

Frühzeitige Erkennung von Burnout-Risiken.

Verbesserte Mitarbeiterbindung durch gezielte Maßnahmen.

Gesundheitswesen

Im Gesundheitssektor bietet emotionale KI innovative Möglichkeiten, die Patientenversorgung zu verbessern.

Telemedizin: Emotion AI wird eingesetzt, um den emotionalen Zustand von Patienten während virtueller Konsultationen zu analysieren.
Beispiel: Ein Telemedizin-Dienstleister nutzte emotionale KI, um Depressionen bei Patienten frühzeitig zu erkennen.

Therapieunterstützung: KI-gestützte Systeme wie Wysa bieten psychologische Unterstützung durch empathische Gespräche.

Vorteile:

Verbesserte Diagnose psychischer Erkrankungen.

Personalisierte Behandlungsansätze.

7.3.4 Vorteile und Potenziale emotionaler KI

Emotionale KI bietet zahlreiche Vorteile, die sowohl die Effizienz als auch die Qualität der Mensch-Maschine-Interaktion verbessern können.

Vorteile

Bessere Nutzererfahrung: Emotion AI ermöglicht personalisierte und empathische Interaktionen.

Effizienzsteigerung: Automatisierte emotionale Analysen sparen Zeit und Ressourcen.

Innovationspotenzial: Neue Anwendungen in Bereichen wie Bildung, Marketing und Gesundheitswesen eröffnen vielfältige Möglichkeiten.

Potenziale

Bildung: KI könnte Lehrkräfte unterstützen, indem sie die emotionale Verfassung von Schülern während des Unterrichts analysiert.

Marketing: Emotionale KI könnte Werbeinhalte erstellen, die auf die Stimmung der Zielgruppe abgestimmt sind.

7.3.5 Herausforderungen und ethische Aspekte

Trotz ihrer Potenziale steht emotionale KI vor erheblichen Herausforderungen, insbesondere in den Bereichen Ethik, Datenschutz und Bias.

Datenschutz

Problem: Emotionale Daten sind äußerst sensibel und können missbraucht werden, wenn sie in die falschen Hände gelangen.
Beispiel: Ein Unternehmen könnte emotionale Daten nutzen, um Mitarbeiterüberwachung durchzuführen, was zu einer Verletzung der Privatsphäre führen könnte.

Lösung: Strenge Datenschutzrichtlinien und transparente Datennutzungspraktiken sind notwendig, um den Missbrauch emotionaler Daten zu verhindern.

Bias in Algorithmen

Problem: Emotionale KI kann durch unsaubere Trainingsdaten voreingenommen sein und Emotionen falsch interpretieren.

Beispiel: Ein Gesichtserkennungsalgorithmus könnte Emotionen bei Personen mit dunkler Hautfarbe weniger genau erkennen, da die Trainingsdaten nicht divers genug waren.

Lösung: Diversifizierte und repräsentative Trainingsdaten sind entscheidend, um Bias zu minimieren.

Missbrauchspotenzial

Problem: Unternehmen könnten emotionale KI nutzen, um Kunden oder Mitarbeitende zu manipulieren.

Beispiel: Ein Unternehmen könnte emotionale Daten verwenden, um gezielte Werbung basierend auf der Stimmung eines Nutzers zu schalten.

Lösung: Klare ethische Richtlinien und gesetzliche Vorschriften müssen entwickelt werden, um den Missbrauch emotionaler KI zu verhindern.

7.3.6 Reflexionsfragen und Denkanstöße

Wie kann emotionale KI genutzt werden, ohne die Privatsphäre der Nutzer zu gefährden?

Welche Maßnahmen könnten ergriffen werden, um Bias in emotionaler KI zu minimieren?

In welchen Bereichen könnte emotionale KI das größte Potenzial für positive Veränderungen bieten?

7.3.7 Weiterführende Ressourcen

Buch: *Artificial Emotional Intelligence: The Birth of Emotion AI* von Andrew McStay.

Artikel: „The Ethics of Emotion AI" (*MIT Technology Review*, 2022).

Online-Kurs: „Emotion AI and its Applications" auf edX.

7.4 Kollektive Intelligenz: Das Zusammenspiel von menschlicher und künstlicher Kognition

Die Idee der **kollektiven Intelligenz** beruht auf der Synergie zwischen menschlicher Kreativität, Erfahrung und Intuition und der rechnerischen Präzision und Geschwindigkeit künstlicher Intelligenz (KI). Diese Zusammenarbeit ermöglicht es, Herausforderungen zu bewältigen, die weder Menschen allein noch Maschinen alleine effizient lösen könnten. Kollektive Intelligenz hat in den letzten Jahren in Bereichen wie Entscheidungsfindung, Forschung und Innovation erheblich an Bedeutung gewonnen.

Dieses Kapitel beleuchtet die Vorteile, Anwendungsfälle und Herausforderungen der kollektiven Intelligenz und zeigt auf, wie sich Mensch und Maschine gegenseitig ergänzen können, um neue Maßstäbe in Produktivität und Problemlösung zu setzen.

7.4.1 Vorteile kollektiver Intelligenz

Kollektive Intelligenz bietet zahlreiche Vorteile, die sich aus der Kombination der Stärken von Menschen und KI ergeben. Sie ermöglicht eine stärkere Innovationskraft, tiefere Einblicke und eine schnellere Problemlösung.

Bessere Entscheidungsfindung

Synergie von Datenanalyse und menschlicher Intuition:
KI kann große Datensätze in Sekunden analysieren und Muster erkennen, während Menschen ihre Erfahrung und Kreativität einbringen, um die Ergebnisse zu interpretieren und strategische Entscheidungen zu treffen.
Beispiel: In der Finanzbranche nutzen Analysten KI-Modelle, um Marktmuster zu identifizieren, und kombinieren diese mit menschlichen Einschätzungen, um Investitionsstrategien zu entwickeln.

Vorteile:

Schnellere Entscheidungsprozesse.

Höhere Genauigkeit durch die Kombination von algorithmischen Vorhersagen und menschlichem Urteilsvermögen.

Skalierbare Expertise

Schwarmintelligenz durch Plattformen:
Plattformen wie Kaggle oder Zindi ermöglichen es, weltweit verteilte Experten für die Lösung technischer Herausforderungen zusammenzubringen.

Beispiel: Kaggle-Wettbewerbe nutzen kollektive Intelligenz, um komplexe Probleme wie die Vorhersage von Kundenverhalten oder die Optimierung von Algorithmen zu lösen.

Vorteile:

Zugang zu globalem Expertenwissen.

Kosteneffiziente Problemlösungen durch Crowdsourcing.

Interdisziplinäre Innovation

Mustererkennung über Fachgrenzen hinaus:
KI kann Verbindungen zwischen scheinbar unzusammenhängenden Daten oder Konzepten aus verschiedenen Disziplinen herstellen und so neue Lösungsansätze aufzeigen.

Beispiel: In der medizinischen Forschung analysiert KI genomische Daten und kombiniert diese mit Erkenntnissen aus der Pharmakologie, um neue Therapieansätze zu entwickeln.

Vorteile:

Förderung von Innovation durch ungewohnte Perspektiven.

Überwindung traditioneller Silos innerhalb von Organisationen.

7.4.2 Beispiel für kollektive Intelligenz

Ein beeindruckendes Beispiel für kollektive Intelligenz liefert das Konzept der **Open Innovation**, bei der Unternehmen externe Fachkräfte und Technologien einbinden, um Innovation zu fördern.

Fallstudie: Open Innovation bei Procter & Gamble

Ansatz:
Procter & Gamble nutzte KI-gestützte Plattformen, um Vorschläge von

externen Experten weltweit zu sammeln. Diese Plattformen analysierten die eingereichten Ideen und identifizierten die vielversprechendsten Ansätze.

Ergebnis:
Dieser Ansatz führte zur Entwicklung innovativer Produkte wie einer neuen Generation von Reinigungsmitteln und Verpackungslösungen.

Vorteile:

Schneller Zugang zu globalem Fachwissen.

Kosteneffiziente Innovationsprozesse durch Crowdsourcing.

7.4.3 Herausforderungen der kollektiven Intelligenz

Trotz ihrer Vorteile ist die Umsetzung kollektiver Intelligenz nicht ohne Hindernisse. Unternehmen und Organisationen müssen Herausforderungen in den Bereichen Datenqualität, ethische Verantwortung und Integration meistern.

Datenqualität und Bias

Problem: KI ist nur so gut wie die Daten, mit denen sie trainiert wurde. Fehlerhafte oder voreingenommene Daten können zu falschen Ergebnissen führen.

Beispiel: Ein KI-Modell in der medizinischen Forschung könnte aufgrund eines unausgewogenen Datensatzes falsche Schlussfolgerungen ziehen.

Lösung:
Sicherstellung der Datenqualität durch diversifizierte und repräsentative Datensätze.

Ethische Verantwortung

Problem: Die Zusammenarbeit von Mensch und Maschine wirft ethische Fragen auf, beispielsweise zur Transparenz und zur fairen Nutzung der Ergebnisse.

Beispiel: Wenn KI-gestützte Plattformen Ideen sammeln, stellt sich die Frage, wem die geistigen Eigentumsrechte gehören.

Lösung:
Klare Richtlinien für die Nutzung und Verteilung von Ergebnissen schaffen.

Integration und Akzeptanz

Problem: Mitarbeitende könnten skeptisch sein, wenn KI in Entscheidungsprozesse integriert wird, aus Angst, dass ihre Expertise untergraben wird.

Lösung:
Schulungen und transparente Kommunikationsstrategien, um Vertrauen in die Technologie aufzubauen.

7.4.4 Reflexionsfragen und Denkanstöße

Wie kann Ihr Unternehmen kollektive Intelligenz nutzen, um Innovation zu fördern?

Welche Strategien könnten eingesetzt werden, um die Akzeptanz von KI-gestützten Lösungen zu erhöhen?

Wie können ethische Herausforderungen im Umgang mit kollektiver Intelligenz adressiert werden?

7.4.5 Weiterführende Ressourcen

Buch: *Superminds: The Surprising Power of People and Computers Thinking Together* von Thomas W. Malone.

Artikel: „Collective Intelligence in the Age of AI" (*Harvard Business Review*, 2021).

Online-Kurs: „Collaborative Intelligence: Humans and AI" auf edX.

7.5 Moonshot-Szenario: KI als Enabler für lebenslanges Lernen und Potenzialentfaltung

Das Konzept eines **„Moonshot-Szenarios"** steht für visionäre, ambitionierte Ziele, die mit Hilfe von Technologie realisiert werden können. In diesem Kapitel liegt der Fokus auf der Rolle von KI als treibende Kraft hinter lebenslangem Lernen und der individuellen Potenzialentfaltung. Angesichts der rasanten technologischen Entwicklungen und der zunehmenden Komplexität der Arbeitswelt wird lebenslanges Lernen zu einem zentralen Element persönlicher und beruflicher Weiterentwicklung. KI hat hier das Potenzial, Bildung und Weiterbildung grundlegend zu transformieren, indem sie personalisierte, flexible und effiziente Lernumgebungen schafft.

7.5.1 Wie KI lebenslanges Lernen fördert

KI bringt lebenslanges Lernen auf ein neues Niveau, indem sie Bildung an individuelle Bedürfnisse und globale Wissensressourcen anpasst. Es folgen zentrale Ansätze, wie KI den Lernprozess unterstützt und optimiert.

Personalisierte Lernplattformen

Definition: KI-gestützte Lernplattformen analysieren die Lerngewohnheiten, den Fortschritt und die Ziele der Nutzenden und passen Inhalte dynamisch an.

Wie es funktioniert:
KI nutzt Daten wie Lerngeschwindigkeit, Fehlerquoten und bevorzugte Formate (z. B. Videos, Texte oder interaktive Übungen), um maßgeschneiderte Lernpläne zu erstellen.

Praxisbeispiel:
Plattformen wie **Coursera** oder **Khan Academy** integrieren KI, um personalisierte Kursvorschläge zu machen. Ein Nutzer, der Schwierigkeiten in einem Mathematikmodul zeigt, erhält beispielsweise zusätzliche Übungen oder alternative Erklärungen, um das Verständnis zu vertiefen.

Vorteile:

Individueller Fortschritt wird maximiert.

Lernende bleiben motiviert, da Inhalte auf ihre Interessen und Bedürfnisse zugeschnitten sind.

Virtuelle Mentoren

Definition: KI-basierte Mentoren agieren als digitale Begleiter, die Lernende in Echtzeit unterstützen und Feedback geben.

Wie es funktioniert:
Mit Natural Language Processing (NLP) und maschinellem Lernen können virtuelle Mentoren wie **Duolingo Bots** oder **Turing Tutors** Fragen beantworten, Aufgaben korrigieren und Tipps zur Verbesserung geben.

Praxisbeispiel:
Ein Sprachlernender nutzt **Duolingo**, das nicht nur Vokabeln und

Grammatik vermittelt, sondern auch Fehler analysiert und personalisierte Verbesserungsvorschläge gibt.

Vorteile:

Sofortige Unterstützung ohne zeitliche Begrenzung.

Förderung von Selbstständigkeit und eigenverantwortlichem Lernen.

Zugang zu globalem Wissen

Definition: KI ermöglicht den Zugang zu riesigen Wissensdatenbanken und überwindet Sprachbarrieren durch automatische Übersetzungen und Inhaltskuratierung.

Wie es funktioniert:
Systeme wie **Google Translate** oder **DeepL** übersetzen Inhalte in Echtzeit, während KI-basierte Suchmaschinen relevante Ressourcen aus Millionen von Datenquellen filtern und bereitstellen.

Praxisbeispiel:
Ein Wissenschaftler aus einem Entwicklungsland nutzt KI-Tools, um auf aktuelle Forschungsergebnisse in anderen Sprachen zuzugreifen, die sonst unzugänglich wären.

Vorteile:

Demokratisierung von Wissen.

Förderung interkultureller und interdisziplinärer Zusammenarbeit.

7.5.2 Zukunftsvision: Lernende Organisationen

Die Transformation durch KI beschränkt sich nicht auf Individuen. Unternehmen und Institutionen werden zunehmend zu **lernenden Organisationen**, in denen kontinuierliches Lernen ein integraler Bestandteil der Unternehmenskultur ist.

Was sind lernende Organisationen?

Lernende Organisationen zeichnen sich durch ihre Fähigkeit aus, sich kontinuierlich an neue Gegebenheiten anzupassen und von ihren

Erfahrungen zu profitieren. KI spielt dabei eine entscheidende Rolle, indem sie Weiterbildung automatisiert, personalisiert und strategisch ausrichtet.

Rolle von KI in lernenden Organisationen

Bedarfsanalyse:
KI identifiziert die Qualifikationslücken innerhalb eines Unternehmens und schlägt gezielte Schulungen vor.
Beispiel: Ein IT-Dienstleister nutzt ein KI-System, das analysiert, welche Programmierkenntnisse in Zukunft benötigt werden, und bietet Mitarbeitenden entsprechende Kurse an.

Personalisierte Weiterbildung:
Mitarbeitende erhalten individualisierte Lernpläne, die auf ihre aktuellen Fähigkeiten und Karriereziele abgestimmt sind.

Vorhersage von Trends:
KI analysiert Markt- und Technologiedaten, um vorherzusagen, welche Kompetenzen in den nächsten Jahren besonders gefragt sein werden.
Beispiel: Ein Automobilhersteller nutzt KI, um frühzeitig Fortbildungen zu Elektromobilität und autonomem Fahren anzubieten.

Vorteile lernender Organisationen

Wettbewerbsvorteil: Unternehmen bleiben durch kontinuierliche Weiterbildung innovativ und anpassungsfähig.

Mitarbeiterbindung: Mitarbeitende fühlen sich durch individuelle Entwicklungsprogramme wertgeschätzt.

Effizienz: KI reduziert den administrativen Aufwand für Schulungsorganisation und -planung.

7.5.3 Herausforderungen und ethische Aspekte

Trotz der immensen Potenziale von KI im Bereich des lebenslangen Lernens gibt es Herausforderungen, die adressiert werden müssen.

Herausforderungen

Datenschutz und Privatsphäre:
Personalisierte Lernplattformen benötigen umfassende Daten über die Nutzenden, was Fragen zur Datensicherheit aufwirft.

Digital Divide:
Der Zugang zu KI-gestütztem Lernen ist nicht universell. Menschen in Entwicklungsländern oder mit geringer digitaler Kompetenz könnten ausgeschlossen werden.

Abhängigkeit von KI:
Zu starke Automatisierung könnte die kritische Reflexion und Eigeninitiative der Lernenden reduzieren.

Ethische Aspekte

Bias in Algorithmen:
Wenn KI-Modelle auf voreingenommenen Datensätzen trainiert werden, könnte dies zu einer Benachteiligung bestimmter Nutzergruppen führen.

Transparenz:
Lernende sollten darüber informiert werden, wie KI ihre Daten verarbeitet und welche Entscheidungen auf dieser Basis getroffen werden.

7.5.4 Reflexionsfragen und Denkanstöße

Welche Rolle spielt KI aktuell in Ihrem persönlichen oder beruflichen Lernprozess?

Wie könnten Unternehmen sicherstellen, dass KI-gestütztes Lernen allen Mitarbeitenden gleichermaßen zugutekommt?

Welche Kompetenzen sollten Menschen entwickeln, um mit den KI-gestützten Lernumgebungen der Zukunft effektiv interagieren zu können?

7.5.5 Weiterführende Ressourcen

Buch: *Lifelong Learning with AI: A Future Perspective* von Charles D. Martin.

Artikel: „How AI is Transforming Education" (*Forbes*, 2023).

Online-Kurs: „AI in Education: Transforming Learning and Teaching" auf FutureLearn.

„Nimm-das-mit"-Box: Kapitel 7

Kernbotschaften

Der **Arbeitsplatz der Zukunft** wird durch intelligente, vernetzte und adaptive Technologien geprägt.

Generative KI und **Augmented Creativity** schaffen innovative Möglichkeiten für kreative und produktive Prozesse.

Emotionale KI hat das Potenzial, menschliche Interaktionen zu bereichern und empathischer zu gestalten.

Kollektive Intelligenz verbindet menschliches Know-how und KI, um komplexe Probleme effizienter zu lösen.

Lifelong Learning wird durch KI-gestützte personalisierte Lernumgebungen revolutioniert.

Praktische Tipps

Technologie beobachten: Halten Sie technologische Entwicklungen und deren Auswirkungen auf Ihre Branche im Blick.

KI-Tools testen: Experimentieren Sie mit generativen KI-Tools wie ChatGPT oder DALL·E, um innovative Ideen zu entwickeln.

Szenarien entwickeln: Skizzieren Sie konkrete Einsatzmöglichkeiten für emotionale KI in Ihrer Organisation, z. B. im Kundenservice oder in der Personalentwicklung.

Lernstrategien gestalten: Fördern Sie lebenslanges Lernen, indem Sie KI-basierte Plattformen für Weiterbildung und Wissensmanagement integrieren.

Zusammenarbeit stärken: Nutzen Sie kollektive Intelligenz-Plattformen wie Kaggle, um innovative Lösungen gemeinsam mit Experten zu erarbeiten.

Übungen

Reflexion:

Identifizieren Sie technologische Trends und überlegen Sie, welche davon Ihre Branche in den nächsten 10 Jahren prägen könnten.

Beispiel: Welche Rolle könnten Wearables oder digitale Zwillinge in Ihrem Arbeitsumfeld spielen?

Teamaktivität:

Entwickeln Sie im Team ein Konzept, wie **Augmented Creativity** in Ihrer Organisation eingesetzt werden könnte.

Diskutieren Sie, welche Tools und Plattformen Sie dafür nutzen könnten und welche Vorteile sich ergeben.

Szenario-Planung:

Entwerfen Sie ein Szenario, in dem emotionale KI den Kundenservice Ihrer Organisation verbessert. Welche Herausforderungen könnten auftreten und wie könnten Sie diese adressieren?

Inspirierende Zitate und Beispiele

Zitat: „Die Zukunft gehört denen, die Mensch und Maschine intelligent kombinieren."

Beispiel: Ein Medienunternehmen nutzte generative KI, um kreative Prozesse um 40 % zu beschleunigen und gleichzeitig neue Märkte zu erschließen.

Beispiel: Procter & Gamble setzte auf kollektive Intelligenz, um mithilfe von KI-gestützten Plattformen innovative Produkte wie nachhaltige Verpackungen zu entwickeln.

Kapitel 8: Erfolgsmessung und nachhaltige Integration von KI-unterstütztem Coaching

Wie Unternehmen den langfristigen Nutzen von KI-basierten Coaching-Ansätzen sicherstellen können.

Einleitung: Warum Erfolgsmessung entscheidend ist

Die Einführung von KI-unterstütztem Coaching ist ein strategischer Schritt, der Planung, Umsetzung und kontinuierliche Anpassung erfordert. Doch wie können Unternehmen sicherstellen, dass diese Maßnahmen tatsächlich

Wirkung zeigen? Die Erfolgsmessung ist der Schlüssel. Sie ermöglicht es, Fortschritte zu bewerten, Schwachstellen zu identifizieren und langfristige Erfolge zu sichern.

„Was nicht gemessen wird, kann nicht verbessert werden."

Abschnitt 8.1: Die Grundlagen der Erfolgsmessung

Was bedeutet Erfolg im Kontext von KI-unterstütztem Coaching?
Erfolg kann auf verschiedenen Ebenen gemessen werden:

Individuell: Haben Mitarbeitende ihre Kompetenzen verbessert?

Team: Wurde die Zusammenarbeit und Produktivität gesteigert?

Organisatorisch: Konnte das Unternehmen strategische Ziele effizienter erreichen?

Drei Dimensionen der Erfolgsmessung:

Lernfortschritt: Haben Mitarbeitende neue Fähigkeiten erworben?

Engagement: Hat sich die Motivation und Zufriedenheit der Mitarbeitenden verbessert?

Business-Impact: Wie hat sich die Leistung des Unternehmens durch das Coaching verändert?

Abschnitt 8.2: Schritt-für-Schritt-Anleitung zur Erfolgsmessung

Schritt 1: Ziele definieren
Der erste Schritt besteht darin, klare und messbare Ziele für das Coaching festzulegen.

Übung:

Notieren Sie drei spezifische Ziele, die Sie mit dem KI-unterstützten Coaching erreichen möchten.

Beispiel:

Verbesserung der Führungskompetenzen um 20 % (basierend auf Feedbackdaten).

Steigerung des Mitarbeiterengagements um 10 % in der nächsten Umfrage.

Reduzierung von Projektverzögerungen um 15 %.

Vorlage:

ZielMesskriteriumZeitraumFührungskompetenzen verbessernFeedbackumfrage6 MonateMitarbeiterengagement steigernErgebnis der Engagement-Umfrage3 MonateProjekteffizienz erhöhenAnzahl der pünktlich abgeschlossenen Projekte12 Monate

Schritt 2: Schlüsselindikatoren (KPIs) festlegen
Um den Erfolg zu messen, müssen entsprechende KPIs definiert werden, die Fortschritte quantifizieren können.

Beispiele für KPIs:

Teilnahmequote an Weiterbildungsangeboten.

Verbesserung der Ergebnisse in Feedback-Umfragen.

Anzahl abgeschlossener Projekte innerhalb der vereinbarten Zeit.

Veränderungen der Mitarbeiterfluktuation.

Übung:

Wählen Sie zwei KPIs aus, die für Ihr Unternehmen am relevantesten sind, und notieren Sie diese.

Vorlage:

KPIMessinstrumentFrequenzTeilnahmequote an SchulungenLernplattform-BerichteMonatlichEngagement-ScoreMitarbeiterbefragungQuartalsweise

Schritt 3: Daten sammeln und auswerten
Nutzen Sie KI-Tools wie CultureAmp, Glint oder Workday, um relevante Daten zu sammeln und zu analysieren.

Übung:

Analysieren Sie die Daten aus einer Feedback-Umfrage und identifizieren Sie drei relevante Erkenntnisse.

Beispiel:

Mitarbeitende fühlen sich stärker eingebunden (Engagement-Score +15 %).

Die Zufriedenheit mit Führungskräften hat sich leicht verbessert (+5 %).

Der Bedarf an Weiterbildungsangeboten bleibt hoch.

Reflexionsfrage:

Welche Ergebnisse stimmen mit Ihren Erwartungen überein, und welche weichen davon ab?

Schritt 4: Maßnahmen ableiten und anpassen
Basierend auf den Ergebnissen können Sie gezielte Maßnahmen ergreifen, um Verbesserungen zu fördern oder Schwächen zu adressieren.

Übung:

Entwickeln Sie drei konkrete Maßnahmen basierend auf den Erkenntnissen Ihrer Datenanalyse.

Beispiel:

Einführung eines Mentoring-Programms, um Führungskompetenzen weiter zu stärken.

Regelmäßige Team-Workshops, um das Engagement weiter zu fördern.

Ausbau von E-Learning-Angeboten zu gefragten Kompetenzen.

Vorlage:

ErkenntnisMaßnahmeVerantwortlichZeitraumBedarf an WeiterbildungEinführung neuer KurseHR-Abteilung3 MonateVerbesserte FührungskompetenzenFortsetzung von FeedbackgesprächenFührungskräfteKontinuierlich

Schritt 5: Ergebnisse kommunizieren

Teilen Sie die Ergebnisse der Erfolgsmessung mit relevanten Stakeholdern, um Transparenz zu schaffen und Vertrauen aufzubauen.

Übung:

Planen Sie eine Präsentation, in der Sie die Fortschritte Ihres Teams oder Unternehmens vorstellen.

Gliederung:

Ziele des Coachings.

Ergebnisse der Erfolgsmessung.

Zukünftige Maßnahmen.

Reflexionsfrage:

Wie können Sie die Ergebnisse so kommunizieren, dass sie sowohl für Ihr Team als auch für die Geschäftsleitung relevant sind?

Abschnitt 8.3: Praktische Fallstudie – Erfolgsmessung in Aktion

Beispiel:

Ein international agierendes Unternehmen führte KI-unterstütztes Coaching ein, um die Führungskompetenzen der mittleren Managementebene zu verbessern.

Ziele:

Verbesserung der Führungskompetenzen um 20 %.

Steigerung des Mitarbeiterengagements im gesamten Unternehmen.

Maßnahmen:

Einführung eines E-Learning-Programms für Führungskräfte.

Regelmäßige Feedbackgespräche mit KI-Tools.

Ergebnisse:

Nach sechs Monaten wurde ein Anstieg der Führungskompetenz-Score um 18 % festgestellt.

Der Engagement-Score stieg in zwei Abteilungen um 25 %, blieb jedoch in einer Abteilung unverändert.

Schlussfolgerung:

Anpassung der Maßnahmen in der Abteilung mit stagnierendem Engagement, z. B. durch zusätzliche Workshops.

Reflexionsfrage:

Welche Lehren können Sie aus diesem Beispiel für Ihr Unternehmen ziehen?

Abschnitt 8.4: Herausforderungen und Lösungsansätze

Herausforderung 1:
„Die Erfolgsmessung erfordert erheblichen Zeitaufwand."

Lösung: Nutzen Sie KI-Tools, die Berichte automatisieren und Ergebnisse übersichtlich darstellen.

Herausforderung 2:
„Ergebnisse sind schwer messbar."

Lösung: Kombinieren Sie qualitative und quantitative Daten, z. B. Feedbackumfragen und persönliche Gespräche.

Abschnitt 8.5: Reflexion und Abschluss

Reflexionsfragen für Führungskräfte:

Welche KPIs sind für Ihr Unternehmen am relevantesten?

Wie können Sie sicherstellen, dass Ihre Maßnahmen nachhaltig wirken?

Welche Tools könnten Sie nutzen, um die Erfolgsmessung zu erleichtern?

Nächste Schritte:

Individuell: Wählen Sie ein spezifisches Ziel aus und definieren Sie KPIs für dessen Messung.

Unternehmen: Entwickeln Sie eine Strategie zur unternehmensweiten Erfolgsmessung.

Zusammenfassung des Kapitels

Erfolgsmessung ist unerlässlich, um den langfristigen Nutzen von KI-unterstütztem Coaching sicherzustellen.

Klare Ziele und KPIs bilden die Grundlage für eine effektive Bewertung.

Regelmäßige Anpassungen der Maßnahmen gewährleisten nachhaltige Fortschritte.

Bonus-Material für dieses Kapitel:

Vorlage: „Strategieplan für Erfolgsmessung."

Checkliste: „Schritte zur Einführung einer Erfolgsmessung in Unternehmen."

QR-Code: Verlinkung zu einem Video-Tutorial: „Wie Sie KPIs für Coaching-Programme definieren."

Integration in Ihr Buch und Workbook

Dieses Abschlusskapitel kann mit Ihrem restlichen Buch verknüpft werden, indem Sie im Buch auf das Workbook verweisen:

„Die Messung des Erfolgs ist der letzte, aber wichtigste Schritt, um sicherzustellen, dass Ihre Coaching-Strategie langfristig Früchte trägt. Im Workbook finden Sie detaillierte Vorlagen und Übungen, um die Erfolgsmessung in Ihrem Unternehmen zu planen und umzusetzen. Scannen Sie den QR-Code, um mehr zu erfahren."

Über den Autor

Hanspeter Lachner verfügt über fast 25 Jahre Erfahrung in Führungspositionen sowie Unternehmensführung und ist ausgebildeter Betriebswirt mit einem MBA in Executive General Management – Unternehmensführung. Seine berufliche und private Leidenschaft gilt der Künstlichen Intelligenz, die er als transformative Kraft für Unternehmen sieht. Seine Überzeugung: **Wenn KI richtig eingesetzt wird, kann sie eine**

immense strategische Waffe sein, um langfristigen Unternehmenserfolg zu sichern.

Mit seinem fundierten Wissen in den Bereichen Wissensmanagement, maschinelles Lernen und Unternehmensführung verbindet Hanspeter Lachner akademische Exzellenz mit praxisnahen Erfahrungen. In diesem Buch zeigt er, wie KI dazu genutzt werden kann, Unternehmenswissen effizient zu strukturieren, Innovationsprozesse zu beschleunigen und Wettbewerbsvorteile zu schaffen.

Epilog: Die Zukunft des Wissensmanagements mit KI

Wir stehen an der Schwelle einer neuen Ära, in der Künstliche Intelligenz das Wissensmanagement nicht nur ergänzt, sondern grundlegend transformiert. Die Fähigkeit, Informationen schneller zu analysieren, Zusammenhänge effizienter zu erkennen und Lernprozesse zu optimieren, bietet Unternehmen eine nie dagewesene Chance, ihre Wettbewerbsfähigkeit zu steigern.

Doch der Einsatz von KI ist kein Selbstläufer. Die Integration dieser Technologie erfordert eine klare Strategie, eine offene Unternehmenskultur und einen verantwortungsbewussten Umgang mit den neuen Möglichkeiten. Nur wer KI als Werkzeug zur Verbesserung und nicht als Ersatz menschlicher Fähigkeiten betrachtet, wird ihr volles Potenzial ausschöpfen können.

Dieses Buch hat gezeigt, dass KI eine mächtige Ressource sein kann – wenn sie klug eingesetzt wird. Der Weg zur optimalen Nutzung von KI im Wissensmanagement beginnt mit kleinen Schritten:

Unternehmen müssen bereit sein, ihre Datenstrukturen anzupassen und für KI nutzbar zu machen.

Führungskräfte sollten die Technologie verstehen und strategisch in ihre Entscheidungsprozesse integrieren.

Mitarbeiter müssen durch Weiterbildung in die Lage versetzt werden, KI als Partner in ihrem Arbeitsalltag zu nutzen.

Mit diesem Wissen ausgestattet, liegt es nun an Ihnen, die Chancen der KI zu nutzen und sie aktiv in Ihre Organisation einzubinden. Seien Sie mutig, experimentieren Sie mit neuen Anwendungen und bleiben Sie offen für zukünftige Entwicklungen.

Denn eines ist sicher: Die Reise mit Künstlicher Intelligenz hat gerade erst begonnen.

✅ Klare Ziele für die KI-Integration definiert?

✅ Passende KI-Technologien evaluiert?

✅ Pilotprojekt erfolgreich durchgeführt?

✅ Mitarbeiter in den Umgang mit KI geschult?

✅ Skalierung und langfristige Nutzung eingeplant?

Empfohlene Weiterführende Ressourcen

Online-Kurse:

„AI for Everyone" (Coursera – Andrew Ng)

„Natural Language Processing with Deep Learning" (Stanford University)

„Machine Learning" (MIT OpenCourseWare)

Fachbücher:

Russell, S., & Norvig, P. (2020). *Artificial Intelligence: A Modern Approach*. Pearson.

Bostrom, N. (2017). *Superintelligence: Paths, Dangers, Strategies*. Oxford University Press.

Brynjolfsson, E., & McAfee, A. (2014). *The Second Machine Age*. Norton & Company.

Forschungspapiere & Whitepapers:

„AI Fairness & Bias Detection" (Google Research)

„The State of AI in Business" (McKinsey, 2023)

„Knowledge Graphs for Enterprise AI" (MIT Sloan Management Review, 2023)

Verknüpfung mit der Einleitung: Die zentralen Fragestellungen im Abschluss reflektiert

Zu Beginn des Buches wurde die Frage gestellt: **Wie kann KI das Wissensmanagement nachhaltig verändern?**

Nach der detaillierten Analyse der technologischen Möglichkeiten, Herausforderungen und Fallstudien können wir festhalten:

KI ermöglicht eine tiefere und vernetzte Wissensstruktur, die menschliche Intelligenz ergänzt.

Die erfolgreiche Integration von KI setzt strategische Planung, klare Ziele und transparente KI-Modelle voraus.

Zukunftssicherheit im Wissensmanagement bedeutet, kontinuierlich mit neuen KI-Entwicklungen zu arbeiten.

Unterstützung für Ihre langfristige Entwicklung

Die Inhalte dieses Buches bieten Ihnen eine fundierte Grundlage, um KI-unterstütztes Coaching erfolgreich in Ihrem Unternehmen zu implementieren. Doch der Weg zur nachhaltigen Integration endet hier nicht. Für eine langfristige Begleitung und tiefergehende Inhalte stellen wir Ihnen ergänzende Ressourcen und regelmäßige Updates zur Verfügung.

1. Workbook: Praktische Umsetzung leicht gemacht

Unser begleitendes Workbook wurde speziell entwickelt, um die Inhalte dieses Buches in die Praxis zu übertragen. Es enthält:

Vorlagen und Übungen: Strukturierte Leitfäden zur direkten Anwendung in Ihrem Unternehmen.

Fallstudien: Praxisbeispiele, die Ihnen helfen, konkrete Maßnahmen umzusetzen.

Erweiterte Inhalte: Zusätzliche Anleitungen und Materialien, die über das Buch hinausgehen.

So erhalten Sie das Workbook:
Schreiben Sie uns eine E-Mail an [Ihre E-Mail-Adresse], und wir senden Ihnen die Details zu.

2. Individuelle Anpassung für Unternehmen

Jedes Unternehmen hat einzigartige Anforderungen. Deshalb bieten wir eine individuelle Anpassung des Workbooks an. Diese umfasst:

Branchenspezifische Inhalte: Maßgeschneiderte Vorlagen und Fallstudien, die speziell auf die Herausforderungen Ihrer Branche zugeschnitten sind.

Strategische Empfehlungen: Erweiterte Anleitungen für die Umsetzung von KI-gestütztem Coaching in großem Maßstab.

Teamorientierte Lösungen: Tools und Übungen zur Förderung der Zusammenarbeit und Führungskompetenzen in Ihrem Unternehmen.

Anfrage:
Kontaktieren Sie uns per E-Mail an [Ihre E-Mail-Adresse], um mehr über die Anpassungsmöglichkeiten zu erfahren.

3. Einladung: KI Briefing für Führungskräfte

Bleiben Sie auf dem neuesten Stand der KI-Entwicklung und erhalten Sie praxisnahe Einblicke in aktuelle Trends, Fallstudien und strategische Empfehlungen für die Zukunft.

✉ **Melden Sie sich jetzt für unseren monatlichen KI-Newsletter an!**

Beispielthemen aus der nächsten Ausgabe:

✅ **KI-gestützte Transformation in der Produktion** – Case Study: Wie Unternehmen durch intelligente Assistenzsysteme Effizienz und Qualität steigern.

✅ **Erfolgsstrategien für die Einführung von KI** – Warum eine enge Zusammenarbeit zwischen Technologie und Mitarbeitenden entscheidend ist.

✅ **Exklusiver Download:** Unser Whitepaper zur nachhaltigen Integration von KI in Unternehmen.

✉@ Melden Sie sich hier an: [Ihre Webseite]

✗ Möchten Sie keine weiteren Updates erhalten? Hier abmelden.

4. Exklusive Fallstudien und Ressourcen

Über das Buch und Workbook hinaus bieten wir Ihnen weitere Fallstudien, Erfolgsgeschichten und Vorlagen an. Diese Ressourcen sind ideal für Unternehmen, die tiefer in die Materie einsteigen möchten und nach Inspiration für eigene Projekte suchen.

Wie Sie diese erhalten:
Schreiben Sie uns per E-Mail, und wir senden Ihnen eine Übersicht der verfügbaren Materialien.

Wir unterstützen Sie auf Ihrem Weg

Die Einführung von KI-unterstütztem Coaching ist ein kontinuierlicher Prozess, der regelmäßige Anpassungen und Updates erfordert. Mit diesen weiterführenden Ressourcen möchten wir Sie dabei unterstützen, langfristig erfolgreich zu sein – individuell, für Ihr Team und für Ihr Unternehmen.

Bleiben Sie informiert und gestalten Sie die Zukunft der Führung mit uns.

✉@ Kontaktieren Sie uns bei Fragen oder Themenvorschlägen: [Ihre E-Mail-Adresse]

Glossar

Affective Computing – Ein Bereich der KI, der sich mit der Erkennung und Interpretation menschlicher Emotionen beschäftigt.

Algorithmic Impact Assessments (AIA) – Methoden zur Bewertung der gesellschaftlichen Auswirkungen von Algorithmen.

Bias Detection – Techniken zur Identifikation und Reduzierung systematischer Verzerrungen in KI-Modellen.

Deep Learning (DL) – Ein Teilbereich des maschinellen Lernens, der neuronale Netze zur Mustererkennung nutzt.

Explainable AI (XAI) – KI-Modelle, deren Entscheidungsfindung für den Menschen nachvollziehbar ist.

Fairness Metrics – Statistische Methoden zur Bewertung der Gerechtigkeit von KI-Entscheidungen.

Generative KI – KI-Technologien, die neue Inhalte wie Texte, Bilder oder Musik generieren können.

Graph Neural Networks (GNNs) – KI-Modelle, die graphbasierte Daten verarbeiten und analysieren können.

Knowledge Graphs – Strukturen zur Darstellung von Wissen durch vernetzte Informationen.

Machine Learning (ML) – Ein Bereich der KI, in dem Algorithmen aus Daten lernen und Vorhersagen treffen.

Named Entity Recognition (NER) – Eine NLP-Technik zur Identifikation von Namen und Begriffen in Texten.

Natural Language Processing (NLP) – KI-Technologien zur Verarbeitung und Analyse natürlicher Sprache.

Predictive Analytics – Datenbasierte Methoden zur Vorhersage zukünftiger Entwicklungen.

Quantum Machine Learning (QML) – Eine Kombination aus Quantencomputing und maschinellem Lernen zur Lösung komplexer Probleme.

Transformer-Modelle – Eine Architektur für neuronale Netze, die besonders effektiv in der Verarbeitung natürlicher Sprache ist.

Quellenverzeichnis

McKinsey & Company (2023): The State of AI – Implementierung von KI im Talentmanagement.

IEEE (2023): Machine Learning in Human Resource Management.

MIT Sloan Management Review (2023): AI in Workforce Analytics.

Harvard Business Review (2023): Predictive Analytics for Skill Development.

IBM AI Fairness 360: Framework zur Reduzierung von Bias in KI-Modellen.

Google PAIR (2023): People + AI Research – Fairness in Machine Learning.

Gartner (2024): AI Trends – Generative KI im Unternehmenskontext.

OpenAI (2023): DALL-E und die Zukunft der kreativen KI.

MIT Media Lab (2023): Fortschritte in Affective Computing.

Amazon Rekognition (2023): Entwicklungen in Emotionserkennung durch KI.

Schlusswort

Gemeinsam die Zukunft gestalten

Die rasante Entwicklung von Künstlicher Intelligenz im Wissensmanagement zeigt eindrucksvoll, wie Technologie unsere Art zu arbeiten und Wissen zu nutzen transformiert. KI ermöglicht nicht nur effizientere Prozesse, sondern auch eine völlig neue Qualität des Lernens und der Zusammenarbeit.

Doch mit der Macht dieser Technologie kommt auch Verantwortung. Unternehmen, Wissenschaft und Politik müssen sicherstellen, dass KI verantwortungsvoll, transparent und fair eingesetzt wird. Die Diskussion über ethische Prinzipien, Fairness und Bias in KI-Modellen ist daher ebenso wichtig wie die technologische Weiterentwicklung.

Dieses Buch hat gezeigt, welche Chancen sich durch KI-gestütztes Wissensmanagement ergeben, aber auch welche Herausforderungen noch zu bewältigen sind. Die Zukunft liegt in der sinnvollen Kombination von menschlicher Expertise und Künstlicher Intelligenz – ein Zusammenspiel, das Effizienz und Innovation auf eine neue Stufe heben kann.

Ich hoffe, dass die Inhalte dieses Buches inspirieren, zum Nachdenken anregen und einen praktischen Mehrwert für die Umsetzung von KI-gestützten Wissensstrategien bieten. Die Reise mit Künstlicher Intelligenz hat gerade erst begonnen – und es liegt an uns, sie bewusst und verantwortungsvoll zu gestalten.

Vielen Dank für Ihr Interesse und Ihr Engagement. Lassen Sie uns gemeinsam die Zukunft des Wissensmanagements gestalten!

Mit besten Grüßen,

Hanspeter Lachner

www.ingramcontent.com/pod-product-compliance
Lightning Source LLC
LaVergne TN
LVHW022334060326
832902LV00022B/4029